湛庐文化 Cheers Publishing
a mindstyle business
与 思 想 有 关

村落效应

为什么在线时代，我们必须面对面重新连接？

The Village Effect

How Face-To-Face Contact Can Make Us Healthier, Happier and Smarter

[加] 苏珊 · 平克（Susan Pinker）◎ 著

青涂 ◎ 译

浙江人民出版社
ZHEJIANG PEOPLE'S PUBLISHING HOUSE

The Village Effect

献给我的父母，

罗斯林和哈里·平克，

他们为我建造了第一座村落。

The
Village
Effect

你不可能只为自己活着。你和你的同胞之间有一千条牵绊。这些牵绊以及因为同情而产生的纽带，是你行动的原因，也是你行动的结果。

——亨利·梅尔维尔牧师（Henry Melvill）
1856 年

面对面交流塑造更好的朋友圈

司 晓
腾讯研究院院长

《村落效应》一书反思了电子产品、社交媒体、网络世界到底让我们获得了什么，又失去了什么；以及对我们的健康、快乐、工作、生活来说，到底什么是最重要的。近一两年出现了不少同类题材的书和文章，相比之下这本书非常细致、丰富，也更具深度与说服力，它的反思非常有价值！

互联网、社交媒体都是新生事物，是人类社会的新生空间，既给我们带来了新的体验，也带来了新的烦恼，这些来自各个维度的思考甚至质疑，都有助于我们更深刻地理解人际交往的本质、幸福的来源。

书中有两个核心观点：1. 朋友关系至关重要。2. 面对面交流有助于建立更好的朋友关系。这两点我都赞同。张小龙作为微信的创始人，他也反复强调，微信是一个工具，希望它让人们的工作、生活与交流变得更高效，用完即走；而不是把微信这个软件本身当作情感依赖与社交归宿。

我们相信，来自学术界的反思、互联网产品设计者的理念以及普通用户的体验，都有助于帮助我们找到与电子产品、社交网络更好的相处方式。

The Village Effect

目 录

第 1 条原则
认识你的邻居，经常跟他们说话。

第 2 条原则

用电子邮件进行协调规划，用电话或视频进行更细致入微的交流。

第 3 条原则

建立一个由不同关系组成的村落，跟“村落”成员保持稳定的社交接触。

第 4 条原则
面对面接触和屏幕交流的比例应因人而异。

第 5 条原则
幼儿教育侧重面对面互动，网络教学工具更适合年龄较大的学生。

第 6 条原则

面对面接触是人类最基本的需求，理应开放给所有人。

The Village Effect
引言

每个人都有一个“村落”

一个与你没有任何血缘关系的人，愿意为你捐献肾脏的概率非常小—— 大约只有 3/1 000。而有两个人愿意这么做的概率，更是微乎其微。但是，约翰却得到了 4 个人的捐赠。他凭借着培养了数十年的坚实的人际关系，最终战胜了病魔——这疾病曾经夺走了他父亲的生命。

How Face-to-Face Contact Can Make Us Healthier, Happier, and Smarter

2009 年 6 月的一天，一位名叫约翰·麦科根（John McColgan）的摇滚乐手被告知，他需要一颗新的肾脏，而且要尽快拿到。在美国，每天都有 12 个人在等待肾源的过程中死去。当约翰的名字被加到肾脏移植等候名单中时，他前面已经有 86 218 个人了。不过当时他住在加拿大，那里的等候名单比较短，“只有”2 941 人。[1]① 尽管如此，这个消息仍然令他倍感沮丧。

约翰是一名鼓手，一个充满活力、肌肉发达的男人，剃着大光头。虽然他在 25 岁左右就被诊断出患有进行性肾脏疾病，但他几乎没有出现任何症状。在噩耗传来之前，他没怎么担心过自己的健康。他在 48 岁时还经常跟比自己年轻 10 岁的男人打篮球。而他最喜欢的事情，就是跟自己 17 岁的儿子打上几个回合。约翰夏天会滑滑板，冬天会去滑雪。他每天都会在自家客厅的地板上做俯卧撑和仰卧起坐。更不用说击鼓了，那本身就是一种锻炼。

他在 30 岁前，就跟琳达·朗丝黛（Linda Ronstadt）、凯特和安娜·麦加里格尔（Kate and Anna McGarrigle）一起演奏过。后来，他还给“大妈妈桑顿”（Big Mama Thornton）合过音，为詹姆斯·布朗（James Brown）和史蒂威·雷·沃恩（Stevie Ray Vaughan）等超级巨星暖过场。不过他的收入不多，比挖灌溉渠和翻新房屋的工人多不了多少。约翰的车，油箱常常空着，他的房租也时常因无钱而过期未缴。但是他在舞台上的活跃形象和在舞台下的轻松随性，赋予他一种校园男孩般的永恒魅力：他总能从朋友那里得到帮助。

从某种意义上来说，约翰是富有的：他拥有一群固定的朋友，其中大多数人都彼此认识，经常往来——这是最为强大、有力的社交网络所应具备的特征之一。就约翰当时面对的困难来说，就算他有大笔银行存款，其实也无济于事——因为，除了伊朗和新加坡以外，在世界上任何地方买卖器官进行移植都属于非法行为。[2] 在危机面前，他的家人也无能为力——他的父亲在 50 岁时就因为多囊性肾病去世了，把这种遗传性疾病传给了自己的儿子；他的母亲则在几年之前因为癌症去世。诊断出来的几个月后，约翰终

① 全书注释均通过数字上角标标注，扫描 P20 二维码，关注并回复“村落效应”即可获得。——编者注

于意识到，不能一味等待父母的命运降临到自己的身上。他得自己去寻找肾源。

不到18个月后，我见到了约翰。肾脏移植的严峻考验已经过去。我认识他至少已经有20个年头了，我能看出他发生了明显的变化。他看上去非常虚弱，光秃秃的后脑勺上有些头发茬，就像一天没刮的胡子那么长；我们坐在蒙特利尔的一间咖啡馆里，借着从积满污垢的窗户投射进来的微光，我发现他的皮肤看起来就像透明的一样。他告诉我，在他认识的人里有4位都愿意捐给他一个肾脏。

第一位是他的前妻艾米。但是她的毒瘾不仅破坏了他们的婚姻，也损害了她自己的健康。虽然她最近已经戒掉毒瘾，但是她的器官付出了惨痛的代价。他妻子的姐姐也愿意为他捐献肾脏，但是约翰觉得，这会把事情搞得太过复杂。杰西现在是三个年幼孩子的母亲，也是一名职业舞蹈演员。当我问她为什么愿意承担如此巨大的风险时，她大吃一惊，惊异于我为何有此一问：“怎么说呢？你也是认识约翰的。你知道所有人都喜欢他。我怎么会不愿意把自己的肾脏给他呢？”

后来又有一位名叫凯特的老朋友。她在一间画廊的开幕式上走到约翰面前，不假思索地提出她愿意帮忙。她后来告诉我，在她提出要捐献肾脏之后，她自己也开始害怕起来。后来她咨询了负责器官移植的护士，如果她捐献肾脏，那么可能发生的最糟糕的情况是什么？护士告诉她，平均每3 000人里有1人会在手术过程中死亡，而且外科医生可能会不小心刺破她的脾脏。“然后我想，我是不会死的。这事儿肯定不会发生在我身上。”

但是，术前检查也十分辛苦。虽然她的血型和组织与约翰十分匹配，但医生们仍然没有结束检查的意思。“仅仅在那一年里，我就被检查过至少5次，被抽了16瓶血样。他们提取了各种细胞，检测我们的匹配度。然后他们又检查了我的整体健康状况，做了超声波和电脑断层扫描，还做了一次乳房投影检查，结果发现了一处囊肿，所以他们给我做了活检。然后我还做了24小时泌尿测试，两次。”

她还接受了一次漫长的询问，移植小组对她的动机进行了百般探查。“我看得出他们心存疑虑，因为我并不是约翰的家人。”由于强效抗排斥药物已经临床使用了10年之久，所以捐赠者和受赠人之间是否有血缘关系已经不是那么重要了。尽管如此，医学专家们也需要知道：到底为什么会有人自愿去承担这一切风险和痛苦？

但后来还是出了问题——虽然凯特已经做好了接受手术的准备，但是约翰没有。最后因为时间不合，她没能成为约翰的肾脏捐献者。约翰最终得到的肾脏，来自多年的老友弗雷德。他在少年时代就跟弗雷德一起听吉米·亨德里克斯（Jimi Hendrix）和弗兰克·扎帕（Frank Zappa），当年这两个15岁的孩子还试着在弗雷德家的地下室里拿吉他即兴演奏。30年过去了，现在他们每年可能只会见上一两次面。但当约翰需要肾脏时，弗雷德义无反顾地伸出了援手。

一个与你没有任何血缘关系的人，愿意为你捐献肾脏的概率非常小——大约只有3/1 000。而有两个人愿意这么做的概率，更是微乎其微。[3]但是，约翰却得到了4个人的捐赠。他凭借着培养了数十年的坚实的人际关系，最终战胜了病魔——这疾病曾经夺走了他父亲的生命。

约翰的故事是一个不同寻常的真实案例，它告诉我们，强大的社交纽带可以延长我们的生命。我会在接下来的章节里陆续证明，投资于有意义的人际关系、经常进行真实的社交接触的人，比习惯于独处、大部分时间都徜徉于网络世界里的人，身体更加强壮健康，生理防御机制也更好。电子网络和屏幕媒体拥有缩小世界的力量，但是当我们遭遇改变人生的重大转折时，它们与面对面的接触根本无法相提并论。

面对面的互动，不仅能激发人们的利他之心，让他们像约翰的朋友那样做出无私的善举。它还会影响我们学习阅读的能力，影响我们抗击感染的能力，甚至影响我们的寿命。这到底是怎么一回事？

“我也想点他们那道菜”

在西方世界的总人口中，只有不足 0.01% 的人需要一个新的肾脏。[4]但是，我们每个人都需要和周围的朋友、家人保持密切的联系，不能只在紧要关头才想起他们。如果我们不经常进行面对面的人际互动，我们就有可能活不长，记忆力不会那么好，幸福感也可能会比原先逊色一大截。这里说的“经常”，到底有多经常？我想起了一个故事。我儿子艾瑞克小时候去上小提琴课，他在第一堂课上问音乐老师：“真的必须每天练习吗？”这位据说来自贝尔格莱德的德拉甘先生喜欢开玩笑。他蹲下身来，望着艾瑞克的眼睛，用修长的手指摸了摸下巴，装出一副思考的样子：“并不是每天都需要练习，只需要在你吃饭的那天练习就好了。”

社交接触也同样如此。它是一种生理上的驱动力。这是我经过三年的研究后学到的东西。我钻研的是一个十分新锐的领域——社会神经科学。在我刚刚接受心理学训练时，这个领域还不存在。那时，大脑扫描仪就像私人飞机一样罕见且昂贵。[5]但是到了 20 世纪 90 年代初，大脑扫描仪就比较常见了。大多数大型医院和大学都设置了一间没有窗户的屋子，那里摆了一台笨重的功能性磁共振成像大脑扫描仪（fMRI）。研究型心理学家开始利用它们来研究人际关系背后的科学基础，或者探究人际关系会对我们的身体（比如激素和神经回路）产生怎样的影响。当然，他们也会用到其他人口学和生物化学工具。

我对这一切产生了深深的迷恋。虽然大脑里的社会性结构已经越来越易于观察，但是“社交网络”这个词的意思却发生了变化。它指的不再是你认识的人和你们之间错综复杂的关系，它现在指的是我们的电子设备之间的联系。我注意到，问起我正在写的这本书的人几乎都会有同样的反应：他们会以为我写的是 Facebook 和 Twitter。

他们把计算机网络和面对面的接触搞混了。这反映出了一种社会趋势。最近新出版的关于社交互动的书籍，往往把这两样东西混为一谈。就连可敬的美国劳工统计局发布的“美国人时间使用调查”，也把网络活动和面对面的活动放在了一起。这项调查追踪了美国人每天在各项活动上花费的时间，比如个人护理（9.6 小时）和吃喝（1.2 小时）。但是，去农产品柜台购买当季的哈密瓜，居然和通过克雷格列表网站（Craigslist）安排伴游服务属于同一类活动——也就是“购物”。一个人关在房间里玩大规模多人在线角色扮演游戏（比如《魔兽世界》），居然和我童年时代最喜欢的活动之一——跟祖父玩金罗美纸牌游戏被划归到了同一个类别。[6]

但是，我们真的会以同样的方式来对待电子虚拟人像和此时此刻真实地站在我们面前的另一个人吗？社会神经科学能否告诉我们，这二者之间到底有何分别？现在，美国人每天在网上花掉的时间加起来达到了 5 200 亿分钟——其他大多数国家的居民也大致等比相同。那么，我又为什么要特意强调面对面的关系呢？它到底有什么特别的地方？[7]

本书要探讨的，就是对于我们的生存和幸福来说必不可少的社交接触。我在为自己的上一本书《性别悖论》（*The Sexual Paradox*）做研究时发现，女性更看重自己的社交关系，这是她们比男性更长寿的主要原因之一。这让我灵机一动。我忽然意识到，我们过去一直轻视的消遣时光——比如跟朋友们在门廊或者餐桌边谈天说地并非毫无价值，它其实具有极其重要的生理功能。这很可能就是我们人类进化至今依然无法摆脱它的原因。

The Village Effect 创造村落效应

科学研究发现，每星期打一次牌或者每星期三晚上跟朋友们在星巴克小聚一次，都能延长我们的寿命，效果就跟服用 β 受体阻滞剂①和戒除每天一包烟的陋习旗鼓相当。这到底是怎么一回事？我对此产生了好奇。不管隐藏在人际接触背后的神秘物质或者生理过程是什么，研究这些问题的我就仿佛一个坐在餐厅里饥肠辘辘的食客，伸长了脖子想知道服务员托盘上那热腾腾的美味佳肴究竟是什么。我对自己说：“我也想点他们那道菜。”

但是，那道菜到底是什么？我打算从长寿的问题入手来寻找答案，因为我偶然听说，在撒丁岛一些偏远的村落里，男性的寿命几乎和女性一样长——这样的地方整个世界都不多。在其他任何地方，男性和女性的寿命都存在着大约 5~7 年的鸿沟。虽然近些年来，两性的寿命差异略有缩减，但是仍然不能相提并论，而且这几乎可以说是一种普世的现象。

但是，在那些意大利山村里住着为数众多的百岁老人里，女性和男性都有，其数量之多，简直令人惊异：那里的百岁老人是任何现代城市的 6 倍之多（某些村落的比例甚至高达 10 倍）。为什么会有这么多出生于 20 世纪初的撒丁岛人仍然活在世上？我将在本书的第 2 章里详细探讨这个问题。读者诸君将会看到，撒丁岛上并没有什么灵丹妙药。不过，我发现了长寿之谜中至关重要的一环：长寿现象一定与村落生活中如环氧树脂般胶着黏合的社交纽带有关。

我本来打算给这本书起名叫《面对面》（*Face-to-Face*）——我差一点儿

① β 受体阻滞剂是一种治疗高血压和心脏病的药物。——译者注（正文脚注多为译者所加，不再一一注明。）

就这么干了。但后来我选择了《村落效应》这个名字，因为它能唤起一种归属感。“村落效应”当然是一个比喻。你不需要经历约翰·麦科根的健康危机，也不需要去一个偏远的意大利村落生活，就可以感觉到自己身边有一群亲密的伙伴。过去许多年来，你已经在他们身上倾注了大量的时间和情感——而他们也回报给你同样的关切。**你可以与你认识的人在你生活的地方一起创造出“村落效应”。**

本书要探讨的就是面对面的互动会带来哪些长期的影响。就算现在的电子通信技术可以加强人和人之间的联系，但是我也将向读者诸君证明，跟亲近之人进行面对面的接触，可以让你拥有更强的身体免疫力、学习力和生理上的恢复力。这本《村落效应》不仅能帮助你活得更久，还能让你享受生活。

想健康？多跟人面对面交流

人类对关系和归属的渴求，可以解释我们从出生到死亡这一生之中的很多行为。我们的生存完全仰赖于此。用比尔·布莱森（Bill Bryson）在《万物简史》（*A Short History of Nearly Everything*）中的话说：“那些跟你有关的祖先，一个都没有被压扁、饿死、卡死、身体受伤，或因为其他原因而不能在恰当的时候把一小堆遗传物质传递给恰当的伴侣，从而使得那唯一可能的遗传组合延续下来——简单来说，最终以令人惊异的方式造就了你。”[8] 如果这样而来的你此时正在阅读本书，那么你大可感谢人类强大的社交纽带。

但是最近许多年来，科学家在研究什么能给我们带来健康和幸福时，大多着眼于具体的事物：食物、赚钱的能力、锻炼和药物。比如我们已经发现，香烟、盐、动物脂肪和肥胖都会缩短我们的寿命，抗生素、身体锻炼和合理饮食都能延长我们的生命。不过现在，新的证据告诉我们，人际关系——我们认识且关心的人，对于我们的生存来说同样至关重要。但是，我想提醒读者诸君注意，**并不是任何一种社交接触都能产生同样的效果，只有实时的、**

面对面的社交接触才有效。

创造村落效应

从生命诞生的那一刻开始，在每个人生阶段，我们与他人的亲密接触——特别是和女性的接触都会影响我们的思维方式，影响我们的信任感，影响我们会把钱投资在什么地方。社交纽带会影响我们的人生满足感，我们的认知能力，还有我们对感染和慢性疾病的抵抗力。[9] 虽然健康饮食、身体锻炼和新型药物在过去数十年里已经改变了无数人的命运，但是新的证据告诉我们，社交纽带也同样拥有改变人生的力量。

既然人际互动可以让我们发生如此重大的变化，我们很难否认，人类已经离不开面对面的社交接触了。美国芝加哥大学心理学家约翰·卡乔波（John Cacioppo）和同事以及英国研究者凯瑟琳和亚历克斯·哈斯拉姆（Catherine and Alex Haslam）发现，与孤僻的人相比，社交生活活跃的人在患病之后可以更快康复。还有几十项新近的研究告诉我们，亲密的社交接触可以影响我们的生理恢复能力，也就是身体在受到创伤之后能以多快的速度恢复健康。磁共振成像扫描显示，亲密的社交接触可以使身体组织更快得到修复。2006 年，美国加利福尼亚大学研究了 3 000 名罹患乳腺癌的女性，结果发现，朋友众多的女性比社交关系稀疏的女性更有可能活下来，而且前者的生存概率是后者的 4 倍之高。2007 年发表的一项研究第一次揭露了社交互动和身体康复之间的隐藏机制：史蒂夫·科尔（Steve Cole）和加利福尼亚大学洛杉矶分校的研究团队发现，**社交接触会启动和关闭一些特殊的基因，这些基因会控制身体对癌症的免疫反应和肿瘤的生长速度。**[10]

这并不是北美洲独有的现象。在法国，研究者细致地观察了整个 20 世纪 90 年代将近 17 000 名工人的生活习惯。他们发现，这些工人的社会参与度可以很好地预测他们在 90 年代末是否仍然在世。偶尔为之的社交互动、比较疏远的朋友和同事组成的弱网络，还有我们和亲近之人共处的时间，虽然看似转瞬即逝，却会对我们的大脑和心智产生深远的影响。如果你周围有一群亲密的好友，你们经常一起聚餐，分享八卦，那么你不仅能从中得到许多乐趣，还有可能比孤独的人多活 15 年。

一项覆盖了近 3 000 名美国人的研究发现，拥有亲密友谊的人远比其他人更不可能英年早逝。一位瑞典流行病学家在 2004 年发现，拥有广泛社交网络的人最不可能患上老年痴呆症。与朋友往来频繁的 50 岁男性更不可能患上心脏病。关系紧密、互相支持的社交网络，比医药更能有效地保护中过风的人免受致命并发症的威胁。[11]

虽然我们看到了许许多多坚实有力的明证，但是我们的生活习惯正让我们变得越发孤独。20 世纪 80 年代末，《科学》杂志上的一篇里程碑式的文章首次把“社交孤立”认定为过早死亡的原因之一。在那以后，美国、欧洲和澳大利亚的人口调查纷纷显示，越来越多的人表示他们深感被孤立和孤独。孤独无友的人到底增加了多少？又是为什么会发生这样的情况？这些问题已经引起了学术界的广泛讨论和公众的热议。有些人说，我们现在的联系比以往任何时候都要多——这在很大程度上可以归功于互联网；但也有些人说，我们的联系变少了——这在很大程度上也是因为互联网。这两种观点都是正确的。

孤独是有害的

在本书接下来的章节里，读者诸君将会遇到一个贯穿始终的问题，那就是数量与质量究竟孰轻孰重。为什么这个问题特别重要？研究表明，我们现在的社交圈比过去任何时候都更加庞大，也更加丰富多彩。但是有 12%~23% 的美国人表示，他们没有人可以倾诉衷肠（1985 年，这一比例仅为 8%）。他们并不是整天一个人坐在公园长椅上向鸽子抛撒面包屑的孤独的退休人士。

在美国，中年人其实才是最孤独的一群人。在年龄介于 45~49 岁之间的中年人士里，有 1/3 的人表示他们找不到任何人可以倾吐心事。而在英国，年龄介乎 18~34 岁之间的年轻人最为孤独。[12] 如果这样的事实还不能发人深思，那么英国人要特别注意了：英国精神健康基金会在 2010 年委托进行了一项全国性调查，结果发现，在所有年龄段中，有 1/4 的英国人都觉得自己与他人感情疏远，还有 1/3 认为自己和社区没有任何关系。[13]

哈佛大学社会学家罗伯特·普特南（Robert Putnam）在 2000 年出版了一本名为《独自打保龄》（*Bowling Alone*）的著作，第一次针对不断加剧的社会冷漠发出警告，引起了广泛的争议：美国人和他们的社区是否正变得越来越脱节？[14] 不管我们能不能把桥牌俱乐部和保龄球联合会的减少当作社会参与度下滑的标志，但是有一点我们可以肯定：孤独并不是美国人的专利。在欧盟，虽然不同成员国的孤独人群的比例不尽相同，但是我们可以肯定地说，在乌克兰、俄罗斯、匈牙利、波兰、斯洛伐克、罗马尼亚、保加利亚和拉脱维亚等国家，有强烈失落感的成年人的比例已经达到了 34% 左右，简直触目惊心。[15]

这也是我特别感谢祖父母离开那里来到加拿大的原因之一。在 65 岁以上的加拿大人里，至少有 80% 表示他们可以经常见到家人、朋友和志愿者，也会经常去听音乐会，或者观看体育比赛（很有可能是冰球）。[16] 我不确定那 19% 表示自己感到孤独的人是不是经常出门，但是数据告诉我们，人际接触的质量远比数量更加重要。同样的道理也适用于美国人。这很可能是个好消息，因为他们的“村落”正在不断缩小。

综合社会调查的研究者们采访了各个年龄段的美国人，他们总会提出这样一个问题：“在过去的 6 个月里，你曾经和谁讨论过重要的事情？”他们发现，美国人高质量的社交关系在过去的 20 年里不断减少。在 1985 年，每个美国人平均拥有 3 位密友；到了 2004 年，密友的数量已经小于 2 了。而在这仅存的一两位密友里，还包括他们的家人。简单来说，他们可以依靠的人变得比以前更少了。“我们会和许多人建立各式各样的关系，”研究者之一、美国康奈尔大学社会学教授马修·布拉希尔斯（Matthew Brashears）介绍说，“但是这个问题只能筛选出对我们来说特别亲密的关系——我们在遇到麻烦的时候可以向他们求助，他们会借给你大笔金钱，他们会真正帮上你的忙。他们是你人生中非常重要的关键人物，所以数量一般都很少。”

飓风桑迪、卡特里娜和海燕，还有芝加哥和巴黎的酷暑热浪告诉我们，你的生存往往取决于是否有人足够关心你、时刻关注你的情况。谁会过来载你一程，带给你日常用品，或者在你需要的时候为你提供一个可以落脚的地方？研究证明，在这些突发性灾难事件中，最有可能死亡的是那些周围无人可以求助的人。[17] 但是大多数美国人都觉得他们可以指望的人不到两个啊！这令我深感震惊。我把我的想法告诉了温文尔雅、谈吐温和的布拉希尔斯，他提出了异议：“或许亲近的人确实变少了，但是我们的社交网络并没有缩小啊。”

我问：“你指的是我们的虚拟网络？”他没有给出完全肯定的答案：“我们现在还不知道该如何衡量人际关系与互联网。但是，如果人们已经在网络上交流过了，他们就不太可能当面进行重要的谈话。”布拉希尔斯认为，从广义上来说，我们的交谈对象并没有减少。但是在几十年前，大部分的社交互动都是面对面进行的。放眼现在，社交互动都“被 Facebook 吸走了”。正如托尔斯泰在《战争与和平》中写到的那样，我们的社交关系“难以胜数，五花八门，没有一个亲近的，也没有一个疏远的”。[18]

当然，可以交流和谈论大事的人变少了，跟孤独并不是一回事。孤独是一种失落的感觉，感到自己缺少了亲密的情谊，并渴望得到他人的陪伴。它和物理状态的“一个人独处”不一样。苏珊·凯恩（Susan Cain）和安东尼·斯托尔（Anthony Storr）分别在他们的著作《内向性格的竞争力》（*Quiet*）和《孤独》（*Solitude*）中准确地指出，很多人都渴望独立自主的生活，由自己来管理自己。[19] 在思考和工作时，我们不希望被人打扰，这段神圣的时间与孤独没有关系。

孤独是一种痛苦的心理状态。科学研究的证据告诉我们，大约 1/3 的人现在正承受着孤独的痛苦，有些人的痛苦还特别强烈。“大多数与孤独有关的研究都是在西方国家进行的。研究发现，在无论什么时候，都有 20%~40% 的年长人士报告他们此时此刻感到孤独；更有 5%~7% 的人报告说，他们有强烈或者长期持续的孤独感。”约翰·卡乔波和芝加哥大学的同事们如是写道。[20] 在我写这本书的时候，3 位女性—— 一位 30 余岁，一位 50 余岁，另一位 60 余岁告诉我，她们在工作日里独自生活没什么问题，因为那时她们都忙于工作，但是周末就苦不堪言了。“我每个星期六都会哭，”我在体育馆的更衣室里碰到 37 岁的维罗纳卡时，她这样告诉我，“孤独感实在太难以承受了。”

The Village Effect 创造村落效应

孤独感就像饥渴至极一样，会令人感到异常痛苦。卡乔波说，这是有原因的，因为人类的大脑进化自一个特别的时期，社交融合意味着生存，而社交孤立就意味着饥饿、掠夺和死亡。我们之所以会拥有如此巨大的大脑，就是为了更好地进行人际互动。而孤独感就像是一个预警系统—— 一个内置在我们身体里的报警器，当我们因为某些原因而远离族群时，它会向我们发出生物信号。孤独感就像生理疼痛和饥饿一样，会以最快速的方式告诉你：嘿，说的就是你！如果你不马上去找你的伙伴（或者如果他们不马上找到你），你将必死无疑。

如果亲密的面对面互动可以保护我们——保护我们的心血管和免疫系统，甚至提升我们一生的智力水平，那么孤独的影响就刚好相反。根据英国流行病学家安德鲁·斯特普托（Andrew Steptoe）的研究，孤独感会加剧与心脏疾病有关的炎症和应激反应，干扰我们记忆事物和解决问题的能力。[21]孤独感对于女性的威胁尤其严重。在一项针对日本中年人进行的大规模人口研究中，研究者发现，很少跟亲人团聚的女性最容易死亡。[22]女性还更有可能受到孤独的朋友的影响，因为心理感受更容易在女性的社交网络中散播开来。[23]但是也有一些研究指出，亲密感的缺失对于两性的影响其实没有什么不同。约翰·卡乔波和同事们发现，孤独感会刺激皮质醇的分泌，提升血压水平，破坏内脏器官——无论男性还是女性，无论年龄如何，也无论处于何种人生阶段。[24]

不管你是在校大学生还是退休人士，数据告诉我们，慢性孤独并不是一种高贵的存在状态，而是一个公共的健康威胁。不过在流行文化中，人们似乎总对孤独抱有一种满不在乎的态度。《克服你的孤独恐惧症》（*Get Over Your Loner Phobia*）和《为“推”而食》（*Eat to the Tweet*）之类的标题似乎在暗示我们，如果你因为独自生活而承认自己可能会感到孤独，或者认为其他人也会这么想，那么你就是一个彻头彻尾的傻瓜。[25]

皮尤互联网计划的李·雷尼（Lee Rainie）和电子社交网络的资深用户、加拿大社会学家巴里·威尔曼（Barry Wellman）在他们的著作《超越孤独》（*Networked*）中摘录了一段《埃莉诺·里格比》（*Eleanor Rigby*）①里的歌词：所有那些孤独的人们，他们来自何方？他们不相信面对屏幕可能会助长孤独感。他们认为，“网络接触包含的社会信息和人际互动比较少，可能会导致人际关系萎缩”的假说是一个陷阱。他们写道：“网络互动的对象会给我们留下深刻的个人印象，网络媒体并不是单纯的信息流。”他们还提到了一个

①《埃莉诺·里戈比》是披头士在1966年发行的名曲。

老生常谈：“人们很少会在互联网上和陌生人互动。”[26]

不过，我们也看到了一个毋庸置疑的事实：由于互联网的便利和强大，很多人现在一个人都能过得很好，生活、购物、上学和工作全都不成问题。很多课程都会发布在网络上，大规模网络公开课也在不断激增，许多大学生甚至都不愿意离开自己的房间。这不禁让我想到，在 20 世纪中叶，随着汽车逐渐成为交通运输的主流形式，街边人行道也在美国的很多城市规划方案中失去了踪迹。就像消失了的人行道一样，邮局、报刊亭、书店和音像出租商店也渐渐变得过时了。就在几年之前，我们还有可能在这些地方碰到我们的朋友，跟别人寒暄几句。

互联网上确实有很多互动工具和应用程序，可以帮助人们保持联系。不过，互联网也会让我们变得更挑剔。在互联网上，你不会在毫无防备的情况下撞见邻居或者一位疏远的朋友。互联网让我们掌握了主动权。有些研究发现，联网设备可以让我们减少自我中心主义思想，更关注外部世界的活动。威尔曼和雷尼写道：“互联网不会促使人们离开公共场所。使用互联网的人反而会频繁地造访公园、咖啡馆和餐厅之类的地方。”[27]但是《波士顿环球报》（*Boston Globe*）的专栏作家艾伦·古德曼（Ellen Goodman）也提醒我们：“一走进星巴克，你就会发现 1/3 的顾客都在和他们的笔记本电脑约会。”[28]

我并不是说这样做有什么不妥，只不过网络接触很难被视为一种亲密关系。尽管如此，正如“贝尔妈妈”①当年预见的那样，在不可能跟朋友和所爱之人进行面对面接触的时候，电话、手机和 Skype 就成了最佳选择。我也改变了自己过去的看法。最近，我们在 Skype 的帮助下，邀请一位近邻的儿子参加了我们的逾越节家宴。虽然伊桑当时还在军队里服役，但是我们在饭桌

① 贝尔妈妈（Ma Bell）是贝尔系统（Bell System）的昵称。这是一个以电话的发明者亚历山大·格拉汉姆·贝尔命名的庞大系统，现在以 AT&T 公司为母公司，下设众多子公司和研究所。在美国的流行语中，也可以指一切电话服务商。

上给他的笔记本电脑留了个位置。还有一位曾经住在街对面的朋友，也通过她父亲的 iPad 参加了我们的中国农历新年庆祝活动。客人们就像传递婚礼摄影师的麦克风一样，把 iPad 传来传去，每个人都能跟她说上几句话。

似乎一直以来，我们家族的女性都保持着电话联谊的悠久传统。在每个工作日的晚上，我的祖母都会拿起那个黑色拨盘式电话的听筒，一一致电她的女性朋友，问候她们健康快乐。虽然她们的谈话非常亲密，但是她叫起她们的名字来依然一板一眼：杜波夫人、西尔维夫人、库珀夫人、达达夫人和泰特尔鲍姆夫人。当年我的母亲在家照顾孩子时，她在饭厅里拉了一根 3 米长的电话线，继续和她的社交圈保持联络。现在轮到我了。如果我见不到自己的朋友和所爱之人，我就会通过无绳电话、手机、电子邮件、短信和 Skype，跟我的社交网络保持联系。我的社交网络画出来大概是图 0-1 的样子：

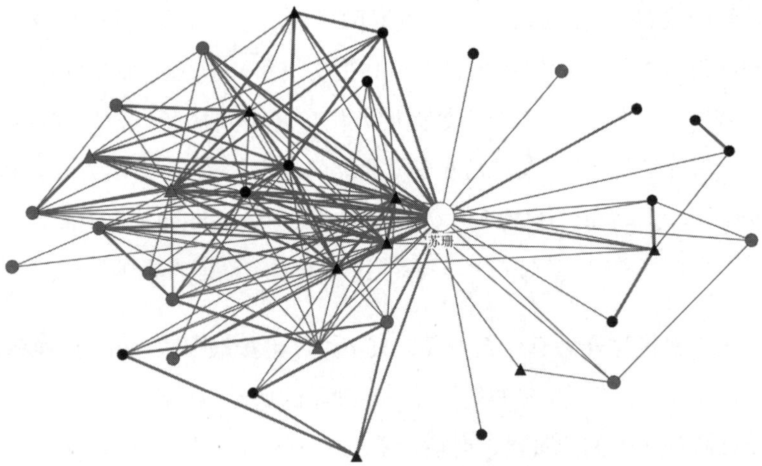

图 0-1　我的社交关系图

圆点代表女性，三角形点代表男性。

皮尤互联网计划的一项研究证明，手机用户的个人网络大于数目稀少的非手机用户——准确来说，大了 12%。[29] 但是在另一组研究中，同一群科学家也证明，社交网站的活跃用户虽然拥有更多样化的电子网络，但是他们认识的邻居却少于很少用社交媒体的人，他们也更难融入本地的社区。[30]爱默生①在 1857 年写道：“人必须被社会包裹其中，否则我们必将感到赤裸和贫穷。”爱默生说这句话的时代，确实已经过去很久了。但是现在的我们，真的和过去那么不一样吗？

拥有强大功能和即时特性的电子媒体，似乎可以替代一切社交接触。但是，我将在本书接下来的部分向读者诸君证明，最新的证据已经颠覆了这种看法。电子媒体确实可以左右选民的意愿，推翻报纸的言论，但是就人类的认知和健康而言，它们和面对面的互动无法画上等号。

The Village Effect 创造村落效应

电子媒体确实是个“可人儿”。它蒙蔽了我们的双眼，让我们认为其他联系方式和亲身接触没有什么不一样，让我们相信自己的社交网络正变得越来越大。但事实上，就算我们的电子网络变大了，我们面对面的社交网络仍然基本维持不变，亲朋好友也变得越来越少。很多美国人都表示，他们唯一可以信赖的就是自己的配偶——不少人距离无人可信只有一步之遥。

当然，你也可能会发现一个悖论。你活得越久—— 一般而言这总是好事，你的配偶、伴侣和亲密朋友就越有可能先你而去，把你独自一个人留在世上。除非你拥有丰富的资源，而且在一生之中不断打理自己的社交网络，否则独自生活就有可能意味着你会慢慢失去与他人面对面接触的机会。加利福尼亚大学伯克利分校社会学家克劳德·费舍尔（Claude Fischer）在过去 30 年中一直研究社交网络和城市生活。他指出：“很多美国人都独自生活。”在

① 拉尔夫·沃尔多·爱默生（Ralph Waldo Emerson）是美国著名的哲学家和诗人，超验主义的领导人物。

不断激增的独居人群中，丧偶和离婚人士又占了主要比例。[31] 在年龄超过75岁的美国男性中，有1/4现在正过着独居生活。而在同年龄段的女性中，有整整一半都过着独居生活。其中很多人都已经离婚，或者他们比自己的配偶更长寿。

在英国，独居的人数已经达到了20世纪70年代初的两倍之多。根据《每日邮报》的调查，单人厨具的销售量在2010年间增长了140%。《每日邮报》称："只够煎一只鸡蛋的小煎锅、只够放一片吐司面包的小盘子、只够装一杯茶的小茶壶，现在都已经成了厨具界最热销的商品。"而在20世纪后半叶，大蒸锅才是家家必备的厨房用具。文章还写道："就连中式炒菜锅，现在都为了适应单身市场的需求而缩小了尺寸。"在超过85岁的英国居民里，现在有80%的人都过上了独居的生活，所以拿一个鸡蛋做煎蛋饼的很有可能就是老年人。[32]

我们也可以从几个角度来理解这些令人惊异的统计数据。好消息是，北美、日本和欧洲居民——特别是女性的寿命已经达到了前所未有的长度。另外，如果独居生活是他们出于自愿的选择，那么大多数人现在也有足够的能力照顾自己的生活。但是这个故事还有另外一面：如果他们拥有合适的伴侣，那么他们有可能活得更久。芬兰的流行病学家曾经研究了将近7 000位老年人，结果发现，预测孤独的最佳指标之一就是老年人能否独自生活。

4年之后的后续研究发现，孤独的老者——不管他们在上次调查时的健康状态如何，更有可能在这4年中撒手人寰，他们的死亡风险比别人高了31%。[33] 还有一项由东京流行病学家岩崎基（Motoki Iwasaki）领导的大规模研究，调查了11 500位日本中年居民。研究发现，很少有机会和亲戚面对面互动的城市女性最容易死亡。[34] 研究者追踪了年龄介于40~69岁之间的所有群马县女性。她们的年龄不算太大，私人财产也不算太少。不过，她们的身体恢复能力在很大程度上取决于她们与亲戚的面对面接触。

在本书接下来的部分，我将会探讨某些与数字时代的人际关系息息相关的问题。在儿童发展新技能时，在成年人谈恋爱时，在我们商讨商业问题时，或者在我们年岁渐高时，面对面的互动对我们来说到底有多重要？[35] 为什么人类进化出了如此精妙的“信任 - 背叛晴雨表”？如果失去了和伴侣的面对面互动，这些机制是否仍然能正常运作？为什么女性的社交网络比男性更加紧密？这对于他们本人和周围其他人的健康来说，到底又意味着什么？美国南加利福尼亚大学的汤姆·瓦伦特（Tom Valente）证明，最受欢迎的孩子就像各个小集团中最有影响力的中转站，吸烟、饮酒和滥用药物的行为更有可能通过他们在青少年中传播开来（或者得到抑制）。[36] 如果不懂得利用青少年的社交网络，那么代价高昂的公众健康项目很有可能付诸流水——就算它们用上了 Twitter 和 Facebook。

这项研究告诉我们，物理上的靠近非常重要。让 - 保罗·萨特①在 60 年前写下了“他人即地狱”的名句。在接下来的几章里，你会发现他错了。

① 让 - 保罗·萨特（Jean-Paul Sartre）是法国著名的哲学家和作家，存在主义哲学大师。

The Village Effect

01

健康

在癌症面前，朋友能发挥更大的保护作用

How Face-to-Face Contact Can Make Us

Healthier, Happier,

and Smarter

1999年4月，当西尔维·拉方丹（Sylvie La Fontaine）被诊断出乳腺癌时，她刚刚和队友们参加了“加拿大大师赛”全国游泳锦标赛。她高1.77米，戴着一副方形的玳瑁眼镜，剪了一头精悍的短发。西尔维喜欢穿自己亲手缝制的舒适的罩衫，配上紧身裤和靴子，看起来完全不像是三个孩子的祖母。她是位房地产经纪人和室内设计师。她也是好几个关系紧密的面对面社交网络实际上的枢纽人物，其中之一就是她的游泳队。

到那时为止，她已经连续7年担任游泳队的主席。她会帮助游泳队的150名成员解答个人生活和训练中遇到的问题，包括他们的健康状况、生育疑虑和运动损伤，还有婚姻冲突、抚养孩子的问题，甚至对游泳池的水质以及教练的最新耐力锻炼，她都会过问。但又并非仅此而已。在一名队员不得不杀掉自己心爱的宠物时，她还提供了一个可以让其靠着哭泣的肩膀。她以一贯的沉着扮演着自己的角色，直到一名队员因为比赛中某些无关紧要的小事开始对她进行人身攻击——这已经不是第一次了。但是，这一次的攻击破坏了她惯常的防御，刺痛了她的心。再加上她刚刚诊断出了癌症，西尔维不知道自己是否应该退出游泳队，不再浪费自己的情感资源。

但是她发现，退出这件事并没有原先想的那么简单。不光游泳队的人会继续找她寻求建议，就连西尔维自己也不愿意闲着——如果她知道某样工作还没有完成，她就会忍不住参与其中。她不但是游泳队的主席，还是某个农村业主协会的主席。该协会最近为了让公有农田自然化，种植了60 000棵树（其中她亲手种下的就有15 000棵）。她会在不知不觉间获得别人的信任，就算他们几乎不认识——这让她自己也感到十分困惑，因为她本人并不太喜欢跟别人分享自己的事情。游泳队的伙伴、同事和邻居，有好几百人把西尔维当作自己的朋友，而我不过是这几百分之一罢了。这只是她的中层社交圈，她还有很多更加亲近的密友。

西尔维夫妇和几对海军夫妇也结下了深厚的友谊，当时她的丈夫刚刚入伍，而他们的孩子年纪尚幼。她还在游泳队结识了三对夫妻，跟他们一直保持着密切的联系。现在，他们只要一有机会，就会一起聚餐、一起旅行。在西尔维收到确诊报告的那个星期，她在游泳队的密友加里也发现自己患上了结肠癌。在全国锦标赛中，她曾与他并肩拼搏。在比赛结束之后，她又尽全力去照顾他。她组织人手开车送他去医院，帮助他调整治疗方案。加里的预期寿命只剩下6个月，支持他与病魔抗争到底，成了她当时最迫在眉睫的任务。我问她，我关心的是她的健康，为什么她要谈加里？她斩钉截铁地说："我没有生病。是他病了。"（加里后来又活了3年半，远远超过了最初的预期。）"我当时并不真的需要什么。你知道，乳腺癌并不是那么疼，它主要是精神层面的。"

并不是所有人都认同西尔维的看法。但是有一点无可争议：虽然西尔维发誓要退出游泳队，但是她仍然深陷在好几个面对面的社交网络中，继续照顾他人。虽然癌症确实在一段时间里迫使她放弃了领导者的角色，但是她仍然和游泳队的队员们一起游泳，继续招待家人和朋友，照顾她认为需要帮助的人。很少有人认为，照顾他人对于照料者本人来说也有治疗的功效。也很少有人认为，融入社区就像服用药物一样会产生治疗的效果。但是越来越多的证据证明，庞大的面对面关系网络，可以创造出一个对抗疾病的生物力场。

社交接触提供了三种社会支持

正如许多女性那样，西尔维的社会关系已经充分融入了她的日常生活中，她从不认为这些关系有什么了不得的地方。但就算她看不到社会牵绊的好处，在她遭遇癌症时，它们也会派上很大用场。这是社交互动的一个附带的好处。它和安慰剂可不一样——安慰剂需要你相信自己正在接受医学治疗，而面对面的社交纽带会在无形之中增强我们的免疫反应。你不需要让针头刺进皮肤，也不需要吞食、注射或吸入任何东西。除拉丁文化圈之外，大部分社交接触甚至都不需要握手。那么，社交接触到底是怎么发挥作用的呢？

The Village Effect 创造村落效应

友善的社交接触（敌意可是行不通的）会让身体分泌出更多的内生性鸦片——它就像我们身体自带的止痛药；同时减少肾上腺素、去甲肾上腺素和糖皮质激素等物质的分泌——它们是身体遇到直接刺激时产生的自然反应，但往往具有破坏性，可能会长期攻击我们的机体组织，对我们的生理恢复能力产生不利的影响。

越来越多的证据显示，在很多情况下，健全的社交生活可以减缓癌症的发展——就算不能使之得到完全的抑制。[1] 在严重的疾病面前，复杂、交融的社交生活可以提升我们的生存概率，为什么呢？这就是我将在本章详细解释的内容。我说的不是 Facebook 上的好友数量，或者 Twitter 上的关注人数——你只需要点击“邀请”和“接受”，就能让这些数字快速攀升。我说的是一些更实在的东西。

我们不妨把社交接触看作一个三脚支架，每一只脚都代表了一种社会支持。**第一种社会支持是，它为你提供了一条可以及时获取重要信息的途径。**以乳腺癌为例，朋友和家人，还有他们认识的人会帮你介绍拥有良好医疗记录的外科医生和肿瘤学家，会推荐你去参加临床试验，会向你介绍一些实验性药物，会在你迷失于慢性疾病的迷雾中时给你提供切实可靠的信息。在西尔维被诊断出乳腺癌后，她请一个做医学研究的游泳队伙伴给自己介绍了一位优秀的外科医生。7 年之后，当我发现右侧乳房出现了一个可疑的肿块时，我向西尔维寻求帮助，她又把那位外科医生的名字告诉了我。经过 3 次社会关系的转折，我就能得到极其重要的医疗建议。下一步该怎么办，我还没有定数，但是西尔维的亲口推荐消减了我的焦虑。（在接下来的章节里，我将会阐述消息和潮流在社会群体中的传播规律，“3”这个数字将会再次出现。）

开车送患者去诊所、陪他们在候诊室里等医生、替他们照顾孩子、帮忙准备一日三餐……**这就是第二种社会支持：提供物质上的援助。**我在《纽约时报》上读到了一则故事，一个丈夫为自己的妻子——41 岁的心理学家亚历山德拉·布卢姆（Alexandra Bloom），她也是一对 4 岁双胞胎女孩的母亲，调动了至关重要的社会支持，完美地诠释了什么叫作“请求帮助”。汤姆·西冈（Tom Nishioka）认为自己是一个非常有条理的人。在妻子得知自己罹患乳腺癌后，他迅速采取了行动：

> 在短短几天里，西冈先生就和 3 个朋友设计了一个网站，让愿意伸出援手的人在网上报名。布卢姆博士说，开口问别人“你愿意在化疗过程中陪在我身边吗”或者“你愿意为我做饭吗”是件很困难的事。但是有 10 位队长主动请缨，帮他们组织人手研究肿瘤专家和保险方案、准备一日三餐、采购杂物、陪病人去看医生、送女儿们上下学、每天帮忙整理房间。一共有 150 多个朋友报了名。布卢姆博士说，还有 3 位“干奶奶”，“她们每人每周来一次。

她们会读书给女儿们听，给她们带来最喜欢的食物，比如奶酪棒、草莓和蓝莓。她们觉得就应该宠着这两个女孩。”[2]

这对非比寻常的夫妻认为，面对面的社交网络正是促成布卢姆博士恢复健康的关键因素之一。在他们的计划里，互联网当然扮演了非常重要的角色，愿意提供帮助的朋友们会在一个专门的网站上报名登记。但是，到了真正需要他们的时候，“村落”里的成员就必须亲自出马了。他们必须亲身出现在需要他们的地方。当然，亲密的朋友和家人不仅能为你提供食物、便车和其他帮助，他们还会鼓励你吃饭、用药、配合治疗、去看医生——或许还能陪你一起去，鼓励你向医生问问题。

有所爱之人陪伴在旁，不但能让我们得到实实在在的物质帮助，还能改善我们的情绪，促进我们的健康——这就是第三种社会支持。[3] 也许正因如此，没有这类社会支持的人比拥有活跃的面对面社交生活的人更有可能过早死亡，前者的概率是后者的两倍以上。事实上，如果我们不和重要的人保持密切的联系，我们的健康受到的伤害至少可以跟每天一包烟、高血压或肥胖相提并论。[4] 虽然社交接触的第一个好处——及时获取信息，现在已经通过谷歌搜索实现了；但是另外两个好处——物质帮助和情感上的支持，只有当人们足够靠近，可以相互看到、听到、触摸到的时候，才能得到最好的体现。

持续的社交接触有利于癌症康复

要证明社交接触和癌症康复的关联性，从科学的角度来看是一件非常复杂的事，而且也很容易引发争议。这个问题之所以复杂，是因为你需要考虑的因素实在太多了：你的基因、怀孕史和分娩史（或者是否膝下无子）、激素水平、更年期、是否曾经接受过激素替代疗法（以及接受治疗的时间）、饮食习惯、运动习惯、饮酒和抽烟的习惯、辐射暴露水平、住在什么地方、社交生活和工作的状况如何——这还只不过是众多影响因素中的少数几个而已。它们或许能形成让癌细胞不断增殖的温床，也或许不会。这种种影响因素不但数目繁多，而且随时间变化和相互影响的方式也复杂多样，最后纠缠成了一团看似无法可解的死结。仿佛嫌这一切还不够混乱，癌症似乎不是一种单一的疾病，而是数百种不同疾病的统称，只不过它们都会经历同样的发展过程——细胞不受控制地疯狂生长。或许正因如此，肿瘤学家和作家悉达多·穆克吉（Siddhartha Mukherjee）才会在《众病之王》（*The Emperor of All Maladies*）中将癌症形容为一种“形态不定、变化多端的疾病”。[5]然而，当研究者尝试分离出每个变量之后，他们发现，**持续的社交接触和乳腺癌康复之间，确实存在相关性。**

但是，这又意味着什么呢？很多社交关系都可以纳入社交接触的范畴，比如生活伴侣和至交好友的贴心鼓励和支持，比如同事、邻居或队友的日常联络，比如专业圈子或教友的偶然问候。上述种种社交接触跟你在癌症支持小组或 Facebook 上遇到的陌生人，到底有什么分别？虽然证据告诉我们，社交关系可以像经常锻炼身体的好习惯一样保护我们——在罹患同一种疾病之后，经常进行面对面互动的人可能比社交孤立的人多活上两年半，但并非所有社交接触都可以一概而论。

有的癌症是潜伏在我们身体里的恐怖分子：它们是罕见的杀手，动作急速，不问缘由。相较之下，乳腺癌的发展一般就缓慢多了。[6]由于乳腺癌的发展时间比较长，患病人数又很多，而且支持相关研究的政治意愿也十分强大（当然也会带来大笔研究经费），所以，乳腺癌的康复率就成了一个衡量社交纽带能否减缓或终止疾病发展的良好指标。早在 20 世纪 90 年代，就有好几项研究证明，感觉朋友和家人关心自己、支持自己——而且自己也积极寻求这类社交接触的乳腺癌患者，对疾病的反应更有利于康复，愈后恢复也更好。罹患乳腺癌的女性是否拥有活跃的社交网络，是否得到了积极的社会支持，这两点比其他任何因素都更能预测出血液中的淋巴细胞和自然杀手细胞（Natural Killer Cells）的水平，而这两种细胞都可以消灭癌细胞。[7] 虽然西尔维亚只是乳腺癌康复者中的一员，但是对她来说，上述种种确实无可非议。尽管她自认为性格内向，但是她周围环绕着一群对她来说非常重要的人，她不仅感觉到了社会支持的温暖，最终还成功地战胜了病魔。

但问题是，这一切究竟是如何发生的？要探讨社交纽带和健康状况的关系，我们可以采用两种研究方法。第一种研究方法被称为“人口扫描”，从某一个时间点开始记录成千上万人的社交生活，然后进行持续的观察——观察他们的社交生活如何随时间流逝而发生变化，直至他们的人生落下帷幕。从事这类研究的科学家得花上几十年的时间来梳理数据，研究人们记在日历上的各种朋友、同事、表亲和教友聚会的次数和类型，研究他们的健康问题，然后尝试找出这二者之间的联系。

20 世纪 70 年代，美国哈佛大学流行病学家丽萨·伯克曼（Lisa Berkman）第一次用人口学的办法把我们的社交生活和“保质期”联系了起来。她当时住在加利福尼亚州北部地区，研究了阿拉米达县的每一位居民（共计 6 928 人），做出了许多惊人的发现。比如，她证明了社交孤立的女性更容易死于癌症，社交孤立且身患癌症的男性更有可能过早去世。[8] 伯克曼等人的研究规模都十分巨大，所以得出来的相关性也特别有说服力。我们当然知道，社会参与和身心健康之间的相关性绝非出于偶然。频繁的社交接触可以像经常锻炼和坚持健康饮食一样，给我们带来健康上的好处。但是这类大规模人口研究也有一个缺点。虽然它们能证明两个现象之间存在着关联，但却不能告诉我们究竟谁先谁后、孰因孰果。到底是活跃的社交生活保护了人们的健康，帮助他们远离心血管疾病和癌症，还是积极跟朋友、孩子、父母、表亲、邻居和同事交往的人，本来就拥有更好的生理基础，命中注定可以活得更长久、更健康？如果健康状况欠佳的人本来就难以和他人建立稳固的关系，那么最后带来决定性影响的或许就不是社交孤立，而是他们糟糕的身体。

要解决这个鸡生蛋还是蛋生鸡的问题，我们可以把被试随机分成两组，第一组被试身边有一群热心的朋友和关爱的亲属，第二组被试则过着如同修道院僧侣般与世隔绝的生活。除此之外，其他一切条件全都保持一致：他们一开始全都身体健康，未患癌症；他们都拥有相似的基因组成、生活方式和健康背景；他们都拥有相同的性别和年龄；他们都一样富有，或者一样贫穷；他们对饮食和起居的偏好也完全一样。随着时间的推移，你就能观察到他们发生了怎样的变化。你就能知道，社交接触究竟会不会影响肿瘤的生长。

我们当然不能在人类身上做这样的实验。就算真的做得到，道德伦理也不允许我们以科学的名义去断绝他人的社交接触。[9] 但是你可以在老鼠身上做实验。虽然老鼠看起来形象不佳，但它们拥有与人类疾病有关的绝大部分基因。而且它们和我们一样都是高度社会化的动物。[10]

实验心理学家玛莎·麦克林托克（Martha McClintock）、肿瘤学家苏珊娜·康泽恩（Suzanne Conzen）和她们的同事曾经出于研究目的单独饲养红眼白化型老鼠。他们发现了一个惊人的规律。社交孤立的雌性老鼠比群体饲养的雌性老鼠更有可能患上乳腺癌，前者的概率是后者的 84 倍！ 84 倍（见图 1–1）！他们在 2009 年年底发表了这项研究，以平淡的口吻宣告了一个不同寻常的发现：“社交隔离会导致离散肿块的数量增加 135%。在受到隔离的老鼠体内，肿瘤的扩散范围更大，可以发展至三个乳房象限，甚至全部四个乳房象限。”研究人员在报告中还指出，在社交孤立的雌性老鼠中，50% 都患上了恶性乳腺癌，而在群体饲养的雌性老鼠中，恶性乳腺癌的发病率仅为 15%。相较于群居的同伴，社交孤立的雌性老鼠的肿瘤不但数量更多，而且块头也更大。事实已经很清楚了。如果你是雌性的哺乳动物，又与亲近的家人和朋友缺少接触，那么你不仅会感到精神上的苦闷，以后还更有可能患上乳腺癌。[11]

社交孤立的雌性老鼠

群体饲养的雌性老鼠

图 1–1 社交孤立的雌性老鼠比群体饲养的雌性老鼠更有可能患上乳腺癌

社交隔离不仅会增加乳腺癌肿瘤的数量和大小，而且还会过分强化动物的生理应激反应。在另一项实验中，麦克林托克和康泽恩对刚出生的雌性老鼠进行了为期 3 个月的隔离饲养。然后，研究人员把它们关进了一个特殊的笼子，四处洒满了狐狸的尿液——这是食肉动物潜伏在附近的信号。跟对照组中在群体环境下养大的雌性老鼠比起来，甫一出生就遭到社交隔离的雌性老鼠分泌了 10 倍的皮质类固醇（哺乳动物的肾上腺会在它们感觉到压力时分泌这种激素）。过激的生理反应会改变老鼠的行为，让它们更不愿意去探索周围的环境。它还会产生表观遗传效应，改变乳腺细胞的基因表达方式。

如果你是一只老鼠，狐狸尿液的气味一定会令你感到不安。但作为人类，让你精神紧张的更有可能是别的东西，比如做一次公开的演讲，或者受到上司的训斥，又或者错过了某趟末班车。玛尔塔·麦克林托克的研究告诉我们，身为哺乳动物的我们，不管让你冷汗涔涔的究竟是什么，我们从诞生的那一刻起就需要稳定的社交接触，才能在未来更好地应对压力。如果不能和他人建立起稳定而牢固的社交关系，我们就更有可能在压力面前出现过激的生理反应。而过激的生理反应会干扰抑制肿瘤生长的基因通路，进一步增加我们患上乳腺癌的风险。[12]

麦克林托克的实验还告诉我们，童年早期的社交接触会对我们未来的抗压能力产生至关重要的影响。或许这也能帮助我们回答另一个问题：为什么在婴儿时期就被送进孤儿院（缺少跟父母角色的正常接触）的孩子往往会在成长的过程中出现很多发展问题——就算他们后来被稳定的家庭收养？

孤独可以杀死你

我们证明了缺乏社交接触可能会让老鼠长出肿瘤。接下来，就让我们把视线从老鼠转移到人类身上吧，看看我以前提到过的人口扫描研究。人口扫描研究的发现对于我们人类来说又意味着什么呢？加利福尼亚公共卫生研究专家坎迪丝·克伦克（Candyce Kroenke）和她的同事领导了一项研究，追踪了 3 000 名最近刚被诊断出浸润性乳腺癌的护士，请她们填写了一份关于社交生活的详细调查问卷。在接下来的 12 年里，一组流行病学家继续跟进他们的研究。研究人员知道，在这些护士诊断出乳腺癌之前她们有多少经常见面的朋友和家人（在诊断出乳腺癌之后，她们可能会见到很多社工、医护人员和医院的志愿者）。他们因此提出了几个重要的问题：社交生活丰富的护士和缺乏社交关系的护士在身体的健康状况方面是否存在差异？拥有大量朋友的护士会不会比孤单的护士活得更久？

第一个问题的答案是"是"，第二个问题的答案也是"是"。到研究结束时为止，孤单的女性远比社交生活活跃的女性更有可能死于乳腺癌，前者的概率是后者的 4 倍。康复的人更有可能是西尔维这样的女性。她们不一定都拥有外向的性格，但是她们身边始终环绕着一群每周都能见上几面的亲朋好友。（有证据显示，性格内向的人更有可能死于癌症，也更容易患上感冒。）[13] 她们的社交接触也有很多不同的类型，从亲密的朋友和家庭成员的"粗绳"，到同事和邻居的"细线"。但是，最关键的是什么？在经历乳腺癌的打击之后活得最久的女性，都不是孤独的人。面对面的接触越频繁，乳腺癌的愈后就越乐观。只需要几个亲密的好友，就能保护她们避免过早死亡。

The Village Effect 创造村落效应

虽然生活在大家族里的女性比小家庭的女性更长寿，但是如果她们不幸患上了癌症，朋友就能发挥更大的保护作用。[14]社交孤立的女性比至少有 10 位朋友可以指望的女性更有可能死于乳腺癌，前者的概率比后者多了 66%。朋友不仅能给你提供相关的信息和物质上的帮助，还能给你带来神经内分泌的变化——只有当你和自己喜欢而且关心自己的人在一起时，才会出现这样的变化。“在一起”是指你能听见他们的声音，或许还能感受到他们的碰触。一个拥抱、一次握手、拍拍肩膀，都能降低我们的生理应激反应，帮助身体抵御感染和炎症。**最关键的就是亲身参与。**

当然，电子社区可以帮助分隔两地的人打破地理条件的制约，帮助身患罕见或恶性疾病的人跟朋友保持联系。互联网还拥有惊人的汇聚能力，可以把想法相似的人聚集到一起。它还是一个庞大的信息来源，可以帮助人们了解自己的疾病，提前做好准备。网络也确实可以彻底地改写很多癌症患者的命运。[15]但是，加入网络社区只能算作第一步（网络能帮助人们认识彼此，建立有意义的关系）。没有任何像样的科学证据可以证明，网络活动能像面对面的社交网络那样改变我们的健康前景。[16]

这是因为，社交孤立可以杀死你。孤独可以在暗中改变我们对疾病的遗传反应。换句话说，慢性孤独——在主观上长时间感到孤立和孤单，会改变你体内每个细胞的基因表达方式。虽然这听起来难以置信，但是孤立感确实会在每个细胞上留下“孤独”的指纹。这种“遗传指纹”或者“识别标记”，可以扰乱身体对疾病和压力的正常反应，指派某些细胞启动抵御炎症的防火墙，同时指派另一些细胞关闭身体里的正常免疫防御。一般情况下，这些反应和防御机制会保护细胞免受疾病的侵害。但是，长期持续的孤独感会破坏我们作为社会性动物而发展出来的复杂的遗传代码。它会关闭保护我们免受病毒和感染滋扰的抗体，让我们变得更加脆弱；它还会欺骗白细胞，阻止它们对真正的目标发起攻击。[17]

The Village Effect 创造村落效应

我们都需要通过社交接触来避免孤独。但有意思的是，每个人对社交接触的数量和类型都有不同的要求。约翰·卡乔波发现，主观上的孤独感以及它对天生恢复能力的侵蚀，就如同其他很多生物性的欲望，比如睡觉、吃饭和性爱。你需要跟朋友和家人多久见一次面，才能保持健康快乐？面对这个问题，每个人可能都会给出不同的答案，而且遗传的影响也不容小觑。[18] 我们可能会从自己的父母身上继承孤独这种毁灭性力量，甚至应该把它写入家族病史——如果换成高血压或者肾脏疾病，你肯定想知道家族里有没有人得过。正如不同的植物需要的水分不一样，内向的人需要的社交接触比较少，外向的人需要的社交接触比较多。但每个人都需要一定量的有意义的面对面接触，才能维持自己独特的社会代谢。

不过，就算面对面的接触可以在常见的感冒和不那么常见的癌症面前保护我们的健康，但也没有证据能证明，缺少社交接触会给我们招来癌症，或者某种正确的思考方式可以阻止癌症的到来。畅销书、流行杂志和脱口秀节目普遍在宣扬这样一种观念：你可以通过正确的态度来控制自己的健康。很多人都信了。[19] 但这其实是一个致命的谎言。它不但没有丝毫的科学基础，还会把人们对癌症的怨恨转嫁到受害者头上，而不去关注疾病本身——在绝大多数情况下，它都远远超出了我们的控制。

我看过一项研究，它试图证明你可以通过自己的思维和想法来控制乳腺癌的发展（很遗憾，这项研究没有证明这二者之间有什么关系）。这项研究之所以吸引了我的注意，完全是因为乳腺癌康复者奥莉维亚·纽顿-约翰（Olivia Newton-John）——她演唱了名曲《欲望交锋》（*Let's Get Physical*），为它提供了资助。研究是这么进行的：研究人员找来了 700 多名诊断出非转移性乳腺癌的澳大利亚年轻女性，首先请她们填写了一份详细的调查问卷，调查了她们的焦虑水平、对癌症诊断的反应以及她们会不会压抑自己的想法。然后，研究人员对这些女性的健康状况进行了为时 8 年的追踪调查。

他们发现了什么？心情和乳腺癌的结果没有任何关系。指导乳腺癌患者以积极和前瞻性的眼光来看待乳腺癌，并不能治愈她们的疾病。这样的训练确实可以帮助她们减轻焦虑和抑郁——这当然也很重要，很有意义，但是却不能帮助她们活得更久。[20]

> **The Village Effect 创造村落效应**
>
> 20 世纪末的主流思潮认为，只要治愈心灵，就能治愈身体——很多初步研究也暗示我们，心理治疗有可能延长癌症患者的生命。但是，没有任何一项严谨的后续研究可以证明这个假说。[21] **心理治疗固然可以减轻情感的压力，但是却不能延长你的生命。**[22] **化学治疗和放射治疗可以延长你的生命，但是肯定不能减轻你的痛苦。只有你的朋友可以同时做到这两点。**

压力真的能引发癌症吗

这也就引出了我所谓的“伊丽莎白·爱德华兹问题”——社会支持为什么能影响癌症的康复。在我为本章做研究时，正赶上美国前总统候选人约翰·爱德华兹（John Edwards）的分居妻子伊丽莎白·爱德华兹（Elizabeth Edwards）死于乳腺癌，享年61岁。她的死讯震惊了所有把她视为楷模的癌症康复者。用一位《纽约时报》记者的话说，她是“一位不会被疾病打倒的癌症患者”。[23] 爱德华兹在两部回忆录里坦言了她的悲剧和抗争，她如何面对16岁幼子的意外身故，如何在与慢性疾病抗争的过程中走到政治的聚光灯下。2006年，她发现癌细胞开始扩散。她没有动摇自己的信念，反而提前了竞选的日程。伊丽莎白·爱德华兹在2010年12月初去世。在她去世的前一天，她的家人宣布病情已经无法医治。她在自己的Facebook主页上发表了如下声明：

> 我这一辈子是靠三种恩典撑过来的——我的家人、我的朋友，还有我对自己的恢复能力与希望的信心。对于我们所有人来说，活着的日子都不是无穷无尽的。我们都知道，这一天迟早会到来。

不出几分钟，这段话就传遍了电视广播和网络博客，人们纷纷表达了不吝言辞的赞美。但也有人提出，婚姻压力和缺乏支持是导致她患上转移性乳腺癌的诱因。[24] 过去也有人提出过类似的看法。当年她的丈夫在为2008年的民主党竞选做准备时，传出了婚姻不忠的丑闻。癌细胞已经在2006年转移到了她的骨头，很多人都认为她的病已经无法治疗。就在她似乎有所好转的时候，丈夫却出轨了——这是不是导致他的妻子癌症复发的诱因？

我们永远也不会知道了。但是伊丽莎白·爱德华兹的三次全力抗争——第一次是儿子的死亡，第二次是她的乳腺癌，最后一次是丈夫的出轨，似乎支持了人们的普遍看法：压力会诱发癌症。一项关于女性态度的研究发现，将近一半的乳腺癌患者都会把她们的癌症归因于自己在生活中遭遇的磨难，比如分居、离婚、家人的死亡、工作压力和经济困难，或者上述全部事件。而 87% 的女性都会把病症的缓解归功于她们努力保持乐观的态度，缓解精神上的压力。[25] 我在游泳队的朋友西尔维就认为，她之所以会患上癌症，肯定与“我无法控制的压力”脱不了干系。她还认为，自己的母亲和祖母之所以也患过乳腺癌，同样是因为她们的生活出了问题，给她们带来了沉重的压力（而不是因为她们拥有某种跟乳腺癌有关的基因）。[26]

但是，生活中的困难和消极的思想真的会诱发癌症吗？如果保持开朗的性格，生活中也毫无压力，是不是就能阻止癌症的到来？这两个问题的答案都是“不可能”。虽然很多研究者都想证明压力和癌症的因果关系，但是没有任何可靠的证据可以证明压力能引发癌症。很多同类研究都有一个问题：它们要求人们去看“后视镜”，在过去的生活中寻找可能与癌症爆发有关的压力事件。但是，人类的记忆有高度的选择性。我们更有可能记住构成人生叙事弧的若干重大事件，认定它们就是癌症的罪魁祸首。我们不愿意相信生命之火有可能因为某些随机的细胞突变（这是“倒霉了”的科学说法）而悄然熄灭。

美国斯坦福大学生物学家、著名的压力研究者罗伯特·萨波斯基（Robert Sapolsky），也对压力引发癌症的观点深表怀疑。他注意到：“诊断出癌症的人比诊断出拇囊炎的人更有可能记住压力事件。”[27] 这些研究还存在其他问题，比如数据样本非常小，也没有控制很多可能会影响女性患者癌症康复效果的因素——是否吸烟、是否大量饮酒、是否超重、癌症发展到了什么阶段、确诊时的年龄有多大（你活得越久，就越有可能得癌症，因为其他疾病没有抢在前头把你杀死）。

不管人们在诊断出癌症之前是不是遇到了困难，也不管他们能不能一直保持激昂的斗志，它们只不过是与癌症毫无关系的“红鲱鱼”①。大多数成年人在一生中难免都会遭遇挫折，不管他们是身体健康，还是疾病缠身。[28] 但是在癌症面前，大多数人都试图从过去的人生中寻找蛛丝马迹，回答“为什么是我”这个难解的问题。**我们的直觉似乎不太能理解多重因素和统计概率，我们的头脑会让我们不停地寻找原因和结果。**[29]

1986 年，丹麦的癌症研究者玛丽安娜·尤尔特兹（Marianne Ewertz）调查了 1 800 名乳腺癌女性患者的婚姻史，把她们的情况跟另外 1 800 名相同年龄的健康女性作比较。她发现，无论她们的婚姻是长是短，无论她们的丈夫是刚刚离世还是很久以前就已身故，无论她们是分居还是已经离婚——没有任何一个因素可以影响乳腺癌的患病风险。[30] 甚至有证据证明——虽然看起来似乎有悖于我们的直觉，压力有助于保护你远离乳腺癌，因为压力能削弱你合成雌激素的能力（雌激素水平降低，可以抑制某些肿瘤的生长）。[31] 还有一项研究也同样发人深省。研究人员调查了近 7 000 名哥本哈根女性的基线压力水平，在随后的 10~12 年里对她们进行了追踪研究。他们发现，压力水平最高的女性诊断出乳腺癌的概率比其他人低了 40%。[32]

很多实验也证明，压力过大确实有可能消磨你的斗志，但它不会引发癌症。在集中营或者劳改营里饱受折磨的囚徒，死于癌症的儿童的父母——他们都经历了痛苦的创伤事件，并不比没有经历过这些创伤事件的人更容易得癌症。[33] 一项丹麦的研究调查了近 2 000 名诊断出精神分裂症的儿童的父母——这或许是一个家庭可能面对的最大的痛苦，结果发现，他们得癌症的风险并不比别人高。**简单说，社交接触可以拖延乳腺癌的发展进程，但是，失去社会支持所带来的压力并不能引发癌症。**

---

① 红鲱鱼谬误，又称为“原因不相干的谬误”或者“分散注意力的谬误”。传说红鲱鱼的浓烈香气可以转移猎狐犬的注意力，让它们放弃追踪的线索。在论证的过程中，某些事情可能会引起你的注意，导致你偏离原先的话题，但实际上它们与结论毫不相干，这就是红鲱鱼谬误。

女性效应

当年我采访西尔维的时候，她并不认为社交接触和癌症康复之间有什么关系。她的癌症康复手册上是这么写的：“首先他们会切开你，之后他们会给你下毒，然后他们会放火烧你。再然后一切都结束了，你的头发又长回来了。”

西尔维给我讲了她的故事。她没怎么谈论自己的恐惧，但是却详细地讲述了她是怎么解决具体问题的：怎么选择治疗方案，怎么寻求专业意见，怎么改变周围的环境，让自己专注于康复。但在与病魔抗争的过程中，无论她做什么，她都离不开自己的社交网络。但是，她似乎没有注意到——就像我们大多数人一样，面对面的社交关系给自己带来了莫大的帮助。她只是告诉我：“我阅读了乳腺癌的资料，我打电话给我的医生朋友，我跟他们见面，我从认识的人那里得到了我需要的全部信息。”

我问她，谁给予了她最大的帮助。“朋友，”她毫不犹豫地回答我，“我打了个电话给我的好朋友莫娜，她住在另一个城市，嫁给了一名肿瘤医生。然后我跟她的丈夫谈了三个小时，虽然那时候我们两家人还算不上熟络。但因为她是我的朋友，所以她的丈夫帮了我。我还有个朋友叫塞莱斯特。塞莱斯特也帮了我的大忙，因为她是一个特别有计划和有效率的人。而且她是一名护士，在医学界待了很长时间。她说，你可以去看这个医生，因为她是城里最好的外科医生。你要做这个，你要做那个。我就这样得来了我需要的全部信息。然后我就去做了，就像这样——‘突突突’。”西尔维比画了一个枪的手势，把她在确诊之后遇到的问题一个接一个地解决了。

我也问到了她的丈夫，一位和蔼可亲的家庭型男士，他似乎跟她和孩子们的关系都很好。不过到目前为止，他还没有出现在她的“作战计划”里。她停下来考虑了一会儿，透过黑框眼镜看着我，眼里带着一些犹豫：“大卫不知道该怎么办才好，我的儿子们也不知道该怎么办才好。”她说：“不过，他们都跟我站在同一条船上。但是我的朋友们……她们真的帮了我。你明白吗？因为她们都是女性，所以我们在这方面会更加亲密。塞莱斯特是个出色的信息源。多米尼克也帮了我，她会在我去医院治疗的时候过来陪我，跟我坐在一起，然后她会开车送我回到我的乡村小屋，让我好好休息。她特别喜欢乡下，所以我们会跳上车，开车去我的小屋，然后在那里过夜。我们会一起吃饭。然后第二天她就走了。"

西尔维不知道玛丽安娜·尤尔特兹的研究已经证明，婚姻不会对乳腺癌的发作和缓解产生任何重要的影响。**事实上，结婚对于男性患者康复能力的影响远远大于女性。**[34] 强烈的性别差异也表现在男性和女性对癌症的反应上。有证据表明，最常见于女性的癌症（乳腺癌和子宫癌）都和激素有关，而且它们都属于同一个系统，最常见于男性的癌症都属于另一个系统。它们各自都有不同的触发条件，也有不同的反应机制。[35] 跟大多数男性和他们的男性朋友不一样，大多数女性都会主动向她们的女性朋友和亲属寻求帮助，像西尔维那样跟她们分担疾病带来的精神压力。这种亲密的互动是抵挡孤独和恐惧最有力的武器。[36]

The Village Effect 创造村落效应

消极的社交互动会对女性的健康产生更严重的腐蚀作用。研究表明，人际关系糟糕的女性在身体健康出现问题时会遭受比男性更沉重的生理打击，她们的尿皮质醇和其他神经内分泌标志物的水平都会变得更高。[37] 似乎对于女性来说，亲密的关系——不管是好是坏，占据了人生的中央舞台。而男性的人际关系——除了他和配偶的关系，更像是舞台外围的配角。

以西尔维为例，她得到的大部分信息和社会支持都来自女性朋友组成的社交网络（见图 1-2）。我将这个规律称为"女性效应"。女性在接触其他女性时，身体会释放出催产素，这是一种同时兼具止痛和欣快作用的神经肽。在性高潮、分娩、哺乳、爱抚和抚养孩子的过程中，身体都会分泌这种激素。它不仅能缓解疼痛，立刻给你带来快感；还能让你对自己的核心社交圈更加依赖。催产素建立了一个反馈循环，既能奖励在危急时刻向他人伸出援手的女性，也能奖励她们帮助的人。[38]

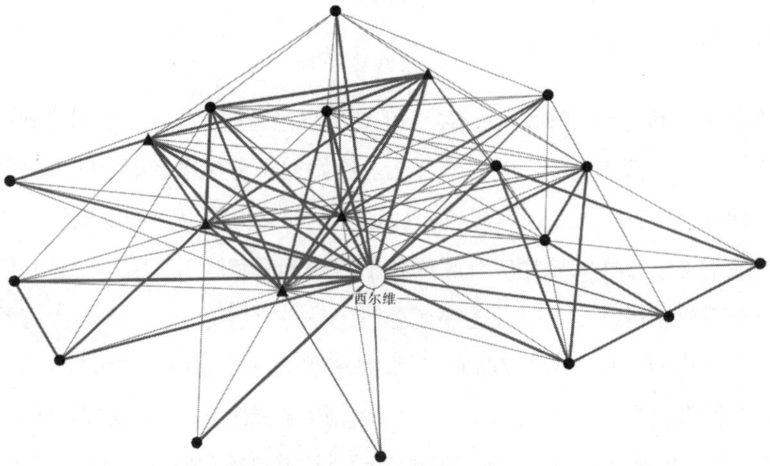

图 1–2　西尔维的社交关系图

圆点代表女性，三角形点代表男性，加粗的线段表示强联系。

加利福尼亚大学洛杉矶分校心理学家雪莱·泰勒（Shelley Taylor）是这个领域的先驱人物，她把这样的现象称为“照料和结盟反应”（tend-and-befriend）。你可能不知道生物机制在推动照料和结盟反应的过程中究竟扮演了什么样的角色：血液中激增的催产素减轻了疼痛和炎症，让你感到愉悦，最终提升了你的康复概率。但就像西尔维一样，大多数女性都有这种感觉：在相互信任的基础上，社交网络中的其他女性一定能给她们提供宝贵的支持，有时候是至关重要的信息，有时候是难以言表的情感支援。

弱关系的力量

难道在慢性疾病面前，朋友就比家人更重要？西尔维的故事向我们揭示了社交网络中关键信息传递的两条重要规律，第一，在我们需要某些实质上的帮助时（比如找工作、找医生、找租房），较弱的社交关系往往最有影响力。这类重要的信息往往来自我们不熟悉的人。自从斯坦福大学社会学家马克·格兰诺维特（Mark Granovetter）在20世纪70年代初首次提出“弱关系的力量”（the strength of weak ties）后，这个规律已经得到了反复的证实。[39] 为什么我们最有可能通过朋友或同事的伴侣或者伴侣的同事，找到最合适的外科医生、梦寐以求的工作，还有我们的真命天女和真命天子？因为家人和密友知道的东西跟我们自己知道的东西差不多。我们的背景、人际关系和兴趣都太像了，所以我们的信息来源也往往有很多重叠的地方。弱关系能为我们架起一道通往新信息的桥梁，我们的泛泛之交往往知道我们的家人和最好的朋友不知道的信息。他们的社交关系往往跟你极为不同。如果没有这些中间人的帮助，你可能永远接触不到那些人的人脉和他们掌握的信息。

弱关系的力量 The Strength of Weak Ties

在我们需要某些实质上的帮助时（比如找工作、找医生、找租房），较弱的社交关系往往最有影响力。这类重要的信息往往来自我们不熟悉的人。

斯坦福大学传染病专家和小说家亚伯拉罕·维基斯（Abraham Verghese）写过一本感人至深的回忆录《我的祖国》（*My Own Country*），回顾了自己在艾滋病疫情爆发时在美国田纳西州进行的临床教育工作。他首先讲述了自己和其他几位在印度接受医学训练的医生是怎么借助弱关系的力量进入美国医学系统的：

> 我从印度的医学院毕业回到美国的时候，印度医学院的几位学长已经开始在美国的几间医院里实习了。他们和他们的朋友以及朋友的朋友，共同组成了一张遍布全国的专业网络。我

只需要打几个电话，就能知道每个城市有哪间医院可以申请；哪间医院不必考虑，因为他们从不招收外国毕业生；哪间医院会在头一年招收外国毕业生，让他们干些枯燥乏味的粗活，但是从不会让他们待到第二年——这就是声名狼藉的“金字塔式”住院医生实习制度。这个专业网络总能告诉我，我可以向谁寻求帮助。

翻过几页之后，他又讲述了另一个故事。弱纽带就像一只看不见的大手，可以把五湖四海拥有相似背景的人聚集到一起，比如在田纳西州东部斯莫基山中的一座小镇上：

在同一个地方聚集了这么多外国医生，有时候还真有点滑稽。我有一次想找心脏病专家帕特尔医生，请他帮忙看看急救室里一个得了疑难杂症的老妇人，我的利尿剂和强心剂都没办法改善她的心力衰竭。帕特尔医生的妻子告诉我，他在“泌尿科的帕特尔”家。于是我又给那里打电话，却听说他和“胸肺科的帕特尔”去了“肠胃科的帕特尔”家。肠胃科的帕特尔有个十几岁的女儿，她是第一代印度裔美国人。她用标准的阿巴拉契亚口音告诉我：“估计他们正在梅塔①家打金罗美牌。”他们确实在那里。[40]

如果维基斯是一个来自波士顿的白人，那么他的辉煌成就似乎会因为他利用了老同学的关系网而显得黯淡了不少。但是他来自亚的斯亚贝巴②，他和那些名叫帕特尔的医生一样，凭着自己的直觉采取了所有成功的移民人士都会采取的行动：尽最大可能利用了他们的弱纽带。

无论是成为一个好医生，还是找到一个好医生，我们都更有可能通过

① 帕特尔和梅塔都是典型的印度姓氏。

② 埃塞俄比亚的首都。

偶然结识的朋友或者朋友的朋友的朋友，为这些实际的问题找到解决方法。格兰诺维特认为，个人的社交网络可以改变大范围的商业和文化的走向。根据他的说法，正是这些松散的网络推动了硅谷早期的引擎。我也意识到，从小范围来看，西尔维的生活，还有我自己的生活，都被我们的弱纽带完全改变了。

比如说，我一直希望把大部分时间都用来写作，但是后来我成了一个专职的临床心理学家，偶尔才能为报纸写点儿文章。机缘巧合之下，我遇到了一位我当时还不太熟悉的健康作家。他帮助我当上了一个专职作家，偶尔才从事心理学方面的工作。[41] 我的职业发展有点像数千名魁北克政府管理者中的 84%——他们都通过自己的弱社会关系，谋到了现在的职位。

公务员的职位一直颇受青睐。虽然魁北克省政府早在 20 世纪 70 年代后期就试图规范雇佣流程，希望把更多的机会留给真正有学识的人，而不是人脉关系多的人，但是社会学家西蒙·朗格卢瓦（Simon Langlois）发现，将近一半（42.7%）的政府雇员都是通过自己的私人关系找到工作的。有意思的是，雇员的受教育程度越高，他们的弱社会纽带就越有可能帮助他们找到工作。

魁北克蓝领工人的情况则刚好相反。虽然 84% 的专业人士、经理和管理者都是通过他们认识的人找到工作的，但是只有 19% 的蓝领工人是通过朋友的介绍。为什么会出现这样的差异？这就要看他们和亲密朋友、家人之间的强关系了。从墨西哥城的棚户区到贫困的美国家庭，研究人员反复证明了强关系的作用。格兰诺维特写道：“穷人更依赖于强关系。”[42] 虽然你需要很多信息，但是你不得不依赖于自己和亲密朋友以及直系亲属的强网络，这也就意味着你更少了解新的机会。格兰诺维特相信，穷人对强关系的绝对依赖正是贫穷可以自我延续的原因。

强 - 弱纽带理论还有一个引起广泛争议的推论：大多数女孩和女性更喜欢和一小群家人、朋友建立一对一的亲密关系，而大多数男孩和男性更喜欢在庞大的社交网络——比如大型团队、跨国公司，或者军队中建立很多弱关系，不过，他们对每个关系的投入都远远少于女性。[43]

美国社会心理学家罗伊·鲍迈斯特（Roy Baumeister）对此直言无讳："女性风格的人会建立少数几条强大而紧密的社交纽带。男性风格的人会建立更多较为脆弱的社交纽带。你是否渴望拥有一段感情深厚、家庭稳固的婚姻？如果是的话，你需要的就是女性风格。你是否渴望加入一个团队，比如船队、狩猎队，或者足球队？如果是的话，男性风格就更适合你。"[44] 他解释说，每种风格都有利有弊。虽然大多数人都希望自己能二者兼顾，但如果我们足够诚实，就会知道自己更偏重哪一个（见图 1-3）。

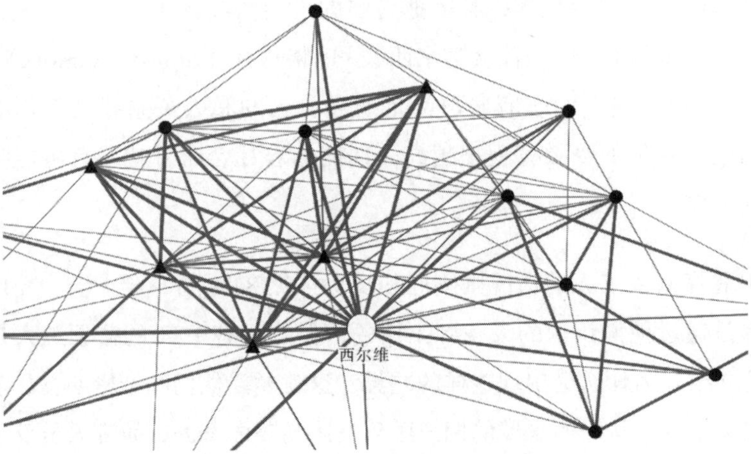

西尔维的社交关系图：一个主要由亲密的女性组成的小型社交网络

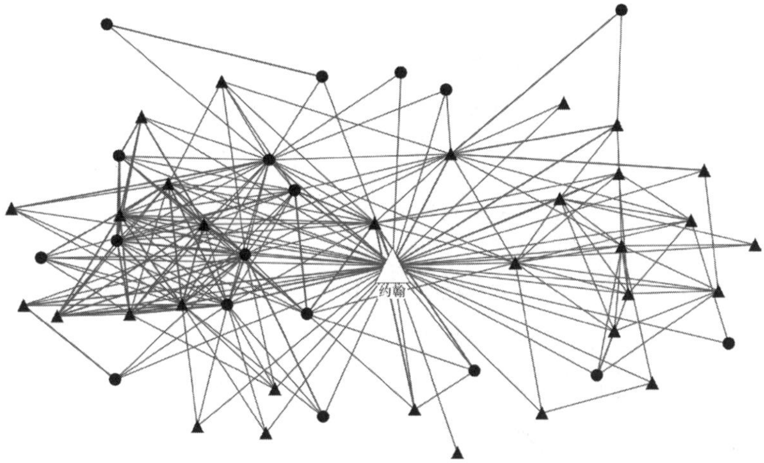

约翰的社交关系图：一个由众多弱关系组成的大型社交圈

图 1-3　西尔维和约翰的社交关系图

如果按照这个逻辑继续推演，似乎最弱的关系——比如 Facebook“好友”之间的关系，最有影响力 。如果你需要某些实质上的帮助，比如介绍新工作，推荐几家餐厅，或者在星期六的晚上来场一夜情，那么这些弱关系确实有可能帮上你的忙。但是，如果你需要一些更内在的帮助——假如你正在跟一种可怕的疾病抗争，网络关系就替代不了面对面的互动了。或许因为现场互动可以让负责社会认知和奖励的大脑区域（腹侧纹状体、前扣带皮层和杏仁核）产生更剧烈的活动。在麻省理工学院神经科学家瑞贝卡·萨克斯（Rebecca Saxe）的带领下，研究小组完成了一项具有里程碑意义的功能性磁共振成像研究，比较了面对面互动和录音录像互动时大脑有什么反应。萨克斯解释说，她的研究证明了我们为什么在和其他人共处一室、看同一样东西时会感觉心情愉快。[45]

那么，缺乏个人动态社会元素的人际互动，会不会让你觉得很难受？其实还真差不多。有证据显示，通过互联网建立社交关系可能会让你感到更加孤立。21 世纪初的一项研究发现，在罹患非侵入性乳腺癌的纽约女性中，把电脑当作研究工具的人比完全不碰网络的人感觉到了更大的社会支持。用笔记本电脑搜索医疗信息倒还好，但是，她们在互联网上花的时间越多，她们就感到越孤独。[46] 很多研究都得出了同样的结论，它被称为“互联网悖论”。互联网本来是应该把我们联系在一起的，难道不是吗？[47] 其实，这取决于你到底需要什么。如果你需要信息，那是一回事。如果你需要一个拥抱或者分享一个私密的玩笑，那就完全是另一回事了。

美国癌症研究者保拉·克莱姆（Paula Klemm）和托马斯·哈迪（Thomas Hardie）比较了面对面的癌症支持小组和网络小组的区别。他们发现，这些小组从统计数据来看很相似，只有一个例外：小组成员的心情。网络小组的绝大部分（92%）成员都感到心情沮丧；但在面对面的小组中，没有一个成员会产生这样的感觉。[48] 或许因为，本来就情绪低落的人更喜欢网络小组，更不喜欢面对面的小组。但也可能因为，花更多时间泡在互联网上（甚至在癌症支持小组里）的人，跟家人和朋友待在一起的时间变少了。

2002 年发表的大型的“斯坦福时间 - 日记研究”证明，后一种解释才是正确的。每周把 5 个小时以上的私人时间都耗在互联网上的人，跟“强关系”面对面接触的机会比较少。研究的设计者和主持者、社会科学家诺曼·尼（Norman Nie）和其他几位斯坦福大学的同事明确表示：“每发送或查收 1 封私人电子邮件，你和家人相处的时间就会减少将近 1 分钟。平均每人每天会发送或接受 13 封私人电子邮件，也就是说，每天的家庭时间会减少 13 分钟，每周会减少 1.5 小时……你花在互联网上的时间越多，你与朋友、家人和同事相处的时间就越少。”[49] 虽然这是最基本的常识，但是它也曾经遭到过激烈的争议。我们大多数人每天都会发好几十封电子邮件或者好几十条短信——甚至几百封、几百条都不在话下。先不谈它们会带来什么好处，在这段时间里，我们大多都独自一个人。

在后面的几章里，我将会和读者诸君再次探讨这个现象，不过到时候它会有一个新名字——“Facebook 抑郁症”。人们点击网页，查看朋友又干了什么，但是却被卷入了嫉妒和失范的怪圈。他们错误地认为这种私下里的窥探会把他们和社会黏合在一起，但其实不然。虽然网络技术可以帮我们做到很多奇妙的事情，但是它不能让病人感到他人的温暖和呵护，从而减少自己的孤独和寂寞。只有当亲朋好友来到她身边的时候，她才能产生这样的感觉。我们马上就会看到，**物理上的靠近很重要。**

The Village Effect

02

长寿

造就一位百岁老人，需要一个村落

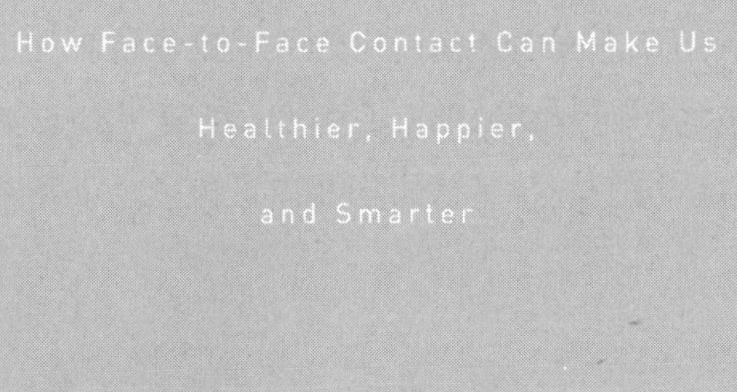

How Face-to-Face Contact Can Make Us

Healthier, Happier,

and Smarter

任何一位走进意大利小镇上的游客，很快就会发现自己已经来到了镇子中央的广场上，四周环绕着意大利小镇的标准建筑：一边是一座气势宏伟的教堂，另一边是一栋市政厅，中间还有一座喷泉。小镇的道路从广场向外辐射开来，道路两边建筑物最底层的咖啡馆，是你放下导游手册尽情欣赏美景的好地方。所有人都知道，意大利的村镇广场规模非常符合人类的活动范围。不过有一件事你可能不知道：自古以来，意大利村镇广场的首要功能就是把所有的居民都汇聚到这个交叉路口上来。

Facebook出现之前的几千年里，广场一直是八卦、购物和精神指引的一站式聚集地。它是一块吸引社交互动的磁石，不管是公众的互动，还是私人的互动。位于广场边上的政府办公室和私人礼拜堂，是该地区的权力掮客们私下里会谈的地方。交易也是在广场上进行的，当然有的交易更青睐从广场向外辐射的街道和小巷。这里还举办过订婚仪式和婚礼，当然也举行过葬礼。

这个位于意大利维拉格兰德斯特里萨伊利地区的撒丁岛，建在根纳尔根托腹地的一个陡峭的山坡上。酒吧、面包房和杂货铺环绕着一座古拙的18世纪教堂，以夸张的角度倒向地面的一侧——我觉得我在用自己的腿后肌探索这个小镇。商店的门面忽高忽低，有的要往上走几级台阶，有的要往下走几级台阶。我走进广场附近巷子里的小商店，想给晚上招待我的东道主挑选一件小礼物。那时候我还不知道，小镇上的居民们正躲在窗户和门的背后盯着我瞧。因为这个地方没有什么游客，我实在太引人注目了。

我穿过广场时，遇到了一个身材高挑、一身黑衣的老妇人。她看上去将近 80 岁了。她敷衍地跟我打了个招呼，然后问我是谁，来这里做什么。我提到了我的东道主——撒丁岛语翻译迪莉娅和她的家人。这时，她才抬起了眼帘。她认识迪莉娅和她的母亲安吉拉，就连安吉拉的母亲、姑姑和姑婆，她也全都认得。在知道我属于小镇的哪个部分——虽然是暂时性的之后，她终于打算为我提供帮助了："La posso aiutare? Figlia di chi sei?（有什么我可以帮你的吗？你的父母是谁？）"[1]

那是 2008 年 10 月的事了。我和 24 岁的女儿一起来到撒丁岛的这片偏远的地区，开始了母女档联合考察之旅。伊娃那时刚从大学毕业，还在待业。而我刚刚完成了《性别悖论》这本书——书里讨论的是奇怪的性别差异背后的科学。我发现了一个特别有趣的悖论：男性几乎普遍存在生物脆弱性。在世界上的几乎任何一个地方，男性的平均寿命都比女性少 5~7 年。所以，村镇广场、超市和老人之家里到处都是寡妇[2]。

但是，在这个位于撒丁岛中部崎岖山顶上的村落里，出现了世界上唯一一个可以打破寿命差异的例外。在其他几乎任何地方，包括意大利大陆，要出现 6 位百岁老太太，才能出现 1 位百岁老先生。[3] 而同样在其他几乎任何地方，大多数男性都活不到 80 岁。一旦生活在这个村子里的撒丁岛男性活过了危机四伏的青春期和青年时代，他们就很有可能比自己的妻子和姐妹更长寿——他们可以活到 90 多岁，甚至 100 岁。

这个地方还有另一个神秘的现象。虽然这里土地贫瘠，牧羊人、农民和其他劳动者的生活十分艰苦，但是出生和生活在维拉格兰德以及周边村落的撒丁岛人，比欧洲和北美的居民更长寿，甚至可以多活上二三十年。在撒丁岛的这片地区，百岁老人实在太多了。

我对这个现象很感兴趣，不仅仅是因为他们能比我们其他人多活好几十年，还因为很多人都可以维持活跃的身体机能，就算到了八九十岁，还能工作，还能住在自己的房子里，或许还能和他们认识了一辈子的人毗邻而居（碰巧其中大多数都是女性）。到目前为止，生活在维拉格兰德的百岁以上男性的数量，已经达到了其他地方的10倍。虽然我们拼命地涂防晒霜、吃维生素片、做瑜伽运动、练习正念冥想，但只有维拉格兰德的居民们活了下来。[4] 这些撒丁岛的山顶村落是世界上最神奇的“蓝色宝地”（Blue Zones）之一——在少数这样的山地地区，年龄达到百岁（或以上）的老人比其他任何地方都要多。[5] 我想知道这到底是为什么。

撒丁岛：这里没有人会长时间孤单

撒丁岛是意大利第二大岛屿，仅次于西西里岛。它正好坐落在地中海中心，北方正对着科西嘉岛，南方遥望北非大地。它的土地面积几乎和瑞士相当，但人口却不到后者的1/4：所有散布在崎岖的海岸线上的村镇，还有“蓝色宝地”中心奥利亚斯特拉省的草原山地村落全部加起来，总人口也只有150万。在长达几个世纪的时间里，撒丁岛的居民不断受到北非海盗的侵略和滋扰。他们因此被迫离开海岸，迁入内陆，越过了崎岖的根纳尔根托山脉这道防卫入侵的天然屏障，它还可以阻挡海岸疟疾。在地理隔离的强大作用之下，本地居民建立起了紧密的家庭和社区纽带。这当然是好的一面，但也有坏处。正因为他们必须时刻保护自己的家园，所以他们对陌生人长期抱有不信任的态度。当地的一句老话生动地说明了这一点：“Furat chie benit dae su mare.”——“从海上过来的人，都是来偷窃的”。

到了20世纪，撒丁岛人的最大威胁不再是海盗，反而来自撒丁岛内部。邻近的村落互相攻伐，交战不休，给撒丁岛带来了类似“狂野西部”的坏名声。无论那时还是现在，这些山顶村落都像撒丁岛小说家塞尔瓦托·萨塔

（Salvatore Satta）描写的那样："像恒星一样距离遥远。"我的导游手册告诉我，这里的仇杀、匪帮和暴力之盛，在有"狂野"之称的撒丁岛上无出其右者。[6] 不过最近几十年来，形势已经逐渐平稳下来了。现在这里最出名的是令人叹为观止的风景，漂亮的政治壁画，还有戴着黑色披巾的老妇人，而不是几代人的怨恨仇杀。

但是，在伊娃和我深入撒丁岛腹地之前，我们觉得最好还是先了解一下当地的情况。所以我们决定先飞到阿尔盖罗，一个看上去很有摩尔人风格的海岛西岸城市。那里有一个飞机场和一所大学。当年，两位科学家发现了撒丁岛人超级长寿的现象，我们打算去拜访其中一位——住在阿尔盖罗的医生和生物医学研究者，乔凡尼·佩斯（Giovanni Pes）。

佩斯博士的嘴唇上方留着一抹引人注目的小胡子，下巴上蓄着短短的灰白色胡须。他全身上下都是中年学者的标准打扮，马球衫、卡其裤，再配上一副无框眼镜。就像大多数撒丁岛的男性一样，他的体格也十分健壮。佩斯博士热情待客、平易近人，而且博学多才，所有人都亲切地叫他"詹尼"①。

在我们抵达阿尔盖罗的那天晚上，他亲自来到小旅馆的大堂跟我们碰头，还带来了一位年轻的研究生弗朗西斯科·托卢（Francesco Tolu）和一位研究遗传学的同事保罗·弗朗卡拉西（Paolo Francalacci）。我们在"蓝色宝地"的翻译和住宿问题，詹尼都已经替我们安排好了。在我们见面的时候，他递给我一个蓝色的塑料文件夹，里面装着本地的资讯和地图。但更重要的是，他很快就把我们拉进了由亲密的朋友、家人和同事组成的活跃的社交圈。这种充分融入团体的感觉，后来被证明是长寿之谜的关键所在。无论是好是坏，这里没有人会长时间形单影只。

① 詹尼是乔凡尼的简称。

詹尼告诉我，虽然归属感是一个关键因素，但是超级长寿的现象也跟家族遗传有关。身为一名家庭医生，他为至少200个撒丁岛的百岁老人做过身体检查。之后，他又调查了他们的家庭和病史以及他能收集到的任何遗传信息，研究了他们的饮食习惯、身体活动水平和认知状态等种种细节。虽然一开始只有詹尼一个人孤军奋战，独自钻研本地区的超级长寿现象，但后来又有一位名叫迈克尔·普兰（Michel Poulain）的比利时人口学家帮助他检验数据。这两位男士手里拿着市政数据，从一个村落走到另一个村落，在“蓝色宝地”里进进出出，采访百岁老人，给他们做身体检查，同时也采访和检查他们所有仍然在世的家庭成员，确保市政数据准确无误。詹尼告诉我：“撒丁岛上一共有377个百岁居民。到2001年年底为止，我已经独自探访或者和迈克尔共同探访了其中的261人。”

在我们下榻阿尔盖罗的那天晚上，我发现，詹尼本人对于长寿问题也有个人情结。“我是一位110岁的男性老者的侄孙[①]。即使在撒丁岛，110岁高龄的老者也是非常罕见的。到现在为止，我只在撒丁岛上找到了4个达到同样年龄的人。而这4位幸运者之一，就是我的叔祖父。所以这激起了我的好奇心，我想知道超长寿命背后隐藏的秘密。”（到这本书付梓印刷时为止，撒丁岛上的110岁老人的数量已经翻了一倍，达到了8个。）

他的好奇心之炽烈，只有他对客人的满腔热情才能望其项背。他向实验室告假一天，和妻子桑德拉、内弟佩普奇诺，还有詹尼自己的研究生弗朗西斯科一道，为我们保驾护航，把我们从阿尔盖罗一路领到了撒丁岛的“蓝色宝地”。伊娃和我开着我们租来的汽车跟在最后面。让老年人安然度过“保质期”的超乎寻常的社会支持网络，可能与这些村庄偏远而封闭的地理环境不无关系。我们需要远渡重洋，再穿过绵延数公里的灌木林——或者叫“玛

① 原文作“侄子”，疑误，已更正。

西叶群落”[①]。最后，在巍峨肃穆的群山守护下的“蓝色宝地”村落，才终于映入了我们的眼帘。

现在，维拉格兰德及附近地区大约有 3 500 位居民，他们的祖先从青铜时代开始就定居在这里。我们在驶向“蓝色宝地”的途中，看到了数百个“努拉吉”（nuraghi）—— 一种神秘的锥形石砌建筑物。它们到底是民居、庙宇还是瞭望塔，我们已经无从得知了。不过，它们直到今天仍然耸立在撒丁岛乡村的田间和山陵。这些建筑证明了生活在这里的努拉吉人（Nuragic）至少在 7 000 年前就已经来到了这个地方。考古学家在努拉吉地区的废墟底下发现了几十个如同蓝精灵一般的小型雕像，名叫“布罗赞蒂”（bronzetti，见图 2–1）。

图 2–1　撒丁岛的古代“布罗赞蒂”人像

这些小雕像让我们得以窥见当地人从远古时代延续至今的强大社会凝聚力。它们看起来就像是青铜时代的“快乐儿童餐”玩具。7 厘米高的女性怀里抱着幼小的婴儿，愉快地举起手向来者致意。男性战士手里举着令人生畏的盾牌，脸上挂着古怪的微笑。那时候的社会环境显然十分友好，即使物质环境像现在一样荒凉。在这些温暖舒适的山顶村庄之外的地方，土地仍然贫瘠荒芜，常年承受着海风的肆虐，几乎看不到人类定居的痕迹，就像月球表

① 玛西叶群落（macchia），也称地中海夏旱灌木群落，常见于冬雨夏旱的地中海地区，是以硬叶植物为主要特征的常绿灌木密灌丛。

面一样寂寞荒凉。

现在住在这里的一小部分撒丁岛人，早在 5 000—10 000 年前的某个时候，就和撒丁岛其他地方的居民产生了基因隔离。因受基因隔离所限，这里的遗传库很小，所以地中海贫血（thalassemia）和家族性多发性硬化症（familial multiple sclerosis）之类的疾病远比别处更为常见。不过，基因隔离也意味着互惠利他主义在这些村落更为盛行。人们就像对待自己的家人一样对待邻居和朋友——至少大部分人都会这样做。这种现象被进化心理学家称作“亲属选择”（也被其他人称作“沾亲带故”或者“裙带关系”）。

人们密切地关注着其他社区成员，甚至会以他人的名义承担风险，牺牲自己。这已经成了本地居民的生活常态。帮助他人，其实就是帮助自己的基因延续下去——虽然没有人明确地意识到这一点。这里的居民只希望别人会在自己需要帮助的时候前来帮忙，而他们也会在适当的时候予以回报。尤吉·贝拉（Yogi Berra）对这种邻里关系做出了漂亮的总结：“你必须去参加别人的葬礼，不然别人就不会来参加你的葬礼了。”

The Village Effect 创造村落效应

互惠利他主义便通过亲属选择，在一小群受限于地理和基因隔离的撒丁岛人中代代相传。生活在“蓝色宝地”的撒丁岛人的关系非常亲密，他们无不竭尽所能，互相关照，可能经过了好几个世纪的地理和基因隔离的共同选择，最终形成了这种有助于长寿的社会凝聚力。[7] 从今时今日来看，这种发展趋势当然有积极的意义：帮助他人，可以释放令人感觉良好的神经肽和内啡肽。但是它也会带来消极的影响：不长期悉心关照家中老者、邻居和朋友的人，会被其他人视为异类。

就算是作为游客的我，也感觉到了社会谴责的寒意。我采访了一位 102 岁高龄却仍然充满魅力的老者朱塞佩叔叔。在采访结束之后，他 72 岁的儿子尼诺听说我有一位跟他的年纪差不多大的母亲，10 天前刚刚结束住院，回到家里。他责问我，为什么她在加拿大，而我却远在千里之外？他英俊的脸上写满了“不敢苟同”的神色，仿佛在指责我：你怎么能这样做？

詹尼告诉我，意大利的遗传学家最近比较了这里的撒丁岛男性百岁老者和撒丁岛其他地区的年纪较轻的意大利男性，结果发现，某些特殊的多态性（polymorphism）——不同的 DNA 序列组合，在该地区的撒丁岛男性百岁老者之中更为常见，它们的出现概率是其他地方的 10 倍之多。他们的发现证实了维拉格兰德村民们古老相传的口述历史。传说这里一开始只有几户人家，而维拉格兰德的居民都是这些奠基家庭的后裔，本地的血统代表了神圣的责任。更确切一点儿说，他们很可能是两位始祖母亲的后裔，因为传递这些基因变异的线粒体 DNA 只能从母亲继承，不能通过父亲遗传。[8]

这让人不禁怀疑，人体内是否存在一些有利于长寿的特殊基因？这些基因虽然只能经由母系传递下来，但是可能会极大地影响男性的寿命——这也为“女性效应”写下了一个有趣的脚注。如果真是这样，女性就为撒丁岛人的长寿事业做出了另一番贡献。她们不仅为他人提供了悉心的照料和温暖的陪伴，让家里的老人、丈夫和孩子都能受益于颇具保护作用的村落效应，她们还能遗传长寿的基因——能在一生中持续促进男性健康的特殊线粒体 DNA 单倍群。

如果长寿真的有血统，那么很可能只和母系一方有关。撒丁岛男性百岁老人体内的 Y 染色体标记物（从父系继承的多态性），与其他撒丁岛男性没有太大的分别，总体来看，与西欧男性的差别也不大。所以我们很难说，只凭基因就能道出“蓝色宝地”男性长寿之谜背后的全部秘密。曾经有一项研究调查了将近 300 名出生在 20 世纪初的丹麦双胞胎，结果发现，基因最多只能解释 25% 的长寿问题。[9] 本地社区的基因条件本来就比较优越，在此基础之上，很有可能是通过母亲和祖母延续下来的特殊的社会习惯，又会给这里的居民带来怎样的影响？这是一个值得研究的问题。

“因为他们爱我”

特蕾莎·卡比度（Teresa Cabiddu）的一生十分悠长，可能是天赐的祝福，也可能是妄加的诅咒。这位仪态优雅、满头银发的百岁老人生于1912年，她在同一栋房子里生活了整整75年。[10] 在我们登门拜访的那天早晨，维拉格兰德下了一场小雨，周围的群山云遮雾罩，一片朦胧。特蕾莎阿姨的房子夹在两座新建成的大房子中间，看上去有点儿像个娃娃屋，带有典型的撒丁岛村落风格：黑色木框百叶窗，砂岩色的墙壁，再加上一个红瓦屋顶。

我们去的时候，石板路特别湿滑。我们抖掉雨伞上的水滴，低头穿过低矮的门洞，来到了她家的饭厅。我仿佛忽然走进了安徒生笔下的童话世界。这里的一切都像小孩子拿着一张生活必需品清单画出来的一样。房间虽小，但是什么都不缺：一张圆木桌和四张梯式靠背椅、一个壁炉、一个紧挨着水池的小型煤气炉和一个冰箱、一张摆在壁炉旁边的小沙发、一个玻璃瓷器柜，还有一盘放在台子上的饼干——这是为了欢迎我们的到来，刚刚烤出来的。

特蕾莎阿姨坐在壁炉边的粉色双人座沙发上，旁边坐着她的邻居——82岁的玛丽埃塔·蒙尼（Marietta Monni）。玛丽埃塔比她年轻了将近20岁。两个老妇人身上穿着一模一样的黑色线衣和黑色针织披肩，腿上盖着黑色短裙和色彩柔和的花围裙，特蕾莎的围裙是浅白色的，玛丽埃塔的围裙是灰绿色的。两位女性都是出类拔萃的美人，颧骨饱满，一头银发在脖子后面紧紧扎成一个发髻，一双黑目炯炯有神。虽然特蕾莎的前额上有几点雀斑——这是她在田间劳碌一生的纪念，但是老年人常有的干巴巴的皱纹和褶子在这两位女性的脸上都看不到多少。房间里飘荡着令人愉悦的木炭和饼干的芳香。在大多数工业化国家里，高龄老人都只能待在养老院。跟那里挥之不去的抗菌剂味比起来，这里的香气简直妙不可言。

虽然房子看起来不太大，但是这里曾经生活着一个有 6 个孩子的大家庭。其中一个孩子名叫安吉拉，现在大约 50 岁了，正坐在我对面的椅子上。她最近为了照顾母亲，特意搬回来一起住。特蕾莎阿姨、她的女儿安吉拉、她的朋友玛丽埃塔、我的女儿、我的翻译，还有我，我们 6 个人坐在小巧的饭厅里，聊着特蕾莎阿姨的一生。这是一个我们无法回避的事实：在撒丁岛腹地颐养天年是一件相当“公众”的事情。我们遇到的每一个百岁老人，周围都有一张由朋友和亲属组成的关系紧密的网络。

我并不是说我不想见到百岁老人的家人和邻居，但是我更希望把这些百岁老人视为独立的个体，每个人都有自己独特的故事。我希望能在不被人打断的情况下，听他们讲述自己的人生。但是，围绕在他们身边的人却把他们视为公共财产，一心想保护他们的“珍宝”—— 一位女士曾经用这个词来形容她 102 岁的叔叔。这些百岁老人完全不会感觉到社交孤立。正如撒丁岛的人口统计学家路易莎·萨拉里斯（Luisa Salaris）在一次关于长寿的国际会议中所说的那样：“所有百岁老人都生活在孩子的家里，都会和其他亲属频繁往来，包括孙辈和曾孙辈。他们最喜欢跟这些孩子闲聊。”见到谁，就跟谁闲聊一番，这就是生活在撒丁岛腹地的老人们消遣岁月的方式。[11]

特蕾莎阿姨最早给我讲了这样一个故事：她在读完小学三年级以后就离开了学校，她的毕业礼物就是一把锄头。她出生在阿尔扎纳，一个位于维拉格兰德南边大约 18 公里的村落。她从离开学校的那一天开始就帮家里人“种小麦、在花园里种土豆、做面包”，直到她 25 岁结婚。在她结婚之后，农活、做饭和家务活只比以前有增无减。对于一个年轻的妻子来说，一天往往是这样过去的：她需要在凌晨两点钟摸黑爬起来，步行前往位于努奥罗附近的家庭农田。（她的女儿安吉拉突然插话说：“单程就有 30 公里远！”）特蕾莎最年长的孩子茱莉亚，一到能帮家里做事的年纪就离开了学校，帮助母亲照顾更年幼的弟弟妹妹。

我问她，作为一个来自其他村落的年轻女子，她在维拉格兰德的务农和家居生活会不会孤独寂寞？特蕾莎阿姨摇摇头，说："我会帮助我的邻居，而邻居也会来帮我。到现在也一样，每个星期六和星期日，我们都会聚在一起做面包—— 'su pani pistoccu'。"这个撒丁岛词语指的是一种在本地很常见的食物：羊皮纸状的大饼。安吉拉补充道："我、我的姐姐、我的母亲，还有我的弟媳，我们现在仍然这么做，在每个星期六和星期天。"于是，我们的谈话内容就变成了如何制作"culurgiones"——本地特色美食：意大利面饺。

它大约有小孩子的拳头那么大，里面塞满了意大利乳清干酪、土豆和薄荷。每一只都经由纯手工处理，先填满馅料，然后包起来。坐在长沙发上的两位年岁较长的女士，开始有节奏地揉搓起拇指和食指，给我们演示意大利面饺的做法。要想让面饺的封口结结实实，你必须要用点儿劲。安吉拉说："我们为整个大家族制作意大利面饺—— 一次要做三四百只，然后我们会把饺子分给每个人。"只要在滚开的水里煮上几分钟，就可以捞出来，蘸上自制的番茄酱，享用这道本地美食了。

有那么一瞬间，我感到有点儿嫉妒。并不仅仅因为特蕾莎阿姨的孩子们在玛塞拉·哈赞（Marcella Hazan）和马雷欧·巴塔利（Mario Batali）[①] 这两位大厨告诉其他人之前，就已掌握了意大利乡村菜肴的奥妙，还因为他们拥有"理所当然"的社交纽带。这似乎是健康长寿的科学配方中最关键的一味材料。在这里，社交纽带显得如此轻松随意，似乎不需要刻意地经营。

但是，在过去的 70 年里，特蕾莎阿姨每天都要辛勤工作 16 个小时，每

① 玛塞拉·哈赞是意大利著名厨艺大师和作家。她的作品第一次把意大利传统菜肴的制作方法介绍给美国和英国公众，她也被视为意大利传统菜肴的权威。马雷欧·巴塔利是美国当代著名厨艺大师、作家和媒体名人。在这里，这两位大厨代指作者的两位采访对象，特蕾莎·卡比度和玛丽埃塔·蒙尼。

天下来都筋疲力竭。就算这有助于解答撒丁岛人的长寿之谜，可对于我来说已毫无吸引力了。即使到了现在，生活在这里的大多数居民每天仍然需要长途跋涉，翻越崇山峻岭去田里辛勤劳作。还有些专家说，如同在两次世界大战期间和战争结束之后，本地都出现过的一样，食物匮乏也能增加一个人的寿数。但是，热量限制到底会对寿命产生怎样的影响，这个问题仍然存在争议。不过，已经有研究者发现，饥荒（当然是在一段有限的时间里）确实可以延缓或者暂时抑制某些跟衰老有关的细胞走向死亡。[12]

认知神经学家丽萨·巴恩斯（Lisa Barnes）最近通过一项研究证明，如果人在年幼时曾经挨过饿，那么他们在年老时认知衰退的速度就会比别人慢。她和她的研究团队追踪调查了 6 000 多名美国老年人，结果发现，如果被试报告自己在孩提时代没有足够的食物果腹，那么他们罹患严重失忆或痴呆的概率就会减少 1/3。[13] 特蕾莎阿姨曾经因为两次世界大战的缘故，经历过食物短缺的岁月。她在前半生经历过短暂的热量限制，这可能给她带来了一定的好处。

但是，我对这些一点儿兴趣也没有。我最不能接受的，就是她不得不牺牲自己最年长的女儿，让她在 8 岁的童稚之龄就变成了一个被关在家里的奴隶。我的女儿当时 24 岁了，她正在积极地规划着自己的未来。她并不那么憧憬自制意大利面饺之类的美味佳肴，她更渴望接受 10 年以上的学术训练，或许在一个远离家乡的地方。我的丈夫和我自己都希望我们的孩子能独立做出决定，就算这意味着他们会离开我们去到数千公里之外的地方，只是我们也不太乐意就是了。[14]

在北美洲，我们并不是一对特立独行的父母。培养子女的独立性，其实是大多数父母的目标。但是在这里，几代人分开居住的现象并不普遍。在撒丁岛的村落里，孩子们往往会在原来的家庭附近开始自己的成年生活。那天，特蕾莎阿姨和她的两个女儿以及她的邻居玛丽埃塔一起度过了整个上午。如果安吉拉去当地的面包店值早班，这三位女士就会过来和她做伴。

在采访中，我们知道了特蕾莎阿姨以前是个任性的孩子，她在年轻的时候还特别喜欢唱歌。知道了几十年前的一个手风琴师的名字——所有人都跟着他的音乐翩翩起舞；我们还知道在手风琴破了的时候，他如何用面粉和水把它补好。我们知道了她最喜欢的食物（通心粉）和她最不喜欢的食物（披萨），还知道了她给住在村子里的另一个百岁老人起的昵称（“克拉比图”〔Crabittu〕）。我们了解到她的短期记忆和长期记忆都非常流畅：她能一一说出自己的父母和 7 个兄弟姐妹的名字、生日和去世的日期。他们都在快 90 岁或者 100 岁的年纪先于她离开人世。

她在见到我的翻译迪莉娅时，这样跟她打招呼：“Figlia di chi sei（你是谁的女儿）？”一旦她得到了答案，她就能道出迪莉娅复杂的家族历史。已经 100 多岁的特蕾莎阿姨是一位热爱社交的女性，拥有为数众多的朋友、亲戚和邻居——就像她一生中的任何时候一样。他们会定期前来拜访，跟她闲话家常。长此以往，她在别人生活中的地位就变得越来越重要，她在社区里也越来越受人尊崇。

要想像特蕾莎阿姨一样长寿，你不必非得生活在一个真正的村落里不可。你只需要跟一群想法相近，彼此可以产生亲近之感的人住在一起就行了。哈佛大学教授苏布·萨布拉马尼安（Subu Subramanian）、菲利克斯·艾尔维特（Felix Elwert）和尼古拉斯·克里斯塔基斯（Nicholas Christakis，中文名为古乐朋）的研究发现，如果寡妇（和鳏夫）选择居住在许多其他寡居者聚居的社区，他们就能更长寿。至于社区的条件有多好，或者社区的居民一开始有多健康，这些因素对结果都不会产生显著的影响。在长寿的问题上，邻里的年龄和婚姻状态才是更主要的影响因素。丧偶之人往往会在他们失去配偶之后不久也随之死去——这种全球性的普遍现象，被称作“寡居效应”（widowhood

> **寡居效应** Widowhood Effect
>
> 一种全球性的普遍现象：丧偶之人往往会在他们失去配偶之后不久也随之死去。

effect）。但是，如果悲伤的寡居者周围有其他许多丧偶之人，特别是女性，寡居效应就会相对减弱。

这也是女性效应的另一个例子，作用原理可能是这样的：如果你因为配偶离世而产生了难以忍受的孤独之感，那么住在附近且拥有同样生活经历的女性朋友，更有可能知道这是一种怎样的感觉，也更有可能伸手相助，帮助你填补感情的缺口——就像玛丽埃塔帮助特蕾莎阿姨那样。

The Village Effect 创造村落效应

根据特蕾莎·西曼（Teresa Seeman）和丽萨·伯克曼的研究，在物理上接近的亲密朋友和知心爱人，可以帮你经受住无可避免的衰老的折辱。所以，物理上的接近非常重要。[15] 数据告诉我们，年长者，特别是失去伴侣的老人，在维拉格兰德或者博卡拉顿①这样的地方可以活得更久——那里住着很多年龄相近，想法也相似的人。但如果他们住在布鲁克林，身边都是推着婴儿车的年轻夫妇和骑自行车的年幼孩童，他们就不会那么长寿了。[16]

特蕾莎阿姨让我想起了我的祖母。有一次，她跟我一起研究我的俄语课作业。当时她已经 80 多岁了。她告诉我，虽然在其他人眼里她可能已经是一个垂垂老矣的老妇人，但是她却仍然把自己看作曾经的那个年轻人，习惯用年轻人的眼光来打量这个世界。特蕾莎也能发现年轻的自我。她周围的亲戚和朋友都是她认识了几十年的故交，她仍然生活在她养大了 6 个孩子的房子里。她的孩子们也生活在这里，或者住在附近的村镇。他们不会通过电子媒介跟她互动，他们会亲自过来，陪她聊天，给她送食物，请求她像过去的每个星期一样，为他们做一次饭。在特蕾莎阿姨的社交网络里，

① 博卡拉顿位于美国佛罗里达州棕榈滩县。

没有陌生人，没有受雇的护理人员，也没有患上同样疾病的病友组成的支持小组。

我们的身体竟然知道，什么是熟人提供的真正的社会支持，什么是人为的社会支持——这是多么不可思议啊！“支持来源于何方，确实事关重大。”美国杨百翰大学健康心理学家朱利安娜·霍尔特-伦斯塔德（Julianne Holt-Lunstad）告诉我，“不同的社交关系不能一概而论。你眼中的社会支持，未必能代表真正的社交关系。”每个经历过感情破裂，或者体验过敌对关系的人一定都深有体会：跟错误的人交往只会让情况变得更糟糕。

加拿大麦吉尔大学护理学教授南希·弗雷泽尔-史密斯（Nancy Frasure-Smith）领导了一项设计精妙的研究：研究人员安排心脏病专科的护士多次致电和探访大约 1 000 名刚刚经历心脏病发作、心理非常脆弱的男性。但不幸的是，陌生人的电话问候和亲身探访，对这些男性的康复率不会产生任何影响。后续的研究发现，护士的探访对罹患心脏病的高危女性也没有任何帮助，甚至还会让她们更有可能在当年死亡——概率增加了整整一倍。[17]

这到底是怎么一回事？作者推断，从 20 世纪 80 年代开始，心脏病疗法就已经大大地提升了男性患者的康复概率，所以护士的支援探访很难让男性患者的康复率得到进一步的提升。但是在所谓的支援电话和支援探访之后，女性的死亡率不降反升——有朋如此，谁还需要敌人？虽然弱纽带可以给我们带来很多好处，但是它却不能在我们心脏病发之后提高我们的康复概率。

当我向特蕾莎阿姨讨教长寿的秘密时，她的邻居玛丽埃塔抢着回答：“因为这是上帝的意愿！”

但是特蕾莎阿姨轻轻地拍了拍玛丽埃塔的膝盖，让她不要说话。她温柔地说:“不，这是因为他们爱我。”

“好吧，我会去教堂为此而感谢上帝。”玛丽埃塔说。

“好，那就请你替我们所有人祈祷吧。”特蕾莎笑着回答道，“你去那儿的时候，记得别让牧师吻你。”

想要长寿，住哪里很重要

> **社会资本** Social Capital
>
> 我们跟朋友、邻居和同事的关系，也就是我们通过人际关系积累的知识和相互信任。

单凭个人的努力，显然还远远不够。我们居住的地方也十分重要——而且并不仅仅因为某些地方的环境更加富足优渥。社会学家把我们跟朋友、邻居和同事的关系，称为“社会资本”（social capital），也就是我们通过人际关系积累的知识和相互信任。社会资本不同于Facebook的好友数量，外人很难察觉到你的社会资本有多少。但是它确实能给我们带来实实在在的好处。

2006年的一天晚上，我和母亲去医院探望父亲，那时他刚刚因为淋巴瘤入院接受治疗。我们在离开时碰到了一位名叫露丝的女性，她是我儿子小学同学的母亲，也是住院部的护士。我们寒暄了几句，她主动提出在值夜班时过来看看我父亲的情况。她还答应我，如果晚上出了什么事，她一定会立刻给我打电话。她一边说着，一边把我的电话号码塞进了护士服的口袋里。

虽然我们的谈话只持续了几秒钟，但是我们身处的环境很特别——在这里，每年有超过100 000起死亡可以归因于医疗失误。那次简短的谈话很可能救了我父亲的性命。好消息是，他最终战胜了淋巴瘤，恢复了健康。这在很大程度上得益于他一生积累的社会资本。

> **创造村落效应** The Village Effect
>
> 邻里间面对面的社会资本，甚至比该地区是富裕还是贫穷更能预测人的生死。2003 年，几位哈佛大学的流行病学家把 350 个芝加哥社区放到显微镜下详加观察。他们发现，社会资本——通过互惠互利、相互信任和公民参与度进行衡量，可以影响该社区的死亡率。社会资本的水平越高，社区的死亡率就越低。死亡的原因不仅限于暴力犯罪，还包括心脏疾病。[18] 由此可见，不同的地方会对你的健康产生不同的影响，某些社区能培养出更紧密的信赖关系。

但是，某些社区也能培养出对外来者的敌意。在维拉格兰德这样关系紧密的村落里，你不仅能感受到强烈的凝聚力，还能感受到同样强烈的对外人的质疑——包括对远隔两个山谷的其他临近村镇的敌意。20 世纪 90 年代，麦吉尔大学人类学家菲利普·卡尔·萨尔兹曼（Philip Carl Salzman）花了大约两年时间，仔细研究了维拉格兰德村民的日常生活。他的结论是，生活在邻近村镇的撒丁岛人常常被维拉格兰德人视为“对手和潜在的敌人”，在过去的几个世纪里，维拉格兰德居民都只相信自己。就算到了 20 世纪 90 年代，政府在这里建立了警察局，维拉格兰德居民也认为他们是多管闲事。

萨尔兹曼写道，维拉格兰德的居民“孤立了宪兵队（意大利警察），频繁地枪击和轰炸警察局、车辆和房屋，甚至还袭击警察。这样的事情每天至少会发生一次”。[19] 美籍俄罗斯裔作家基思·格森（Keith Gessen）也讲述了一个类似的故事，只不过发生在乌克兰一个与世隔绝的采矿小镇上：“如果你离开顿涅茨克的家，你必须带上一把刀，免得撞见你认识的人。”[20] 你认识他，并不意味着你们就来自于同一个城镇，更不意味着你可以信任他。

我们中的大多数人都不会选择去当与世隔绝的修女或者撒丁岛的村民，就算他们能比我们多活十几年，甚至二十年。但是，那些地方的社会本质仍然值得我们深思。跟主流社会相比，他们在日渐衰老时有什么不一样？在美国、加拿大和英国，社会生活的图景有点像美国喜剧演员乔治·伯恩斯（George Burns）的一段玩笑话："所谓幸福，就是有一个充满关爱、彼此关心、联系紧密的大家庭……住在另一座城市。"这样的生活图景当然也有它自身的优势。比如说，在成年之后的任何一个人生阶段，地理隔离都可以保障个人的独立性（而独立性历来都备受吹捧），实现个人的自由（这正是"美国梦"的标志性体现）。

在乔纳森·萨福兰·弗尔（Jonathan Safran Foer）的小说《真相大白》（*Everything Is Illuminated*）中，当主角亚历克斯·帕尔科夫力求离开乌克兰前往美国时，他一方面想逃离贫穷和狭隘——这一点毋庸置疑，另一方面也想逃离自己的母亲。她告诉他："总有一天你会为我付出的，就算你讨厌这样做。但这就是'家人'的含义。"[21]

强调个人独立性的西方价值观，会打破亲密的藩篱。就算有了神奇的Skype视频电话，技术也无法弥合情感的缺口。在美国，有超过6 200万人表示他们感觉到了社交孤立，而且对此非常不满，这一数量等于英国全部人口的总和。其中，又有超过半数人（3 200万人）正过着独居的生活，比例达到了美国有史以来的最高水平。10年一度的人口普查数据显示，独居生活的美国人口比例从20世纪初叶开始就一直在不断攀升。1920年，还只有1%的美国人独自生活。到了2010年，独居人口的比例已经超过了10%。在过去的40年里，独居人口增加了300%以上。很多独自生活的人都是离婚或者丧偶的老人。在年龄超过75岁的美国男性中，有1/4现在正过着独居生活；而在同龄的女性中，有一半正过着独居生活。很多人的配偶都先于他们离开了人世。[22]

这可不仅仅是美国独有的现象。英国的成年人中有 1/3 现在正过着独居生活。而在加拿大，独自生活的人口比例也达到了创纪录的高度——特别是在超过 65 岁的人群里。[23] 近些年来，独居人口的比例仍然在持续上升。也就是说，在加拿大、美国、英国和任何一个欧盟成员国，越来越多的人每天只能独自醒来、吃饭和睡觉，不会跟任何人发生实质上的接触。

The Village Effect 创造村落效应

虽然独自生活不一定就意味着你是个孤独的人，但是不管你乐不乐意，独自生活确实意味着一件事：你在物理上远离了自己关心也同样关心你的人，你们更难得在一起谈天说地，分享俏皮话和笑料，当然也更难发生身体上的接触。[24] 正如已婚人士的性生活频率远远高于单身人士（距离近了毕竟不一样），独自生活的人也更缺乏抚摸、拥抱和眼神接触——而在过去至少 6 000 万年里，灵长类动物都是通过这些方式进行互动的。[25]

我们渴望通过他人的表情来解读他们的情感和意图，通过碰触他们的身体来表达我们的信任，这是我们人类和其他群居哺乳动物最重要的互动方式。美国伊利诺伊州的一位百岁老人海伦·博德曼（Helen Boardman）曾经接受芝加哥公共广播电台制作人的采访，谈论她长寿的秘诀。她重点谈到了友谊和陪伴，还有身体上的亲近——她在失去老朋友之后不断结交新的朋友，甚至在 90 岁的高龄再次坠入爱河。她在几年之后嫁给了那位不具名的男子。她告诉制作人："我很喜欢他用胳膊环抱住我的感觉，就像我 20 岁时那样。你永远不会对此感到厌倦。当你失去它的时候，你会怀念那一切。"[26]

The Village Effect 创造村落效应

与恋人、朋友和孩子亲密的身体接触，是不是可以加强身体的恢复能力，帮助海伦·博德曼和特蕾莎·卡比度活到100岁以上？这事并没有听起来那么牵强。当我们建立或维护有意义的人际关系时，我们的身体会向血液里释放催产素和抗利尿激素这两种神经肽。它们能帮助机体减轻压力，愈合伤口。大量的动物实验证明，催产素可以大幅度提升非人动物的免疫力和恢复力。我们在前一章也了解到，已经有越来越多的证据显示，人类也同样如此。

粉碎有关长寿的谣言

时间回到1921年，一位极富争议的加利福尼亚心理学家刘易斯·特尔曼（Lewis Terman）刚刚开始了自己的大规模追踪调查。他选择了1 528名出生在旧金山和洛杉矶附近的11岁儿童，连同后继研究者一起，研究他们的生活轨迹，从童年时代的末尾开始追踪，一直到他们死亡为止。这些孩子很快就得到了一个形象的绰号：“白蚁”。这群出生于1910年前后的孩子之所以吸引了我的注意，是因为他们的出生年份大约等同于我自己研究的撒丁岛百岁老人。但是，活到百岁以上的“白蚁”远远少于住在“蓝色宝地”的撒丁岛人（只有0.3%的“白蚁”活到了这个年纪，而在撒丁岛人中，百岁老人的比例超过了4%）。[27] 尽管如此，他们的人生故事也给我们留下了与撒丁岛人相似的教益。

由于特尔曼的研究兴趣主要在于课堂表现最好的孩子，所以他并没有调查一般的美国儿童。他的研究对象都是特别聪明的孩子。在他的研究样本中，有超过2/3是来自中产阶级家庭的盎格鲁-撒克逊系白人新教徒——这也成了他的研究后来备受争议的原因之一。[28] 他测试了这些孩子的智商水平，密切地追踪了他们的学业表现。不过，他和后继者们也详细调查了这些孩子的家庭背景、成长过程中的生理和精神健康、压力水平，还有他们长大以后的性生活和婚姻生活、职业选择以及政治和宗教信仰。

研究人员在之后的 80 多年里不断对他们进行侵入性调查，日积月累，终于打造出了一座宏伟的“相关性宝库”（这项研究仍在进行中，只不过被移交到了新一代研究者手中）。但是，并非所有发现都令人愉快，这让我想起爱默生的警句：“悲伤让我们再次成为孩子——因为它会摧毁智识带给我们的全部武装。”跟其他出生于 1910 年前后的美国儿童相比，这些天资聪颖的孩子更不可能活到 100 岁，活到 100 岁的“白蚁”更有可能是女性。[29]

在这座数据堆成的巨山之中，特尔曼一开始关注的是天赋。他证明了这些天赋英才的孩子不符合那个时代的刻板印象：聪明的孩子都是神经质、戴眼镜、反社会的书呆子。他的研究对象其实就跟他们的同龄人一样健康，也一样热爱交际。这还不是“白蚁”粉碎的唯一谣言。加利福尼亚大学心理学家霍华德·弗里德曼（Howard Friedman）和莱斯利·马丁（Leslie Martin）在 2011 年出版了一本名叫《长寿计划》（*Longevity Project*）的著作。他们借助“白蚁”的人生故事，推翻了某些我们津津乐道的长寿秘诀。他们的部分发现总结如下：

- 忧心忡忡对健康不利。谣言！
- 积极的思维方式可以减少压力，助人长寿。谣言！
- 放轻松些，工作不要太努力，你就能活得更健康。谣言！
- 尽早退休，多打打高尔夫，你就能活得更健康、长寿。谣言！
- 好人不长命，坏人活千年。谣言！

那么，根据弗里德曼和马丁的研究，什么能让人活得更加健康、长寿？

认真尽责，努力工作，拥有一个由家人、朋友和社区纽带组成的巨大而活跃的社交网络——你会帮助他们，而他们也会回过头来帮助你。心怀忧虑和努力工作都不会杀死你[30]，但是独自这么做就有可能让你英年早逝了。

老人都是宝

早在1979年，加利福尼亚大学伯克利分校的流行病学家丽萨·伯克曼和莱昂纳德·塞姆（Leonard Syme）就发现，一个社区的社交纽带可以准确地预测该社区的死亡率。他们设计了一套标准化的调查，分析了调查的结果，取得了一个重大发现：根据一个人有意地跟他人面对面接触的次数，可以预测其寿命。他们调查了阿拉梅达县的将近7 000个居民，结果发现，拥有稳固的面对面社交关系的人，更有可能活到老年：他们要么结婚了，要么经常与朋友和家人聚会，要么加入了某个宗教团体，要么会定期参加社交活动，比如合唱、爬山，或者桥牌聚会。[31]上述任何一个因素都能独立预测这些加利福尼亚人的死亡风险，不管他们的健康状况如何、贫富水平如何、身体是否强壮健康。更有意思的是，任何一条社交纽带都可以弥补另一条的不足，给你带来同样的保护。假如你没有幸福的婚姻，但是身边有许多亲密的好友，你的愈后可能仍然不错。假如你婚姻幸福，只是不能经常见到你的朋友，你和配偶的亲密关系也同样可以保护你的健康。**什么人的生命最容易受到威胁？在多重社会维度上都断绝了人际往来的人——也就是最孤独的人。**

现在让我们快进31年，来到2010年。犹他州杨百翰大学心理学家朱利安娜·霍尔特-伦斯塔德和她的两名同事调查了148项关于社交关系和死亡率的纵向研究——等于总结了大约309 000人在7年半中的记录。这是一组规模庞大的数据。研究者在埋头梳理数据的时候，不无惊讶地发现：在这7年多的时间里，充分融入本地社区的人比生活孤立的人更不可能死亡，前者的死亡风险只有后者的一半。他们的发现与伯克曼和塞姆先前的结论不谋而合：同时拥有多种社交接触的人，可以在很长一段时间里提升个人的生存概率——而且提升幅度不是一星半点儿，而是 91%，几乎把他们躲过最后那颗致命子弹的概率翻了一倍。

问题并不仅仅在于你选择的生活方式。独居、结婚或者单身，这些都不是大问题。最重要的是，我们需要通过多种不同的途径，融入本地的社区。拥有一段幸福的婚姻还不够，加入某个俱乐部或者小团体也不够。我们需要同时参加好几个这样的活动，跟好几位友人建立亲密的友谊。**只有当你跟自己真正了解的人发生社交互动时，你才能产生归属感。**研究人员把这类关系称为“自然发生的社交关系”（naturally occurring social relationships）。无论是支持团体、雇用护工或助理，还是非人物品，比如电子设备、神灵或者宠物，都不能给你带来有助于长寿的社交接触。[32] 在这 309 000 个研究样本中，拥有多种不同社交关系的人，比大幅度减肥、打流感疫苗、戒烟和呼吸无污染空气的人，更有可能长寿（见图 2-2）。

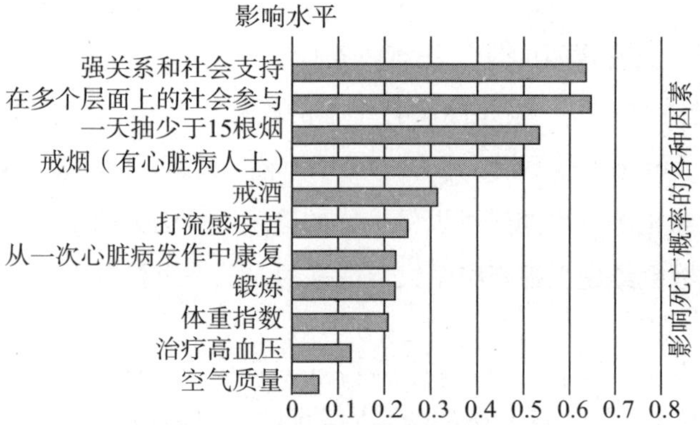

图 2-2　最有可能降低你的死亡概率的因素

一项针对现有研究成果的分析指出，最有可能降低你的死亡概率的因素是“社交互动”。

让我们暂且先回到撒丁岛内陆吧，再来谈谈詹尼·佩斯博士。我曾经提到过，他的家族里出了好几位寿命十分高的老人。他的叔祖父生于 1893 年，也就是柴油机诞生的那一年；死于 2004 年，也就是 Facebook 创立的那一年。他一共活了 110 岁零 125 天（见图 2-3）。詹尼还有一位祖母，她以 93 岁的高龄去世；他还有一位叔叔，在 2011 年时以 97 岁高龄辞世。詹尼很清楚，“蓝色宝地”有各种利于长寿的自然条件，包括基因隔离、山地地形，还有饮食习惯。但是，他也特别强调了经常进行面对面互动的重要性。他认为，这是撒丁岛村落生活的核心所在。“每个人都和本地社区里的其他成员保持着密切的接触。我的叔祖父也不例外。他以前常常去拜访朋友和亲戚，他还特别喜欢在星期日去打猎，直到 98 岁的时候都一贯如此。如果我没记错的话，他在那个年纪还能猎杀野猪。”詹尼的父亲直到 105 岁高龄依然维持着自己的社交圈子。他的方法是在乡间小路上散步，过去也一直如此。等到他散不了步了，他就搬到一个女儿的家里住，所有人都来探望他。“老人和最年长的人特别受到保护。他们被认为是家族的标志，代表了这个家族的韧性。”詹尼这样补充道。

图 2-3　110 岁的帕斯夸里·弗拉斯科尼（Pasquale Frasconi）和他的侄孙詹尼·佩斯博士一起散步

本地社区的成年人也希望在自己日渐虚弱的时候得到别人的关照，就像他们照顾自己的父母一样。不过，这里的人们还有另一种共识：一个活到了 90 岁，甚至 100 岁的人理应得到尊重，理应得到他人的顺服。其他人应当发自内心地尊重他们，服从他们的指教。虽然詹尼本人已经成了一位国际知名的学者，但是他现在仍然生活在距离自己的出生地不到 100 公里的地方，他经常找时间去拜访自己 105 岁的叔叔，跟他谈论政治。对他来说，维持这样的社交接触是一件理所当然的事。在撒丁岛人看来，无论他们是不是接受了良好的教育，是不是居住在偏远的山村，他们都得跟年长的家庭成员保持密切的接触。对于他们来说，这就是一种道德律令。

虽然这里的女性效应十分强大——女性比男性更有可能在自己家里照顾日渐衰老的亲戚，但是我也不由得想到了一个问题：无论是男性还是女性，如果你有自己的工作，你怎么可能长期维持如此高水平的付出？“我们当然也要平衡自己的事业和家庭生活。”詹尼告诉我，“但作为一个撒丁岛人，我从来不曾忘记去探访我的母亲。她住的地方离我有 70 公里远，但是我在每个星期日都会去探望她。她现在已经有 87 岁了，但是精神非常棒。我跟她谈论我在大学里的工作，她总能给我提出很多有意思的建议。你知道，学术界有时候难免会发生冲突。我可以坦然跟她谈论这些问题，而她也总能告诉我点儿什么，比如‘你别总是跟批评你的人起冲突，跟大学打交道的时候也别那么苛刻’。我承认，她对于这类问题都有自己的心得。”他敏锐地注意到，成年的子女和日渐苍老的父母依然维持着亲密的关系，这是撒丁岛人的特质之一。他说的，其实是真正的互惠互利。照顾越来越衰弱的长者，已经不仅仅是一种道德上的责任。

一天下午，我见到了乔瓦尼·克里亚斯（Giovanni Corrias）。他是一位住在维拉格兰德的 102 岁高龄的单身汉。当时，他正坐在一把木摇椅上，周围环绕着一圈比他年轻不少的女性。65 岁的玛利亚·克里亚斯（Maria Corrias）

就是其中一位。她是他的侄女，在过去的 23 年里一直住在这里，跟他一起生活。另外，还有他 25 岁的侄孙女莎拉，还有几位访客：伊娃、我的翻译迪莉娅，还有我。玛利亚和乔瓦尼的客厅打扫得纤尘不染。我们坐在那儿，手里端着顶针般小巧的杯子，喝着意大利特浓咖啡。忽然之间，门铃响了，原来是他的弟妹登门造访，顺便带来了一些农产品。现在，屋子里一共有 6 位女士了。他肯定已经习惯了被女性围绕的感觉，因为他一点儿也不愿意假装客套。

乔瓦尼叔叔的白衬衫和灰裤子都经过了仔细的熨烫。他的羊毛帽子底下隐藏着一对黑色的眼睛，始终充满警觉。他的态度很冷淡，可能还带了一点儿敌意。他简直是一个可以让谣言不攻自破的样板：**你必须以积极的思维方式思考，才能延年益寿。**

我问他，他觉得自己为什么能活这么久？他马上大发雷霆："我为什么要死啊？"

玛利亚说："他不喜欢这个问题。换一个吧。"

于是我问："叔叔，那你长寿的秘诀是什么？是爬了一辈子的山呢，还是跟家人共度时光？是吹"苏里图"呢（sullitu，撒丁岛的长笛），还是喝本地产的红酒？"

"嗯，我确实喜欢喝红酒——没准太喜欢了。"他回答道，忽然又一语不发了。他阴沉地看了我一眼，生气地扭了扭下巴，突然大声说道："没有人能知道我的秘密！"

真正的秘密就藏在他的基因里，也藏在村落的文化里。乔瓦尼叔叔出生在了这么一个特别的地方，因而算是个幸运的人了，女性家庭成员都把他称作"il tesoro"（宝石），认为跟他生活在一起，给予他关爱、陪伴和尊重是一件特别"gioia"（快乐）的事情。

我问他 65 岁的侄女玛利亚："照顾这么一个脾气暴躁、性格孤僻的老人是否当真能带来快乐？你要确保他不会跌倒，你要为他准备他最喜欢的食物。你要在每天早上扶他坐到浴室里的一张特制的防水椅上，替他洗澡。你要仔细地拍干他身上的水，然后在 102 岁老人极易磨损的皮肤上涂抹厚厚的乳霜，还得好几种乳霜换着来……或者说，这只是你的责任？"

"不，不！我很乐意做这些事。"他的侄女坚持说，"你不明白。他是我继承的遗产。这个村子里的所有老人都是我继承的遗产。我在做这些事情的时候，心里充满爱意。"

我又提出了另一个问题："这样的生活方式，真的能让你感到快乐吗？"

"当然！这样的生活当然不简单，需要做出很大的牺牲。但是我很乐意这么做。他在我年轻的时候曾经给予了我很多的帮助。现在我仍然对他充满了感激之情。而且，我们的'宝石'还健在！"

我又转向她的侄女莎拉——这位一头黑发、年轻漂亮的姑娘，手里拿着一部手机。"你觉得怎么样？你也会为年老的父母和阿姨、叔叔们做这样的事情吗？"

"当然，我当然会。"她回答道，"你必须腾出时间来做这些事。因为大家都是这样做的。"

不过，莎拉这一代人究竟会不会无微不至地照顾年长的亲戚，帮助他们活到 100 岁，仍然是个未知数。但是，当你的配偶、朋友甚至你的孩子们都离开人世以后，如果你身边还有比你年轻几十岁、把你称作"宝石"的人，确实会让一切都变得大不一样。

但如果你没有出生在这么一个与世隔绝的山顶村落里，你要怎么办呢？

The Village Effect

03

人际

村落的力量会推动你以善行回报别人的善行

How Face-to-Face Contact Can Make Us

Healthier, Happier,

and Smarter

在全世界 70 亿人口中，有 60 亿人都认为宗教能帮助他们实现长寿的理想，过上有意义的生活——科学告诉我们，他们在某种程度上确实说对了。大量的实证数据表明，参加宗教活动的人比无神论者更快乐、更健康，也更长寿。[1] 曾经有一项历时 7 年的研究，调查了全美范围内的 90 000 名女性。研究发现，每周至少参加一次宗教礼拜的女性更不可能死亡，她们的死亡风险比其他女性低了 20%。还有一项研究覆盖了 3 000 名年长的妇女，结果发现，宗教活动可以预防认知衰退。[2] 就算免不了性别差异——世界上长寿的女性信徒多于男性信徒，宗教活动也同样有益于男性的健康。

但是，大多数心理学家都认为，宗教的保护效果主要体现在社会的层面上，与祈祷者本人的救赎能力没有太大的关系，因为宗教可以把人群汇聚到同一个地方。美国有线电视节目《上帝使团》（*God Squad*）的拉比·马克·盖尔曼（Rabbi Marc Gellman）也对此表示赞同。他给美国记者泽夫·查菲茨（Zev Chafetz）讲了这样一个故事："作家哈里·戈尔登（Harry Golden）有一次问他的父亲—— 一位无神论者，他为什么每个星期六都会去礼拜？老人告诉他：'我的朋友葛芬科去那里跟上帝说话，所以我也去那里跟葛芬科说话。'"[3]

如果戈尔登的父亲跟葛芬科住在同一个村落里，或许他们就不需要参加每周的宗教集会了。事实上，加入宗教团体确实很像生活在同一个村落里。

一方面，你的所作所为都是公开的，每个人都能注意到你的一举一动。另一方面，如果你需要帮助，别人也能立刻知道，而且他们也更愿意为你提供帮助。

这种利他行为有传染性，它们可以把整个社区捆绑在一起。我的学术界偶像、脚踏实地的美国社会学家阿利·拉塞尔·霍克希尔德（Arlie Russell Hochschild）就举过一个很好的例子。她曾经认为，自己童年时代在缅因州特纳镇（人口 5 734）的家族农场里度过的夏日时光，完全就是一连串毫无意义的琐事，比如帮她的阿姨给玉米田除草，或者给屋顶盖上木瓦。这些工作显然对 10 岁的孩童毫无吸引力。

当时，她还没有察觉到村落生活背后的秘密：交换自家烘焙的食物，互相照顾孩子，借用工具，分享知识，兴之所至突然登门造访……正因为有了这些随意而琐碎的行为，乡村邻里才能缔结长期维系的纽带。“人们之所以会真心实意地帮助他人，并不仅仅是为了做成这一件事；他们这么做，也是为了加强他们之间的纽带。”她写道，“这样的纽带在一定程度上表达了他们喜欢彼此的陪伴，不过它们也代表了一个心照不宣的约定：‘在你需要的时候，我愿意提供帮助。在我需要的时候，你也应该来帮我。’村民们也会吵架，也会传递谣言，也会感到无聊，也会转身离开。但是，只要他们仍然生活在那里，他们就必须向本地的社区缴付道德税，时刻准备‘出手’帮忙。”[4]

科学调查也告诉我们，信仰宗教的人更愿意支付这笔道德税。信仰宗教的人会花更多时间参加社区的义务服务，拿出更多闲钱施舍给街上遇到的无家可归者，捐更多钱给慈善活动，捐更多血给血库。[5]跟无神论者比起来，如果信教者在捐款之前因为某种原因想到了上帝（或者其他某些超自然的“守望者”），削弱了捐款的匿名性，就会放大他们的利他之心。这是加拿大心理学家阿兰·洛伦萨扬（Ara Norenzayan）和阿奇姆·谢里夫（Azim Shariff）通过实验得出的结论。[6]

英国的早期研究证明，如果在公司的自助厨房里贴了一张画着人眼的图片（对照组看到的是一张静物图），人们就更有可能主动付茶钱，而他们付钱的概率是对照组的 3 倍。如果他们觉得有人正在观察自己，他们也更有可能捐款给慈善事业。[7] 似乎在我们的大脑里，长着一个可以接收暗号的小型传感器，它能告诉我们在集体的环境中应该做什么。

根据杜克大学灵长类动物学家谭竞志（Jingzhi Tan）和布莱恩·黑尔（Brian Hare）的研究，就算是倭黑猩猩——跟我们人类的亲缘性最近的灵长类祖先之一，也愿意打开活板门，与陌生的倭黑猩猩分享食物，只要它们在此之前发生过一丁点儿社交互动，而不理会潜在“捐助者”的倭黑猩猩就没有这么幸运了。[8] 是不是在我们无法隐藏身份的时候，我们才进化出了利他主义？是不是只有到了这样的时候，我们才更有可能采取利他的行为？证据就是这样告诉我们的。**任何一个曾经被网络喷子当作攻击目标的人肯定都深有体会，匿名制度可以掩护相当恶劣的行为。但是，如果你感到自己无时无刻不受到别人的监视，你似乎就会变得更加文明。**

不管互利互惠的动机是什么，不管是共情之心、内疚之意、上帝的愤怒、来世的许诺，抑或是邻居们正躲在蕾丝窗帘背后观察你的事实，总有一股宗教或村落的力量推动你以善行回报别人的善行。互惠互利的行为有很强的适应性。

The Village Effect 创造村落效应

在人类的进化道路上，宗教信徒比不信教的人更有可能活到成年，留下自己的后代；他们的后代也更有可能活到足够大的年纪，留下自己的后代。洛伦萨扬和谢里夫推测，当人类定居点扩大到“你看不到他们的眼白”的时候，如果人们能想起上帝或者其他全知全能的超自然力量或许可以减少恶劣的行为，提升群体的信任感和忠诚度，让人们对群体成员更加慷慨大方。这种共同的宗教信仰最终会让社会群体变得更加团结，更不容易受到外部威胁的伤害。[9]

宗教还有另一个好处。在同一间屋子里跟众人一起祈祷、诵经、唱诗、摇头晃脑，会让人感觉良好。这种相互配合进行的社会仪式，往往是宗教集会中最主要的活动。我的朋友朱迪是一个世俗犹太人。我问她，为什么要去犹太教堂？她告诉我，宗教仪式能给她带来“一种不言而喻的社区感”。它还能促进血清素的释放，而这种神经递质有调节情绪和消化的作用，在创伤修复方面也扮演了重要的角色。

正因为这样的活动能促使人体释放这些神经递质，所以进化人类学家莱昂内尔·泰格（Lionel Tiger）才将宗教仪式称为“大脑安抚器”。[10] 它还可以传染。如果你曾经参加过宗教礼拜，曾经跟众人一同起立、坐好、鞠躬、下跪、唱诗或者鼓掌，你一定知道成为团体中的一员是件多么美妙的事情，又是多么难以抗拒。无论是跟大家一起跳波浪舞，还是集体向国旗敬礼，都能让人产生类似的集体感，仿佛你们已经融为一体了。

在同一个房间里一起做同样的事，能让我们感觉自己得到了他人的监督和关照，进而促使我们产生了相互信任的感觉。这又是怎么一回事呢？

情绪传染：猴子也能读懂同伴的表情

真正的社交接触可以有效地重塑我们的大脑，推动我们做出改变人生的决定。研究发现，社交接触还可以传递更深层次的情感，比如喜悦、敌意和羞愧，甚至还能传递想法和意图。虽然语言可以让我们的意图变得更加丰富、清晰，但是传递信息不一定需要语言。我只需要看一眼，差不多20毫秒，就知道我的女儿是不是陷入了焦虑，是不是兴高采烈。这短暂的一瞥可以帮我预测接下来可能会发生什么。不过，这毕竟因为我是她的母亲，而且我还是一个心理学家。我不敢保证猴子也能做到这一点。

20世纪60年代，美国匹兹堡大学心理学家罗伯特·米勒（Robert E.

Miller）完成了一项经典实验（如果放在今天，这项实验肯定无法通过大学研究伦理委员会的审核），证明了恒河猴也懂得面部的情绪表达。他和同事把两只恒河猴分别关进了两个独立的房间里，中间有一扇窗户通着。他们训练了其中一只猴子，让它一听到短促的警报声就能联想到随后而来的电击。关在另一间房间里的猴子虽然听不到警报声，但是可以看到同伴的面部表情。警报和电击之间有一个短暂的间歇，"观察员"猴子可以在这时按住杠杆，阻止电击的到来。不过，它只能通过同伴脸上的焦虑表情知道它们什么时候会遭到电击。

研究人员发现，"观察员"猴子很快就学会了在它们遭到电击前按下杠杆。灵长类动物学家弗朗斯·德瓦尔（Frans de Waal）在《共情时代》（*The Age of Empathy*）中写道："显而易见，掌握杠杆的猴子完全可以读懂听到警告声的猴子脸上流露出来的表情。"他又补充道："猴子比科学家更善于解读其他猴子的面部表情。"[11]

这没什么好大惊小怪的。同一个物种的成员远比其他物种更善于解读同类的面部表情和肢体语言，发现危险的预兆。如果其他物种都可以捕捉到猎物发出的信号，它们就能预测猎物的下一步行动，然后痛下杀手了。能读懂微妙的群体内暗号并据此改变行动的动物，自然也更有可能活下来，继续传递它们的基因。读不懂这类社会信号的动物就没有这么幸运了。另外，从捕食者的角度来看，如果它们可以正确地解读其他物种的行为和信号，它们同样也可以获得进化上的优势。

虽然我们的大脑里有一块巨大的前额叶，赋予了我们想象、推理和交流的能力，但如果我们试图理解其他物种向同类传递的即时信息，在很大程度上我们仍然处于劣势。2010 年夏天，我去乌干达旅行时，在基巴莱公园里看到了几只年轻的野生黑猩猩，它们正懒洋洋地躺在我附近的树荫底下，其中的一只黑猩猩引起了我的注意。有那么 20 分钟左右的时间，它一直在用细长精巧的手指抓挠自己的腋窝和胯部，丝毫不介意我的存在。

突然之间，一只年龄较长的雄性黑猩猩往上蹿了差不多20米，开始激烈地敲打树干。另外十几只黑猩猩听到动静，忽然都精神了起来。所有黑猩猩，包括我一直在观察的那只“懒鬼”都受到了刺激。不出几分钟，这一大群雄性黑猩猩都开始疯狂地叫喊，激烈地敲打树干。那狂野而刺耳的声音，仿佛让森林里的湿气都充满了电荷。不久之后，它们又收到了某种看不见的信号（至少我没有看见），全都兴奋地跟在“领导者”身后，跃入松林深处。

我们很容易把其他动物拟人化，或者把它们视为可怜的表亲，就像拿古老的8位元家用电脑“Commodore 64”跟现代的iPad相比。但是，这两个想法都是错误的。有人认为，非人动物的想法肯定不如人类复杂。但是，过去数十年来的研究早就已经让这样的观点黯然失色。研究发现，动物也拥有复杂的社交生活，无论是猿还是大象，无论是黑斑鬣犬还是蚂蚁。哈佛大学生物学家E. O. 威尔逊（E. O. Wilson）曾经提到，复杂的社会信号可以指导蚂蚁社会的劳动分工和资源分配。他还开玩笑说，卡尔·马克思（Karl Marx）其实说得没错，只不过他把自己的理论用到了错误的物种身上。

在2009年出版的著作《超个体》（*The Superorganism*）中，威尔逊和他的合作者伯特·荷尔多布勒（Bert Hölldobler）写道，蚂蚁的大脑里并没有一个总体的规划方案，蜂后的头脑里也没有一幅蜜蜂社会的秩序蓝图。昆虫不会推理，它们对未来没有计划，也不会跟从其他同类的未来规划。“群体生活毋宁说是自组织（self-organization）的产物”，群体中的每个个体都会根据环境线索，自动按照特殊的行为算法采取对应的行动。

觅食蜂在发现蜜源后会飞回蜂巢，根据它发现的蜜量和已有的搬运工的数量，在蜂巢表面跳起8字形的舞蹈，从而向同伴传达最新的信息。它们会通过躯干的摇摆，告诉同伴蜜源相对于太阳的准确位置以及那里距离蜂巢有多远。如果蜂巢外没有足够的蜜蜂帮它搬运花蜜，觅食蜂就会跳出更加复杂的舞步，比如抓住另一只蜜蜂的头部来回摇晃。如果蜂巢里没有足够的工蜂去处理即将如潮水般到来的蜂蜜，它又将如何是好？昆虫学者写道，蜜蜂会在蜂巢上缓缓爬动，浑身颤抖，“同时把前腿高高举起来，就像得了圣维杜斯舞蹈病一样”。传递信号的蜜蜂还能发出有节奏的嗡嗡声，跳出更加多变的舞步，喷射出特殊的气味，让工作指令变得更加丰富。

即便面前有一大排看起来一模一样的多年生苗床，蜜蜂也能记住哪里的花朵能产出最香甜的花蜜。如果这种高水平的辨识能力都可以存在于针尖般的大脑之中，那么我们当然有理由相信，蜜蜂可以像开车从办公室回家的汽车驾驶员一样，以“自动驾驶”的方式完成与同伴的互动。司机需要在正确的路口转弯，在出现停车标志或者红灯的时候刹车，同时还需要读取自己头脑中的交通地图。但是，威尔逊和荷尔多布勒告诉我们，司机“不会总想着该往哪儿走，也不会总想着开车这件事”。[12] 人类也像蜜蜂一样，不管生物化学线索和地理线索是否肉眼可见，当它们出现时，都会自动做出反应，修改下一步的“决策”。

镜像神经元：看什么就学什么

这类自发的反应正是“超个体”的核心所在。超个体是一种奇妙的生物现象，数十乃至数百个没有领导的单一生命体通过某种方式共同行动——不管是在蜂巢中，还是在纽约的证券交易市场。我们可以说这是缺乏自省的表现，但是，人类共情能力的某个基本组件也同样缺乏自省，那就是镜像神经元系统。

20 世纪 80 年代末，意大利神经生理学家贾科莫·里佐拉蒂（Giacomo Rizzolati）和维托里奥·加莱塞（Vittorio Gallese）发现了镜像神经元。他们当时正在研究大脑前运动皮层的神经回路，想看看在简单的行动（比如伸手去够想吃的东西）开始之前，神经回路会发生怎样的变化。假如桌子上触手可及的地方放着一些美味的零食——比如一块黑巧克力，你决定伸手把它拿过来，但是你还没有真的伸出手去拿。大脑里的神经元千千万万，这时候，哪些神经元会被激活呢？为了回答这个问题，科学家在恒河猴的大脑前运动皮层里植入了电极，这样他们就能亲眼看到活跃的神经区域了。[13] 因为一个偶然的缘故，他们最惊人的发现即将浮出水面。

有一天，一只植入了电极的恒河猴坐在实验室里的一把椅子上，看着科学家们在它的周围走来走去。当加莱塞伸手去够东西时，突然听到跟猴子大脑相连的电脑传来了一阵爆裂般的声响。“这是 F5 区的种子细胞放电的信号。”一位名叫马可·亚科波尼（Marco Iacoboni）的同事回忆道，“猴子只是静静地坐在那里，并没有想着抓什么东西。但是，与抓握行为有关的神经元却开始放电了。”实验室的其他同事也依葫芦画瓢，结果在与抓握、抬举和撕扯有关的大脑区域里都激发了类似的反应。捡起一颗花生、拿起一个冰激凌蛋筒，都能刺激猴子的大脑前运动皮层产生同样的兴奋反应——就算猴子不过是坐在那里，一动不动地盯着实验人员看。[14]

The Village Effect 创造村落效应

镜像神经元是一种运动细胞。当其他人运动时，它也会产生神经冲动。镜像神经元的发现，给被动观察理论增加了新的变数。镜像神经元是藏在所有无意识传染现象背后的神经硬件。我们看到别人马上就要挨打时，会本能地退缩。网球运动员看到对手准备挥拍时，也会本能地绷紧手臂的肌肉。镜像神经元的功能不在于想象，而在于亲身体验。

就算你只是在屏幕上（或者通过视像眼镜）看到了他人的动作，你也能产生镜像反应。亚科波尼曾经跟一位广告商合作，测试人们对“超级碗”① 电

① 超级碗（Super Bowl）是美国国家橄榄球联盟年度冠军赛。超级碗的直播多年来一直都是全美收视率最高的电视节目，节目过程中会穿插大量广告。

视广告的神经反应。亚科波尼和他的研究团队让被试躺进大脑扫描仪，给他们播放电视广告，结果发现，他们的镜像神经元系统被激活了。亚科波尼认为，激发镜像神经元反应的可能并不单纯是广告演员的动作，被试还必须在一定程度上认同那位演员才行。[15]

> **The Village Effect 创造村落效应**
>
> 虽然自动激发的镜像神经元不能解释更加复杂的共情——比如切身感受到其他人的心理痛苦，但是镜像神经元的发现仍能帮助我们解释很多日常生活中的经验。如果我们跟结巴的人聊天，我们说话的节奏就会在无意识间变得拖沓起来。同时，我们还会调整自己的姿势，模仿对方的姿态。在面对面的交谈时，如果一个人做出了抱臂的动作，另一个人往往也会跟着这么做。任何一个听过讲座或者交响乐的人都知道，打哈欠、挠痒和咳嗽也都会传染。[16]

甚至还有研究证明，直接观察别人的动作可以让某些身体部位出现更强烈的生物电活动：听到别人结结巴巴地说话，你自己的嘴唇就会出现更强烈的生物电活动，即使你的嘴唇一动也没动；看到别人掰手腕，你自己的肱二头肌也会出现更强烈的生物电活动，就算你没有亲自掰手腕。[17]

不仅如此，**在面对面的互动过程中，无意识的模仿还能激发某些情绪反应，润滑社交互动的车轮**。麻省理工学院的桑迪·彭特兰（Sandy Pentland）和同事的研究证明，人在对话时产生的镜像反应越多，他们就认为自己越信任对方。为了测量人们的同步率，研究人员设计了一种名叫“社会计量标牌”的传感装置。它跟iPhone的大小差不多，可以像会议标识牌一样挂在脖子上。这个设备可以测量人们的非语言互动，比如微笑和点头①。

① 也包括语言模式。

在社会计量标牌的帮助下，彭特兰和他的同事贾雷德·科尔汉（Jared Curhan）证明了许多有趣的规律。在协商薪资的过程中，经理人和老板在前5分钟里的语言模仿次数越多，他们就对这次谈话越满意，最后商定的薪资也越高。无意识的模仿（包括简短的口语，例如“好吗？”“好吧！”）有可能提升20%~30%的薪资和待遇。[18]餐馆服务员也可以通过社会模仿从中受益。如果服务员口头重复了一遍你要点的食物，而不是在心里默默重复一遍，你可能会多付给他40%的小费。[19]这类无意识的模仿告诉我们，人类的“想法”多么依赖于面对面的接触。

动物行为的同步性

我的儿子艾瑞克是个敏锐的观鸟爱好者。他有一次提到，他在科德角的海滩上看到一只鹬突然抬起头来，然后整个鹬群在几毫秒里都跟着抬起了脑袋。它们就像一大群盯着曼哈顿摩天大楼看的游客——之所以全都抬起了脑袋，完全是因为有一只鹬领了头。出于某种不得而知的缘故，整个鹬群一起飞上天空，又降回地面。这都是因为一只鹬看到了某个悄无声息的警告信号。[20]

浮潜者最熟悉动物的同步性。只需要用人造蹼轻轻碰一下某条鱼，几千条鱼就会瞬间受到惊扰。放牧的人对这一点也深有体会，因为哺乳动物往往会一起行动，不管是啃食牧草，还是交易股票。物理学家罗杰·布兰德（Roger Bland）告诉我们，在旧金山南部的半月湾，蓝鲸群的歌声会合并成16赫兹的“独唱”。布兰德共分析了4 300段录音，并从中观察到，蓝鲸“会像合唱团一样歌唱，通过相互协调，最终达到同样的频率”。[21]

不过，如果人们在过桥的时候也维持一样的频率，就有可能因为过度协调而导致桥梁坍塌。2000年6月10日就几乎发生了这样的惨剧。伦敦建成了一座漂亮典雅的“千禧桥”，刚刚对公众开放。但就在开放的当天，千禧桥却开始不停地摇摆。建造千禧桥的初衷是方便伦敦人步行穿过泰晤士河，从泰特现代美术馆直达圣保罗大教堂。桥梁的弧形钢缆酷似巨型的蜘蛛丝，完美地诠释了现代设计的坚固，不仅造型优雅，而且不会像其他悬索桥那样大幅度下垂。但是《纽约客》记者约翰·卡西迪（John Cassidy）报道：

> 在正式开放的短短几分钟后，桥面就开始剧烈地摇晃起来，部分行人不得不紧紧抓住桥上的栏杆，据说还有人出现了晕船的症状。政府以人数太多为由关闭了千禧桥。第二天，千禧桥又重新开放了，政府也严格限定了行人的数量，但是它又一次开始了激烈的摇摆。摇晃的原因依然悬而未决。千禧桥在开放了仅仅两天之后，就被无限期地关闭了。

后来工程师发现，千禧桥摇晃的真正原因是太多人“模仿”其他人的步伐。如果所有人都步履一致，桥梁就会开始同步摇晃。卡西迪写道：“一旦桥面开始摇晃，哪怕晃动十分轻微，也会有越来越多的行人为了适应桥面的晃动而调整自己的步伐。当桥面的晃动和行人的步调发展出正反馈循环时，侧向力就会大幅度增加，桥面就会开始剧烈地晃动。”他又补充道，同样的道理也适用于金融市场。他提到了普林斯顿大学的经济学家申铉松（Hyun Song Shin）的研究：“以前，每个人的观点都不一样。但是到了现在，所有人的看法都一样：所有人都踏出了同样的步伐。”[22] 无论是鸟儿飞翔、鲸鱼唱歌、黑猩猩锤打，还是桥梁摇晃，每个个体的行为都有传染性。因此，整体不仅是所有部分的总和。

月经同步的秘密

物理上的接近对于情绪传染来说至关重要。伟大的小说家深明其妙，他们会细致地描写某个角色的步伐有多么滑稽，某个人物的格子衫上有可怕的氨气味，从而把读者一下子拉入场景当中。在跨时代小说《安妮·约翰》

（*Annie John*）里，牙买加·金凯德（Jamaica Kincaid）① 把故事的背景设在了一个名叫安提瓜的岛屿上。年轻的主角和她新结交的好友出现了惊人的同步，这是青少年第一次尝试跟别人建立亲密的关系。书中的两个女孩就像世界各地的青少年一样，在同样的时间以同样的方式做同样的事情，把她们的投合当作缘分：

> 格温和我很快就变得难舍难分了。如果你看到我们其中一个，你就一定能看到另一个。我每天早上都会等格温来找我，然后跟她一起去学校……当她终于来到我家的时候，她会仰起头找我，我们两个会相视一笑，轻声说："早。"我们会肩并肩往学校走去，步伐也一模一样。虽然没有紧贴在一起，但是我们都感到我们的肩膀已经连在一起了，还有髋关节和踝关节，更不用说两颗心了。[23]

金凯德其实还可以把子宫也算上。20 世纪 60 年代末，美国实验心理学家玛莎·麦克林托克还在马萨诸塞州郊外的一所女子大学读本科。她注意到，随着她跟卫斯理学院的室友待在一起的时间越来越长，她们的月经周期也越来越同步。当时，几位男性科学家正在讨论一个类似的现象——不过他们谈论的对象是关在笼中的雌性小鼠。她向他们提出了自己的看法，但是她的真知灼见只引来一片讥讽。在缅因州举行的杰克森实验室夏季工作坊上，她对怀疑者说："难道你们不知道吗？女人也会这样。"

三年之后的 1971 年，23 岁的麦克林托克证明了月经同步的现象。她在《自然》杂志上发表了一篇题为《月经同步和抑制》（*Menstrual Synchrony and Suppression*）的开创性文章。麦克林托克写道，室友和亲密好友的社交互动，会促使参加实验的 135 位女大学生出现月经周期重叠的现象。年轻女性的月经周期之所以会出现同步，不仅仅取决于她们在一起的时间，还取决于她们之间的亲密程度——跟"只是室友"的组合比起来，亲密的好友会出

---

① 牙买加·金凯德是当代著名的加勒比裔美国小说家。

现更明显的月经同步现象。麦克林托克推测，促成这种现象的催化剂就是信息素：一些与我们的情绪状态有关，通过空气传播，没有气味的微小化学信号。它们可以改变周围其他人的行为方式。

The Village Effect 创造村落效应

月经同步现象也被称为“麦克林托克效应”（McClintock Effect）。研究人员在大学宿舍（包括单性别和混合性别）的女生、基布兹集体社区①的女性、共同生活的母女、女同性恋伴侣、公社和合作社的居民以及护士和办公室女性职员身上都发现了月经同步现象。[24] 但是，月经同步并不是一条普遍适用的铁律，科学家对其背后的运作机制仍然莫衷一是。②尽管面对面传染背后的生理机制仍然暧昧不明，但是麦克林托克效应告诉我们，人类可以在未经自己同意，他人也毫不知觉的情况下，与他人交换有关个人情绪和生殖状态的详细信息。

你可能要问了，为什么会有人研究月经同步现象？我们不妨来看看下面这个奇特的发现。美国新墨西哥大学进化心理学家杰弗里·米勒（Geoffrey Miller）想办法说服了 18 位阿尔伯克基市的大腿舞者，参加他的研究项目。他计划追踪她们的收入情况，再与她们的月经周期进行比对。虽然这并不是一个太大的样本，但是舞蹈者的工作时间很长，所以米勒和他的两位同事在

① 基布兹（kibbutz）是以色列的一种集体社区，过去主要从事农业生产，现在则主要从事工业和高科技产业。

② 麦克林托克在 1998 年发表了一篇论文，认为月经同步现象出现的原因在于信息素的交换，但是有科学家对她的研究方法提出了质疑。还有科学家系统地剖析了历年来关于经期同步的研究，指出了研究方法存在的问题，比如样本数量小、持续时间短等。科学家也提出了改进的办法。或许通过延长实验时间、加大样本数量、优化实验过程，我们能更接近月经同步的真相。

两个月的时间里统计了 5 300 次大腿舞。到研究结束的时候，研究人员和舞蹈者也从来没有见过面。他们给每个舞蹈者都分配了一个身份代码，所以这是一项完全匿名的研究。研究人员还设置了一个保密的邮箱，舞蹈者可以把完成的调查问卷投放到那里。

之后，研究人员把舞蹈者的月经周期和其每 5 个小时（一轮班）的收入进行了比较，最终发现了一条有趣的规律：在毫无察觉的情况下，男性更有可能选择排卵期的女性，而不是正在行经的女性。在每次舞蹈结束之后，排卵期的女性似乎也能得到更多的小费。排卵期是女性在月经周期中最有可能受孕的阶段。排卵期的舞蹈者每 5 个小时可以赚到 354 美元，大约等于每小时 70 美元。而正在行经的女性每一轮班只能挣到 185 美元，也就是每小时 37 美元，差不多是前者的一半。（处于这两个阶段之间的女性，每一轮班可以挣到 264 美元。）[25]

我们的灵长类动物表亲会通过颜色鲜亮的生殖器隆起来宣示自己的生殖能力。而同为灵长类的人类，则进化出了某种更为隐蔽的方式。但是，我们依然能够通过看不见的信号，向他人传达同样的信息，而且这些信号会对我们的朋友产生变革性的影响。当然，它们也会影响我们的钱袋。掌握强权的女性，比如国际货币基金组织负责人克里斯蒂娜·拉加德（Christine Lagarde）、希拉里·克林顿和米歇尔·奥巴马，都非常了解个人形象在面对面会谈中的重要性。

但是，并非只有女性受益于自己的形象。研究显示，个子高的男性一般都比个头较矮的同事工资高，寻找男性伴侣的女性也更青睐衣着昂贵的男士。[26]不管你乐意不乐意，我们都会释放出各种各样的信号，比如激素波动、行为同步，还有其他“亲身”指示物。但是，你必须跟别人待在同一个房间里，才能让这些信号击中目标。一旦信号击中了目标，就会产生巨大的影响力，不仅能影响我们口袋里的金钱，还能改变我们对未来的计划。

怀孕也会传染

在蒙特利尔，住着一对年轻的夫妇戴安和鲍勃，他们不知道要不要组建自己的家庭。他们告诉我，这完全是他们自己的事，跟其他任何人都没有关系。他们就像世界上的任何一对年轻夫妇一样，完全沉浸在两个人的世界里，紧紧拥抱着自己的爱人，不理会其他任何人的干扰——至少他们自己是这样认为的。后来，鲍勃的姐姐生下了第一个孩子。他听到消息后，立刻放下手头的一切，买了一张飞机票——他想看一看自己的外甥女。

当时，鲍勃 31 岁，比他的姐姐小 5 岁，而他的妻子戴安刚刚从大学毕业。他们虽然想过要孩子，但是不知道现在的时机对不对。“我希望能在我们的第一个孩子诞生之前做好万无一失的准备，所以我一直跟戴安讲，‘咱们再等等吧，咱们再好好考虑一下。’”鲍勃这样告诉我。那天，我来到了蒙特利尔附近的麦尔安德，跟他一道坐在洒满阳光的餐厅里喝茶。

外甥女出生的那一天，他把她抱在胸前。她安然地睡去了，足足睡了一个多钟头。“那种感觉真是太好了。”他目光迷离地回忆起来，“我记得，我在宝宝醒来之后立刻给戴安打电话，我说——”这时，一向比较沉默寡言的戴安突然插话了：“我也想要一个！”6 个月后，戴安怀上了他们的第一个孩子，现在她已经变成了一个活泼可爱、满头卷发的小姑娘，名字叫作杰西卡。

这不仅是一个甜蜜的故事，它还道出了一个惊人的发现。根据哥伦比亚大学经济学家伊莉亚娜·库西姆克（Ilyana Kuziemko）的研究，怀孕可以在兄弟姐妹之间相互传染。但是这种兄弟姐妹之间的传染现象也有一个特别的前提——必须首先有一位女性怀孕才行。看上去就好像她把自己的生育能力传给了自己的手足，特别是在她的第一个孩子出生以后。这时，她的一个兄弟或姐妹更有可能决定在两年之内组建自己的家庭，可能性一举增加了 30%。不过，怀孕传染只能单向起作用。库西姆克写道：“我们发现了一个惊人的现象。

在女性有了一个孩子之后，兄弟和姐妹的生育率都会出现显著的提升——但是如果男性有了一个孩子，兄弟姐妹的生育率不会受到任何影响。”[27]

网络外部性 Network Externalities

在大家庭中的兄弟姐妹常会受彼此影响出现相继怀孕的现象，且居所相距不远的兄弟姐妹最容易受到传染。这类隐蔽的影响被称为“网络外部性”或“网络效应”。

为什么兄弟姐妹会“跟风”怀孕？库西姆克认为，在自己的姐妹生了一个孩子之后，其他人会产生更强烈的生孩子的愿望。因为这个女性的角色突然发生了变化，她能带给你最新的育儿信息和医疗资讯，她手上有一大把旧衣服，她还掌握着哪家幼儿园最好的机密情报。库西姆克的推断很有道理，因为居所相距不远的兄弟姐妹最容易受到传染。除此之外，当然还有其他的奖励机制在作怪。这些因素共同造成了扩大家庭的孩子们按年龄集中分布的现象。科学家将这类隐蔽的影响称为“网络外部性”或者“网络效应”（network externalities）。这个漂亮的词语要说明的道理其实很简单：一起行动，好过单独行动。

但是，除了社会传染之外，还有没有其他因素导致了家族里的婴儿潮？比如说，相隔两年出生的兄弟姐妹，很可能也会自然而然地选择相隔两年生孩子，就像多米诺骨牌效应一样。又比如说，兄弟姐妹可能本来就计划在差不多的时间生小孩，共同建立一支家庭足球队。但是，库西姆克一一否定了我的提议。她说，生孩子确实是可以传染的。她告诉我：“手足效应不同于单独个体的任何一种巧合关系①。”在姐妹生了孩子之后，成年的兄弟姐妹明显会受到她的影响，生下自己的孩子，给大家族添丁加口。不过手足效应不会立刻起作用。大多数还没有孩子的兄弟姐妹都会花一些时间吸收必要的信息。另外，他们往往会先跟自己的外甥或者外甥女进行面对面或者胸贴胸的

① 巧合关系（coincidental correlation），也称“巧合谬误”或者“后此谬误”，是一种常见的逻辑错误：如果事件 A 先于事件 B，那么事件 A 就是事件 B 的原因。

接触，再仔细思考好几个月，才会做出最终的决定——到了那时候，很多人都希望自己也有这么一个小家伙。

怀孕在青少年中的传染性也特别强烈。2008 年 9 月，美国大选正在如火如荼地进行当中，副总统候选人莎拉·佩林（Sarah Palin）的 17 岁女儿布里斯托突然宣布自己怀孕了。但奇怪的是，这个消息并没有让福音派基督徒怒火冲天；事实正好相反，他们纷纷表达了对佩林的支持。这件事告诉我们，很多福音派基督徒并不觉得女高中生怀孕有什么奇怪的。

青少年怀孕就跟曾经象征着摩托车帮和监狱文化的文身一样，已经在福音派基督徒社区里蔚然成风，甚至还得到了普遍的尊重。保住孩子，更被视为道德品格高尚的标志。“像其他很多面对同样情形的美国家庭一样，我认为她做得非常好：她向自己的女儿灌输了正确的价值观，让她保住孩子，而不是跑到什么地方去做人工流产。”一位路易斯安那州的代表人在共和党大会上这样告诉记者。

当年秋天晚些时候，玛格丽特·塔波特（Margaret Talbot）在《纽约客》发表了一篇文章，引用了帮助约翰·麦凯恩（John McCain）竞选的福音派联盟主席玛利斯·波普玛（Marlys Popma）的话。波普玛女士也表达了同样的感想。她说：“没有一个福音派家庭没有经历过这样的情况。”[28] 就连布里斯托·佩林本人也插了两句：“每个人都应该禁欲，但这实在不太现实……性行为在我这个年龄段的孩子之间正变得越来越容易接受。”

75% 的福音派青少年表示，他们认为结婚之前不应该发生性行为（而在其他新教徒中，这一比例不过 50%；在犹太人中，这一比例只有 25%）。但是，他们的信念却和他们的行为发生了激烈的冲突。根据美国政府对青少年进行的一项大规模调查，虽然有 3/4 来自福音派和保守天主教家庭的青少年反对婚前性行为，但是他们第一次发生性行为的时间反而比别的孩子更早，他们的性生活更加频繁，也更可能不采取避孕措施。而其他几乎任何一个宗教群体的青少年，都与之大相径庭。[29]

这种信念和行为严重脱节的现象，有其隐蔽的社会根源。得克萨斯大学社会学家马克·里格鲁斯（Mark Regnerus）写了一本关于青少年性行为和宗教信仰的著作，名叫《禁果》（*Forbidden Fruit*）。他指出，福音派新教徒青少年流行“禁欲宣誓”，但这些宣了誓的孩子更不可能在头几次性行为中采取避孕措施。他写道：“他们多半会在毫无准备的情况下发生第一次性行为，而缺乏准备通常也就意味着缺少避孕措施。对于这些年轻人来说，要让他们学会避孕，需要让他们完全换一种思考方式。”因为贞操对他们来说太重要了，所以他们认为自己不应该在结婚之前就考虑性生活。“对于大多数福音派青少年来说，不管他们的愿望多么美好，性行为往往‘就那么发生了’。”这正是福音派青少年的性病感染率和怀孕率远胜于其他美国青少年的原因之一。[30]

结婚之前不能发生性行为的铁律，还有他们对谈论性行为、避孕和堕胎的反感，制造出了一片知识的空白。随着青少年怀孕事件越来越多，福音派新教徒原本的禁忌也在慢慢被群体成员接受。就算他们不希望发生这样的事，也实在无可奈何。

The Village Effect 创造村落效应

哪些青少年能对无保护性行为说“不”呢？里格鲁斯说，拥有紧密的面对面社交网络的人可以做到这一点。跟朋友和家人（家庭成员之间的关系也很好）关系密切的青少年，更有可能得到社会支持，推迟第一次性爱的时间，直到他们做好了准备。诚如玛格丽特·塔波特所言：“关系紧密的家庭会让一切变得完全不同。跟亲生父母一起生活的青少年更有可能保持童贞。声称家人理解自己、关心自己、愿意陪自己享受时光的青少年，更有可能推迟第一次性交的时间，不管他们怀有怎样的宗教信仰。”[31]

失控的村落效应

正如我们看到的那样，社会传染的进程始于亲密：在第一时间察觉他人的行为，然后自己也在无意识中开始做同样的事。但就像“模仿”同伴敲打树木的黑猩猩一样，你必须在物理上接近他人，你们才能实现同步。电子网络可以调动人民的选票，政治抗议也可以通过 Twitter 和 Facebook 快速传播——“阿拉伯之春”和“占领华尔街运动”就是两个鲜明的例子。虽然图像和邀请可以通过电子网络扩散开来，但是抗议活动却一定要面对面进行。任何曾经亲眼目睹暴民、帐篷森林和防暴警察的人肯定都知道，“你必须在那里”这句老话仍然站得住脚。Twitter、数码照片和电子邮件可以点燃民众的热情之火，促使他们参加抗议游行。但是，如果政治活动只发生在虚拟的世界里，那么民众的抗议就显得太过轻飘无力了。

同样的道理也适用于其他行为传染。“在那里”，意味着你更有可能因为别人的情绪状态而受到影响。这种影响太深刻了，你会感到自己必须做点儿什么才好。另外，你跟一个人的关系越亲近，他的快乐——当然还有他的沮丧和绝望，就越有可能感染你。由此可见，并不是所有的社会传染都是好事。要说明的一点是，没有比神经症状传染更好的例子了。在关系紧密的社会团体中，神经症状可以由一个人传染给另一个。如果几个保持面对面接触的亲密好友相继出现了没有明确原因的神秘症状，比如抽搐、昏厥、神经质般大笑、头晕、头痛和恶心，情绪传染往往是罪魁祸首。

有时候，这样的例子看上去有点儿滑稽可笑。1962 年 1 月，坦桑尼亚维多利亚湖附近的三名少女突然开始不受控制地大笑，不过当时没有人认真对待这件事。但在短短几个月内，那并不快乐的笑声就演变成一场可怕的瘟疫，通过她们和其他学生的面对面接触，传遍了整个维多利亚湖地区。最终有 217 名青少年受到传染，其中大部分是女孩。极具传染性的笑声迫使四所位于三个不同村落的学校暂时关闭。

“这场流行病可一点儿也不好笑。”社会科学家詹姆斯·富勒（James

Fowler）和尼古拉斯·克里斯塔基斯在他们的著作《大连接：社会网络是如何形成的以及对人类现实行为的影响》（*Connected*）中如是写道。这场瘟疫就像其他集体性的歇斯底里一样，让不少人怀疑环境中有可怕的毒素。但是，实验测试、医学检查和环境检测都没有在湖区、地下水、学校和少女们的体内找到任何值得怀疑的物质。[32]

2011 年 10 月，在纽约市西边的一个小镇上，一位名叫凯蒂·克劳特沃斯特（Katie Krautwurst）的 17 岁拉拉队长早上一觉醒来，发现面部肌肉开始剧烈地抽搐，肌肉痉挛到完全不受控制。凯蒂的抽搐还没好，她最好的朋友、女子拉拉队主席茜拉·桑切斯（Thera Sanchez）午睡醒来，突然发现自己变得口吃了，而且手臂和头部也开始不受控制地抽搐。在她们患病期间，这两个朋友自始至终都维持着亲密的友谊。

“她们跟我说话的时候总是断断续续的，还老是重复。”苏珊·多明纳斯（Susan Dominus）在《纽约时报》撰文写道。她还提到了茜拉的话：“凯蒂告诉我，她真不希望别人也碰到这种事。但如果你阻止不了它，她很高兴有自己最好的朋友跟她一起面对。”两个星期后，跟她们上同一所高中的另一位朋友莉迪亚·帕克（Lydia Parker）也开始不受控制地哼哼和挥舞手臂。还有一次，她用手机猛砸自己的脸——当然不是出于她本人的意愿。到 2012 年 1 月为止，这座新英格兰州的小镇高中里已经有 18 名学生开始颤抖、哼哼，或者四肢抽搐。其中有 17 个是女孩。

当地工薪阶层社区的成员们困惑极了。青少年的怪异举动吸引了全美国的关注。《德鲁博士脱口秀》（*Dr. Drew*）和《今日秀》（*Today Show*）节目在现场拍下了这些患病女孩伤痕累累的面孔。在媒体曝光之后，她们的症状变得更加严重了。惊恐的父母把怒火撒向了他们眼中的罪魁祸首—— 一家已经关闭了的 Jell-O 果冻工厂和学校附近的天然气井。

但是后来人们发现，真正的罪魁祸首其实远比环境污染更加隐蔽。在这个曾经一度十分繁荣但现在挣扎于贫困边缘的社区，大部分孩子的亲生父亲都不在身边。大量家庭的户主都是单身母亲，超乎寻常的数量远远超过了全国的平均水平。这些单身母亲不得不长时间在外面工作，只能让没有成年的子女去照顾年龄更小的弟弟妹妹。

除此之外，这些青少年也需要面对其他各种各样的压力。凯蒂的母亲患有一种痛苦的慢性疾病，在她的女儿出现抽搐之前的那个星期，她刚刚做了一次手术——她已经做了好几次手术，后面还要再做几次手术。茜拉本来就有癫痫症。莉迪亚的父亲曾经虐待过她。就像其他心因性疾病疫情一样，没有任何证据能证明这里有环境污染，也没有任何证据能证明他们感染了某种病毒。当然，这些女孩们的病症并不是假装出来的。这是一种建立在共同经历和无意识同步之上的本能的共情反应，他们以一个整体的形式表达出了自己无法表达的东西。

对于以上种种现象，心理学家称之为“行为转化障碍”（Behavior Conversion Disorder）——在无意识的情况下，把心理症状转化为生理上的症状。它还有个维多利亚式的称呼，那就是之前提到的“集体性歇斯底里”。[33] 17 世纪的人常常把集体性的歇斯底里视为女巫的铁证，以莫须有的罪名猎杀这些所谓的女巫，或者做出某些更残忍的事情。不过近些年来，社会科学家们越来越正视这些流行疾病。他们更有可能视之为一种特殊的社会传染：通过这种方式，紧密团结的社群成员相互传递了共同的焦虑感和压力感。正如鹅群在听到第一声枪响时会一齐冲上天空，恐慌之情也可以击中一群关系紧密的朋友，促使他们接二连三地出现惊人的病征。这就是村落效应失控的后果。

行为转化障碍 Behavior Conversion Disorder

在无意识的情况下，把心理症状转化为生理上的症状。

The Village Effect

04

饮食

和谁吃晚饭，才真正决定你的人生

How Face-to-Face Contact Can Make Us Healthier, Happier, and Smarter

在第1~2章里，我们讨论了面对面的社交接触给生活带来的好处，比如促进健康、助长快乐、利于长寿。第3章是个大杂烩。如果行走的步伐、青少年怀孕的现象和抽搐症都可以传染，那么社交接触也不一定总能给我们带来好处。关于这一点，我们看到了许多有趣的新证据，但是它们也引起了广泛的争议。

2007年，一位住在美国东海岸的学者和一位住在美国西海岸的学者——波士顿的内科医生和社会科学家尼古拉斯·克里斯塔基斯与圣地亚哥的政治科学家詹姆斯·富勒在《新英格兰医学杂志》（*New England Journal of Medicine*）上发表了一篇文章，震惊了整个学术界。克里斯塔基斯对长寿的社会传播充满兴趣，富勒对政治取向感兴趣，而且他们碰巧掌握了大量的数据：弗雷明汉心脏研究（Framingham Heart Study）。这项研究始于20世纪40年代，追踪了所有生活在波士顿郊外小镇弗雷明汉的居民，记录了他们的健康状况和生活习惯。研究的最初目的是调查心血管健康问题，但是它持续的时间实在太长了，最终把原始调查对象的孙辈都纳入了观察范围。这项研究为我们提供了无价的数据，足以描绘出一幅心脏疾病的基因蓝图。

但是对于富勒和克里斯塔基斯来说，最有价值的信息还不是这个。在弗雷明汉研究中，每个研究对象都指定了一名社会联络人。如果研究者以后想找到这名研究对象，他们就会给这个联络人打电话。克里斯塔基斯和富勒认为，提名谁当联络人是衡量社会亲密性的良好指标，因为他们已经知道了研究对象的配偶和家人都是谁。他们意识到，如果研究一下这些人的社交网络在过去几十年里的变化趋势，再与他们同时期的健康变化作比对，或许能发现点儿什么。肥胖、吸烟、酗酒、抑郁和快乐……他们想到了好几个可以通过社会传播开来的行为和特征。

克里斯塔基斯和富勒为什么迷上了社会传染问题？这两位学者都想知道流行趋势在人类网络里的传播途径，他们又幸运地拿到了弗雷明汉数据，并花了很长时间通过 Skype 相互沟通以及和其他同事进行讨论。另外……我有没有提到过一个关键的牵线人？如乔治·克鲁尼（George Clooney）般帅气的克里斯塔基斯之所以能跟“阳光大男孩”富勒成为好搭档，完全得力于富勒的博士导师。因富勒写的博士论文是关于社交网络对政治信仰的影响的，这位导师不知道自己该拿这篇博士论文怎么办。这时候，他碰巧听说克里斯塔基斯发表了一次演讲，演讲的内容就是寡居效应（丈夫往往会在妻子离世之后不久去世）与个人社交网络的关系。于是，他把这两位学者撮合到了一起。时至今日，他们已经合作了十几篇科学文章和一本书，两人到今天仍然关系甚笃，合作不辍。他们这对好搭档，常常被人称作社会科学界的“蝙蝠侠和罗宾”。

由于获取弗雷明汉数据的起始年代远在互联网开始流行之前，所以数据里没有无线网络、Facebook 好友、短信或者 Twitter 消息等信息。但是，数据包括了弗雷明汉研究第一代调查对象的 5 124 个孩子，在 1971—2003 年，他们每 4 年都要接受一次调查。其中很多人都像维拉格兰德的居民一样，以多种方式跟他人保持着频繁的接触，无论是作为亲戚、朋友、邻居，还是同事。

克里斯塔基斯和富勒想搞清楚这些社交关系的影响，所以他们细致地研究了所有弗雷明汉研究的调查对象的社交网络，梳理了他们纷繁交错的关系。最后加总了所有数据，一共有 12 067 个研究对象，他们之间一共有 38 600 条联系。这不再仅仅是一个小城镇的规模，这就是一个小城镇。在那几十年里，大多数人都会定期去看医生，在那里进行各类测量，向医生报告他们的饮食状况、婚姻状态、心情如何。另外，他们还需要提供一个名字。这个人代表了他们在弗雷明汉最重要的社交关系（他们指定的联络人必须生活在弗雷明汉地区）。如果他们的社交关系发生了变化，他们就得换一个联络人。

虽然研究的还是那个老问题，但是科学家却采取了新的办法。回首 17 世纪初叶，当约翰·多恩（John Donne）写下“没有人是一座孤岛”时，社会神经科学还没有诞生。230 年后，当亨利·梅尔维尔牧师写下本书的引文“你和你的同胞之间有一千条牵绊”时，科学家还没有办法来衡量人际纽带的影响。又过了 150 年，研究人员希望能把这些牵绊一一画出来（见图 4-1）。

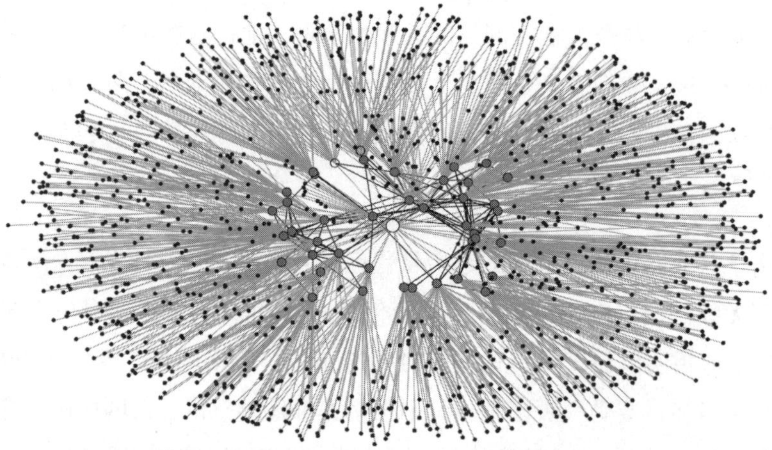

图 4-1　约翰·麦科根的二度社交关系图（其中包括了他的朋友，还有朋友的朋友）

在几个因特尔处理器的帮助下——当然也少不了一群研究助理帮忙分析数据，几十个尘封的文件箱里的资料，印证了研究者的假设：与健康和快乐有关的行为确实可以像流行疾病一样横扫人群；随着时间流逝，肥胖和酗酒之类的健康问题似乎也能在可以识别的小团体中从一个人传到另一个人。换句话说，在真实的社交网络中，严重危及生活质量的超重是可以传染的。它就像恶性流感一样，可以通过百乐餐聚会①的豆子沙拉传来递去。

我们就此发现了一个悖论。一方面，跟朋友打交道可以帮助你抵挡孤独和慢性疾病的侵扰。但是另一方面，亲密的关系，特别是和某些人的亲密关系，可能会削弱你的自控力，让你变得比自己一个人的时候更肥胖。

朋友才是你变胖的“主凶”

有些专家认为，无法控制的食欲、超大号餐点、“肥胖基因”和不运动的坏习惯，都是让我们大腹便便的主要原因。但是，克里斯塔基斯和富勒的发现让他们大吃一惊。到 2012 年为止，已经有 2/3 的美国人体重超标，其中有 1/3 被诊断为肥胖，包括 7 300 万成年人和 1 300 万儿童。在加拿大和英国，肥胖人口的比例达到了 1/4。

The Village Effect 创造村落效应

造成大规模人口肥胖的原因，显然并不仅仅是每个街角的快餐店，也不是人们没有足够的时间、金钱和动机去锻炼及准备健康的食物。根据克里斯塔基斯和富勒的研究，肥胖是可以传染的。如果你最好的朋友或姐妹，或者最好的朋友的姐妹变胖了，你也更有可能会变胖。[1]

在美国这个肥胖“疫情”泛滥的国家，克里斯塔基斯和富勒的发现已经

① 每人带一道菜参加的聚会。

引起了公共健康机构的警觉，也得到了传媒的关注。《纽约时报》在头版发表了一篇题为《朋友让你变胖了？》（*Are your friends making you fat?*）的文章。奥普拉·温弗瑞（Oprah Winfrey）的制作团队和《科伯报告》（*The Colbert Report*）① 节目组也给他们打来了电话。受到这样的关注，也是理所当然的事，毕竟富勒是第一个为传说中的“科伯起落”（Colbert Bump）——如果政治人物在《科伯报告》中亮相，其名望就会在短时间内急剧上升，找到科学证据的人。[2]

你可以从最好的朋友那儿感染肥胖。这还不算，肥胖还可以通过社交网络从一个人传到另一个人，再传到第三个人，就算传播链中的第一个人和第三个人从来没有见过面。研究人员比对了弗雷明汉研究的数据和计算机模拟的随机关系，得出了这个结论。在弗雷明汉样本中，不仅肥胖会集中出现，而且体重大幅增加的现象似乎也可以从一个人传给另一个人，甚至可以波及三度分隔的个体。正如克里斯塔基斯和富勒在《大连接》中指出的那样：“一般来说，肥胖的人更有可能认识肥胖的朋友、朋友的朋友，或者朋友的朋友的朋友。”他们认为，这也就意味着“你的朋友的朋友可以让你变胖”。

肥胖居然是可以传染的！有朋如此，谁还需要敌人？但是，有一点值得注意。我在前一章提到，我们跟谁的关系更亲密，他们对我们的影响就更大。既然如此，素未谋面的人又怎么会影响到我们呢？

首先，研究人员自己也写到，朋友们一般更喜欢享用同样的食物，更可能养成同样的习惯——所以他们才是朋友嘛！你的朋友也有朋友，他们可能也很像。也就是说，你可能跟一个素未谋面的人拥有同样的兴趣和喜好。或许让你变胖的并不仅仅是社会传染，还有相似的生活习惯。另外，弗雷明汉

① 奥普拉·温弗瑞是美国著名的脱口秀主持人。《科伯报告》也是美国知名的脱口秀节目。

心脏研究的参与者，更愿意选择一位跟她本人相似的朋友作为自己的主要联系人。假如每个人的生活习惯都跟自己的联系人差不多，那么他们就会相继生孩子，逐渐步入中年后不再坚持慢跑锻炼，或者这些事情可能会同时发生。结果，他们的腰围都变大了。就算两个人的腰围变化不是同时发生的，那也脱离不了干系。

The Village Effect 创造村落效应

富勒、克里斯塔基斯，还有杰米·塞特勒（Jaime Settler）在 2011 年证明了我们可以在基因层面上进行自主隔离，选择跟自己基因相似的朋友。我们更容易喜欢上跟自己拥有相同核苷酸集群的人。[3]所以，无论我们的朋友做什么——不管是痛饮大罐啤酒，还是大啖手工奶酪，我们都更有可能跟他们做同样的事。不仅因为我们会看见什么就学什么，还因为我们更喜欢跟自己有相同渴望的同类。我们之所以会从朋友的朋友身上感染肥胖，可能不仅仅因为社会传染的缘故，还因为你们拥有相似的性格。物理距离接近的朋友当然更有可能复制彼此的行为，影响彼此的体重，进一步放大肥胖效应。

研究人员当然也知道，社交网络并不是造成肥胖“疫情”的唯一原因。克里斯塔基斯和富勒制作了一个计算机动画，模拟肥胖的传播过程。他们本来以为，肥胖会以特定方式向外扩散，就像流行病从第一感染源向别处传播一样；或者用他们自己的话说，就像“一颗鹅卵石落入平静的水池，一圈圈水波以它为中心荡漾开来”。但是，他们看到的却是一片混乱的景象。

体重增加的现象似乎显得杂乱无章。然后我们意识到，正确的比喻或许不是“一颗鹅卵石落入了池塘”，而是“一大把鹅卵石撒进了一片宽阔的水域”，水面因而波浪起伏，你也就看不清单块鹅卵石和它激起的同心波了。肥胖确实可以传播，但是它并不仅仅是从一个点向外扩散，而且社交接触也并不是发胖的唯一途径。胡吃海喝、中断锻炼、离婚、失去挚爱、停止抽烟或者开始酗酒，每一个改变都有可能激起一次小型的肥胖浪潮，就像每年撼动地球板块的数千次地震一样。①

起作用的因素显然并不是只有一个。除了社会传染和人以群分的同质性之外，可能还有其他原因从中作祟，让朋友们集体变胖——比如附近新开了一间麦当劳餐厅（或者像我家这边新开了一家很棒的冰激凌店）。或许这样的环境因素才是变胖的主要原因，与社会影响没有什么关系。

研究者想了个巧妙的办法来验证这个假说。假如两个朋友的生活环境差不多，但是两个人的关系不对等，那么不对等的信任能不能预测社会传染的方向？假设两个人都把对方指定为自己的首要联系人，如果任何一个人变胖了，另一个人也会受到同样的影响。但是，假如我把我的朋友罗西指定为我的联系人，但是罗西却指定了另外一个人，那么，罗西对我的影响会不会大于我对她的影响？这恰恰就是克里斯塔基斯和富勒的发现：社会传染并不是对等的。如果罗西的臀部变宽了，（把罗西当成首要联系人的）苏珊跟着变胖的可能性会提升57%。但是，假如罗西没有把苏珊指定为自己的联系人，如果苏珊变胖了，罗西变胖的可能性只会增加13%。克里斯塔基斯和富勒把二者的差异归因于社会传染。如果环境因素真的是变胖的主要原因，那么每个人受到的影响应该都差不多才对。

他们的结论引发了巨大的争议。统计学家和健康经济学家展开了激烈的

① 部分内容参考由湛庐文化策划、中国人民大学出版社出版的《大连接》，有修正。

论战：这些数字的区别到底有没有意义？[5]不过，克里斯塔基斯和富勒确实提出了很有创见的想法，可以预测肥胖经由社会纽带在小镇里的传播趋势。我们都知道，人会模仿其他人的行为，所以我认为他们是对的。体重增加确实可能有传染性——只要他们有面对面的接触，而且他们被情感纽带牢牢地绑在了一起。

但是我怀疑，或许还有另一种神秘的“iCloud 效应”在作怪。或许不需要发生真正的互动，人们就可以同步饮食习惯和心情。而且，克里斯塔基斯和富勒的研究完全依赖于那个联系人——如果研究者在后续调查中找不到你了，这位弗雷明汉的居民肯定知道你在哪儿。但是，这个人就一定是你的亲密好友吗？第一次读到这些社交网络研究时，我问当时正坐在客厅最喜欢的椅子上阅读文件的丈夫，如果我想跟他商量一下该预约什么时候去看医生，但是一时之间又拨不通他的黑莓手机，我应该给谁打电话？“卡罗尔。”他回答道。那是他手下一位称职的行政助理。他将目光掠过文件看了我一眼，又补充了一句：“她看得到我的行程表。”

虽然我们还不知道这到底是为什么，但是朋友确实可以对我们的饮食习惯产生巨大的影响。纽约州立大学水牛城分校的心理学家莎拉 - 珍妮 · 塞维（Sarah-Jeanne Salvy）发现，**我们的饭量取决于朋友的饭量**。当跟熟悉的人一起吃饭时，我们会吃得比较多；当独自进食或者跟陌生人一起用餐时，我们会吃得比较少。[6]

以我个人的经验来看，似乎也确实如此。如果我出差在外，不得不一个人吃饭，我的饭量小极了，只需要 15 分钟就能解决肚子的问题。但是，如果我有幸跟朋友们共进晚餐——就像我几年前去海德堡参加一个学术会议时那样，我很乐意在一间烛光餐厅里花上 3 个小时，吃掉 3 道菜，包括清炖鹿肉汤配饺子、香草烤走地鸡配奶油蔬菜和土豆，一两杯红酒，还有用果仁、英式奶油酱和奶油霜制成的甜点。它们的热量加起来至少有 3 500 千卡，但是，伴随着笑话、八卦和故事，我可以毫不困难地把它们全部吞下。跟我做伴的4位朋友的身材都很苗条，但是他们也吃完了3道菜。为什么我们跟朋友和家人一起吃饭就会食量大增呢？

2008年，人们在加利利①的群山之中发现了一处墓洞，在里面找到了一具有12 000年历史的中年女性的遗骸，旁边还有70只乌龟、3头野牛、几只山瞪羚、两只貂、一只鹰、一头野猪和一头豹子的骨骼化石。这些生活在中石器时代的祖先显然也会举办大型聚会。考古学家们估计，他们这一次大概烤了300公斤的肉，可以招待将近35位宾客，他们都来向这位新近离世的纳图夫②妇女表达最后的敬意。如果他们纪念的是一位重要的巫师，我觉得这个数字一点儿也不夸张。这位女性显然拥有崇高的地位：下葬的时候，她的头枕着一个乌龟壳，盆骨底下也垫着半打乌龟壳。[7]

纳图夫人之所以会大办烤肉宴席来悼念这位去世的女性，其实还有另一个原因——负责调查这个墓地的两位考古学家娜塔莉·芒罗（Natalie Munro）和莱诺雷·格罗斯曼（Leore Grosman）认为，共同用餐是一味社会黏合剂。纳图夫人已经从漂泊无依的狩猎-采集者，变成了定居在一个地方共同生活的伙伴。这是人类历史上第一次和许多同胞住得如此之近。换句话说，他们现在有邻居了。任何一个曾经恳求过邻居——不管是求他们降低音量，还是求他们控制一下家里的宠物狗的人都知道“邻居”这两个字意味着什么。**人口密集必然会导致人际摩擦，不过人与人的摩擦却能通过大型的集体活动得到缓解。**

① 加利利（Galilee），位于现在的以色列北部的一个地区，面积广阔，海拔较高。传说这里是耶稣基督的故乡。

② 生活在现今的黎巴嫩、叙利亚、以色列、约旦、巴勒斯坦等地的纳图夫人（Natufian），是世界上第一批定居者和农耕者，早在10 000多年前就开始农业耕种了。他们也有可能是最早驯化了狼的人，甚至还发展出了颇具规模的宗教仪式。

The Village Effect 创造村落效应

分享食物，可以把一群“乌合之众”团结在一起。在共享食物的时候，人们确实更有可能把自己当作集体的一员，更愿意做出妥协，从而解决争端。[8] 谁又知道，商务午餐其实起源于某个中东干河谷，形形色色的居民们汇聚一堂，大嚼刚刚烤好的瞪羚排骨？或许他们还能吃到手抓饭，原料是他们刚刚开始培育的本地大麦。火堆旁边可能还有几条狗向人们讨要剩饭和骨头——它们是人类最早驯养的宠物。

狩猎-采集者们在可以种植谷物的地方定居了，不再追逐野兽、四处迁徙。于是，在大约 10 000 年前，这里出现了村落生活。定居下来之后，我们的祖先才真正过上了好日子。大英博物馆馆长尼尔·麦格雷戈（Neil MacGregor）说：“这个时代拥有刚刚驯养的动物、强大的神祇、恶劣的气候、美好的性爱和更美好的食物。”[9] 但是，这些村民怎么知道谁是他们的同伴？

圈里 VS 圈外

把周围的人划分成内群体（in-groups）和外群体（out-groups），这是所有人类社会的共同特征。大多数人都曾在生命中的某个时刻切身感受过社交排斥的痛苦。约翰·卡乔波和威廉·帕特里克（William Patrick）在他们的著作《孤独是可耻的》（*Loneliness*）中写道，就算只察觉到一丁点儿社交隔离的意思，我们也会产生一种特别的焦虑感。这种焦虑感会扰乱我们的头脑，让我们不能再进行清晰的思考，也不能再坚持乐观的态度。社会痛苦的根源其实还是我们的生物本质。如果我们的祖先离开了群体，他们过不了多久就会命丧捕食者的血盆大口，或者死于资源短缺。只有生活在社群里，才有可能活下去。我们甚至进化出了一套早期预警系统，在遭到社交排斥的时候，为我们敲响生化的警钟。它发出的警报会让我们感到焦虑不堪，就像极度饥饿、口渴或疼痛等其他新陈代谢的警报一样。它向我们传达了这样一条信息：赶紧想办法修复关系，不然你就死定了。[10]

内群体和外群体的界限，因为社交纽带的形成而显得更加刺眼。这也是社交纽带消极的一面。在第三帝国①时期，纳粹德国的领导者驱使2 000万被剥夺了公民身份的德国犹太居民，还有其他被欧洲各国驱逐出境的人参加强制性的体力劳动。他们自然希望德国的主流社会能把这些人排斥在外。但尽管纳粹党展开了强劲的宣传攻势，事情却没有向着他们期望的方向发展。或许因为强制劳动者往往被分配到了家族农庄、地方企业和工厂，直接接受一般民众的监督和管束。一般民众面对着昔日的老邻居和老同事，可能会对他们的悲惨命运产生共情。既然如此，怎么才能避免产生共情？一个方法是禁止“雅利安人”和强制劳动者共享食物。在战争时期的德国，第三帝国为了让普通民众在日常生活中自动隔离强制劳动者，创造出了新的社会规范，印上海报，播出广播，登上每天的新闻报纸。1943年4月18日，《阿姆斯特纳公报》（*Amstettner Anzeiger*）发表了一则题为《每周一图》的漫画，画的就是强制劳动者被排除在了所谓的“餐桌社区”之外（见图4–2）。[11]

图4–2　漫画：强制劳动者被排除在“餐桌社区”之外

① 指的是1933—1945年间纳粹党统治下的德意志帝国，也称为纳粹德国。

人类学家洛伦·艾斯利（Loren Eiseley）写道："我们就像群居动物一样，会谨慎地嗅探周围出现的陌生人。"她提醒我们，人类天生就会和家人、朋友组成紧密团结的小圈子，把其他人隔绝在外，特别是在难以获取宝贵资源的艰难岁月。[12] 长久以来，传统社会一直通过强迫罪人独自饮食来达到对其羞辱和惩戒的目的。比如，生活在巴西的毗拉哈原住民对违反社会规范者的惩罚分为以下几种："最轻的惩罚是一天不得与大家共享食物，然后是数天不得共同进食；更严重的惩罚是一个人远远地住在森林里，断绝一切正常交易和社交往来；而毗拉哈最严重的惩罚则是彻底放逐。"贾雷德·戴蒙德（Jared Diamond）在《昨日之前的世界》（*The World Until Yesterday*）中这样写道。[13]

但直到卢旺达大屠杀发生之前，只有纳粹德国才有能力把强烈的归属意愿转变成赤裸裸的仇外情绪和对无辜代罪羔羊的残酷猎杀①。中石器时代的祖先为了增进新生社群的凝聚力而张罗了丰盛的宴席，现代的种族运动却恰好相反：他们用食物来驱逐异己。

人类共享食物的意愿常被用作其他目的。就算在民主社会，我们也不难找到类似的例子。比如在美国南部各州的《吉姆·克劳法》②的推动下，餐厅和饮水喷泉实行了将近一个世纪的种族隔离。"到 1915 年，南卡罗来纳州的黑人和白人纺织工已经不能使用同一个水桶、提桶、杯子、长柄勺和玻璃杯了。"伊莎贝尔·威尔克森（Isabel Wilkerson）在《别处的温暖》（*The Warmth of Other Suns*）中如是写道。[14] 值得玩味的是，种族隔离制度的瓦解也始于一个发生在餐厅里的事件——1960 年，黑人学生来到种族隔离的餐厅静坐示威。直到今天，高中学生仍然对食堂的桌位有着强烈的领

① "代罪羔羊"出自《圣经·利未记》，原指犹太教信徒在赎罪日时献祭的羔羊，后来常被用来比喻把罪责加之于特定的人群，让其承担所有的责任。例如在第一次世界大战后，犹太人被纳粹德国认定为德国经济与政治瓦解的主要原因，遭到了严重的迫害。

②《吉姆·克劳法》（Jim Crow laws）是 1890—1965 年美国南部各州执行的种族隔离法律。在这些法律的要求下，公共设施必须依据种族的不同而隔离使用。

土意识；单独监禁的囚犯只能通过铁门的窗格领取自己的饭食，然后一个人吃饭。

最严厉的惩罚：社交排斥

在很多传统社会里，社交排斥历来都被视为最严重的惩罚。近年来的研究证明，社交排斥会扰乱理性思考的能力。孤立可以有效地削弱某些认知功能，而年轻人又远比年长者更容易受到影响。[15] 或许正因如此，在学校受到排挤的青少年才那么容易选择自杀。社交排斥给他们带来了刻骨铭心的伤害。如果没有人及时伸出援手，生理和心理的双重压力就会占据他们的头脑，让他们失去理性思考的能力。就在我写下这段文字的三天之前，一个生活在加拿大魁北克省加斯佩半岛的15岁少女结束了自己的生命，因为她被自己的社交群体强制驱逐了：在学校里，同学们欺负她，孤立她；回家后，同学们又在Facebook上嘲笑她，奚落她。玛乔丽·雷蒙德（Marjorie Raymond）给母亲留下了这样一张字条："妈妈，我很抱歉。你是世界上最好的妈妈。"字里行间可以看出母女之间的深情纽带，但不幸的是，这条亲密的纽带没能保护她免受同辈孤立的伤害。

这已经是不到一年中加拿大第四起与社交排斥和校园霸凌有关的11~15岁青少年的自杀案例了。然而悲剧并没有停止。阿曼达·托德（Amanda Todd），一个生活在加拿大不列颠哥伦比亚省的十年级学生，在长期遭受陌生人的网络霸凌后上吊身亡。每次她想要在新学校开始新生活时，这个陌生人就会在网络上给她的新同学发来可怕的照片和言论。这些死亡悲剧让加拿大举国激愤，人们强烈要求学校开除所有参与网络霸凌、孤立和以其他方式折磨同学的青少年，并对他们进行法律制裁。与此同时，美国和其他国家的受凌儿童自杀事件也引来了刑事指控，学校和公共政策也因此发生了变化。[16]

“痛苦”这个词实在太轻了。阿图·葛文德（Atul Gawande）医师引用了共和党前总统候选人约翰·麦凯恩的话来阐释美国监狱中单独监禁的影响。麦凯恩曾经在越南的战俘营里被关了 5 年，其中两年都是在一间窄小的单人牢房里度过的，失去了一切人际接触。“它比其他任何形式的虐待都更能有效地摧毁你的精神，削弱你的斗志。”葛文德写道，“说这番话的男人遭受了频繁的毒打，在两条手臂骨折、一条大腿骨折和感染慢性痢疾之后都没有得到适当的处理，而且后来又因为毒打，手臂再次骨折。”葛文德还提到了一项涵盖近 150 名美国海军飞行员的研究，他们都曾在越南蹲过监狱。他们告诉研究人员，社交孤立就像他们遭受的任何其他折磨一样痛苦难耐。

社交孤立不仅给他们带来了精神上的折磨，也带来了生理上的痛苦。葛文德写道：“20 世纪 60 年代的脑电图研究表明，如果囚犯被单独监禁了一周以上，他们的脑电图就会出现弥漫性慢波。”囚犯们唯一的社交接触，就是从窗口推入牢房的餐盘。有的人得了紧张症，有的人出现了自闭症的特征，比如原地摇摆和自我刺激。有的人思维退化了，开始四处抛掷食物，把弄自己的粪便。还有的人会忽然恐慌发作，或者变得极为好斗。这些症状都说明他们的神经系统受到了损害。

The Village Effect 创造村落效应

神经影像学研究表明，社交排斥确实可以像生理疼痛一样，刺激前扣带皮层和前脑岛出现同等程度的活动。社会痛苦的神经信号看起来跟生理疼痛的神经信号十分相似。[17] 曾经被锁在单独监禁囚室里的前南斯拉夫战俘，在离开监狱好几个月后，神经系统仍然受损严重。葛文德总结道：“失去了持续性的社交互动，人类的大脑可能会像头部受创时一样遭受重创。”[18]

女主人决定谁能来参加晚宴

如果社交孤立可以损伤我们的神经网络，那么共同进餐就可以反其道而行之：一方面，它能满足我们对卡路里的生理需求，对食物的香气和味道的由衷渴望；另一方面，它也能让我们感受到归属感带来的真切宽慰。“再也没有另一种活动能像晚餐一样，每天都能让我享受到整整一个小时的愉悦。”18 世纪的法国外交官夏尔·莫里斯·德塔列朗（Charles Maurice de Talleyrand）如是写道。他是主教，也是拿破仑的顾问，还是一个积习难改的花花公子（他的第一个情妇是神学院的学生，在那以后，他又和好几位有影响力的妇女有染），同时也是一位著名的美食家。德塔列朗知道，女性通过准备食物、决定谁来赴宴，主导了社会群体的划分：谁是内群体的一员，谁只能站在圈外往里看。

现在，我们再来看看现代的晚餐聚会吧。在 3/4 的家庭中，女性对社交关系的评估决定了谁能收到共进晚餐的邀请，也决定了食物的质量和数量。[19] 这种做法可能是我们的灵长类祖先留下的遗产。雌性日本猕猴会根据一套精明的计算法则，默许其他同类盗取自己的食物储备。哪只猕猴跟女主人的关系更近，它就可以“分享”更多食物。

根据人类学家伯纳德·沙佩（Bernard Chapais）的说法，在灵长类动物的世界里，这就意味着你对别人盗取食物的举动视而不见，放任它们拿走你本来可以全数留给自己的储粮。在一个实验里，沙佩和一名博士生发现，雌性猕猴容忍其他猕猴盗取葡萄干储备的时间长短，取决于它们的关系有多近。母亲对女儿最慷慨，接着是祖母和孙女，然后是姐妹之间，最后是女性亲长和侄女。侄女向姑母偷食的可能性就跟没有血缘关系的外人差不多，简直微乎其微。

或许没有一种文化不懂得分享食物，但是也并非任何人都能分一杯羹。女性的社交关系往往能为我们提供一条重要的线索，告诉我们谁最有可能得到食物。不仅猕猴如此，恒河猴和狒狒也同样如此。母亲更偏心女儿，姐妹之间也乐于分享食物。也就是说，很多非人雌性灵长类动物都懂得社会身份的差别。它们也会像我们人类一样深谙差别对待的道理，以此决定谁能来吃晚餐。[20]

我不是玛莎·斯图尔特（Martha Stewart）①，但是我也乐意为家人和朋友准备一顿精致的晚餐。我同意人类学家萨拉·赫尔迪（Sarah Hrdy）的看法。她认为，分享食物的冲动深植于我们的本能之中，是我们与生俱来的天性。看到我的家人和朋友们大快朵颐，享受我烹制的秋日美食——咖喱小南瓜浓汤、烤酱羊肉配花椰菜、脆皮土豆，最后再来一道苦味蔬菜和耶路撒冷洋蓟丝搭配而成的沙拉（这是上星期的菜单），本身就是一件愉快的事。这件事为什么能给我带来偌大的快乐？我当然愿意相信，这是因为我本人慷慨大方，热情好客。但是，我的快乐更有可能是进化的结果。

The Village Effect 创造村落效应

母亲把自己的卡路里送给孩子——不管是通过哺乳，还是通过分享自己的食物储备，提高了后代的生存率。在这样的过程中，人类的大脑，特别是女性大脑，进化成了现在的模样。与此同时，人类也发展出了敏锐的心智解读能力和精妙的社交技能，它们可以让母亲推测出还没有习得语言能力的婴儿到底需要什么。而母亲也会得到慷慨的回报，释放出大量的催产素。这种令人愉悦的神经肽会促使你再现这个社会行为，然后再次给予你奖励，让你一而再、再而三地重复同样的举动。[21]

女性在直觉上都知道，自愿为他人提供食物往往会令自己感到心情愉快。但是直到最近，大脑图像研究才证明了这一点。研究发现，分享的行为所激发的神经系统，恰恰就是负责其他社会快感的神经系统。如果让一个女人躺

① 玛莎·斯图尔特是美国的“家政女王”。

进大脑扫描仪，要求她在跟真人互动时做出分享的决定，这些奖励区域就会亮起来。但是，如果她的互动对象是个虚拟的角色，与分享有关的神经网络就不会出现同样的反应。[22]

我以前提到过，我称为“奖励区域”的大脑结构也同样负责社会痛苦。如果让躺在功能性磁共振成像扫描仪里的被试跟另外两个人玩游戏，再指示另外两个人在游戏的过程中忽视她的存在，那么这些大脑区域就会变得异常兴奋（被试越受冷落，神经活动就越剧烈）。但是，如果告诉她电脑出了故障，所以另外两个人联系不到她，以表示不存在人为的排斥，那么这些区域就会保持平静。[23] 人类，特别是女性，拥有一套与生俱来的精密系统，帮助他们评估真人互动中的社交线索。

The Village Effect 创造村落效应

人们往往认为，所有社交网络都可以找到替代品，但事实上，不同的社会信号会带来不同的影响。虽然有了 Skype 这种不可思议的奇妙产物，但是对我来说，透过视频电话看远在布鲁塞尔的女儿趴在桌上吃汤面的快乐，远远比不上我跟她一起做汤面、吃汤面时那种发自内心的愉悦。英国认知神经科学家马诺斯·萨克里斯（Manos Tsakiris）发现，共同的经历会让我们觉得对方在生理上更像自己。当然，母亲和女儿的样貌本来就很像。但是，一起做同一件事，比如在同一个房间里一起吃汤面，会让我们的个体身份变得更加模糊，让我们觉得对方更像自己，自己也更像对方。[24]

生活就是一碗多力多滋

有意思的是，一般女性不但对社交线索更敏感，她们的食量也更有可能跟她们的用餐伙伴保持一致。[25]如果有两个人面对面吃零食，其中一位或两位都是女性，她们就会不自觉地协调吃零食的速度。男性却不会出现这样的同步效应。如果让两位男性共吃一碗多力多滋，你会发现他们每个人都只顾着自己吃。[26]另外，一个人的身材越胖，他的腰围就越容易受到同伴的影响，对于年轻的女性来说尤其如此。经济学家贾斯汀·特罗格登（Justin Trogdon）和他的同事发现，青少年女孩远比青少年男孩更容易"跟上"朋友的体重增长。[27]

由于社会传递的机制所限，似乎你只有跟朋友们在一起时才能"跟上节奏"。情感同步——更别说作息同步了，可能会对体重的增加和减少产生强有力的影响。我的朋友弗洛伦斯·韦利（Florence Velly）就在不经意间证明了物理上的接近可以影响一个人的腰围。她在 2009 年离开法国，搬到了我居住的街区。我们在附近的公园第一次相遇了，当时她正在遛狗。那是一个春日的清晨，青草上还挂着露珠，松鼠在草丛间时隐时现。然后我看到了她。

虽然我俩从来没有见过面，但是我竟然没来由地产生了一种久别重逢的亲近之感。我停下脚步，友善地拍了拍她的狗。我们攀谈起来。我发现，我们不仅仅是邻居，而且她最近还加入了我的游泳队，每周来游三次泳（游泳队里还有我们在第 1 章介绍过的西尔维以及我将会在第 8 章介绍的罗）。我开始和弗洛伦斯一起遛狗了。在接下来的每个星期四的早晨，弗洛伦斯和我都会来到蒙特利尔的皇家山公园遛狗。她的步伐敏捷轻快。她的黑色拉布拉多犬塔利亚最喜欢往山上跑，不管天气有多么寒冷。我俩跟在它后面，一边聊天，一边散步。连续几个星期四过去了，我注意到自己减轻了好几斤体重。

这当然是件好事，因为弗洛伦斯的兄弟是一名巴黎服装设计师，在她搬到这里之后不久，他就给她寄来了一箱样衣。几个游泳队的朋友都来了，在她家的客厅里试穿那些夺人眼球的紧身丝绸连衣裙。我那群朋友都有足以跟运动员媲美的身材。看她们套上鲜衣华服的样子，你就知道法国的时尚品位跟法国的油炸薯条完全不是一回事。

但是很遗憾，弗洛伦斯在两年后又回到了法国，我们的欢聚和星期四的例行散步也告一段落。在她走后，我很想念她。她的离去也影响了我的体重：以前减掉的那几斤又长了回来。在她还是我的邻居和“村落”成员的时候，与她的近距离接触深深地影响了我。我不仅享受了她的陪伴，还比以前更勤于锻炼，总有一种无形的压力驱使我努力满足她的审美标准。但在她离开之后，这些影响也随之烟消云散。

我们已经知道物理上的接近有多么重要了，再考虑到相同的遗传倾向，难怪兄弟姐妹也会影响彼此的体重。尼古拉斯·克里斯塔基斯和詹姆斯·富勒发现，在弗雷明汉研究中，如果一个男子变胖了，而且研究人员控制了其他因素，那么他的兄弟体重增加的可能性就会上升40%。兄弟姐妹可能会把对方缓慢的体重增长看作是年岁渐长带来的正常影响。这也为肥胖传染现象提供了一个新的解释。在关系亲密的朋友、家人和同事组成的小圈子里，如果每个人都经常出去喝玛格丽特鸡尾酒，吃墨西哥脆饼，腰部的游泳圈越来越大，那么你对正常腰围的认识也会随之发生潜移默化的改变。

The Village Effect 创造村落效应

同胞传染在女性身上更加明显。在弗雷明汉研究中，如果一位女性变胖了，她的姐妹也更有可能步其后尘。姐妹相继变胖的可能性高达67%，比兄弟多了将近30%。丈夫和妻子的体重增加也有连带关系，不过妻子对丈夫腰围的影响比较大（而且不能完全归因于谁负责购物和做饭，因为肥胖效应可以波及三度分隔的个体①）。女性效应又一次出现了。在亲密的社交网络中，女性比男性更有可能传播行为变化。[28]

① 比如朋友的朋友的朋友。

社交关系的影响显而易见。就连你每天深夜大啖意大利脆饼、冻酸奶或者其他零食的习惯，都能影响亲密的朋友和家人。你的日常习惯不仅会影响他人的行为，而且还会对你身边的亲朋好友和挚爱家人产生极其深远的影响。

孩子成绩怎么样？还要看晚餐

拜伦在《唐璜》①中写道："自从夏娃偷食禁果，多少事都跟晚餐有关。"他感叹的很有可能是性爱，而不是孩子的学习成绩。不过有研究发现，孩子的阅读、写作和算术能力，高中的学习成绩，大学入学考试的分数，还有其他很多学习方面的表现，都与家庭晚餐有关。你跟孩子一起吃饭的次数越多，孩子的词汇量就越大，成绩就越好。这一点在女孩身上尤其明显。从牙牙学语的幼儿期，到性格反叛的青春期，再到年轻的青年岁月，已经有无数研究证明了家庭聚餐可以有效地预测孩子的词汇量和学习成绩，还有他会不会走上歪路：沉迷于性爱和毒品、滥用药物、陷入抑郁，甚至自杀。[29]

一项 2008 年的研究发现，有的男孩天生携带一个特殊的变异基因，日后很有可能出现暴力行为。但如果他们能经常和家人一起吃饭，似乎就能免受其害。研究的领导者、美国社会学家郭光（Guang Guo）解释说："如果基因携带者的父母经常跟他们一起用餐，这种风险就消失了。"[30] 人类 10 000 年来一以贯之的传统，似乎挺不错。而且，还有一个更惊人的消息：具体吃了什么并不重要，让孩子变聪明的东西并不是有机西兰花。

为什么经常跟家人一起吃饭会让年幼的儿童更擅长阅读和写作，让青春期的少年更加幸福健康？为什么跟独自缩在屏幕前用餐的孩子相比，经常跟家人一起吃饭的青少年能在 SAT 考试中取得更好的成绩，也更不可能嗑药

① 《唐璜》（*Don Juan*）是 19 世纪的英国浪漫主义诗人拜伦勋爵的长篇诗体小说，讲述了一个名叫唐璜的青年一生的冒险奇遇。故事的起点是唐璜与一名已婚的贵妇偷情，事情败露之后被迫离开家乡出海旅行。

和酗酒？家庭的收入状况固然很重要，不过它并不是唯一的影响因素。毋庸置疑，收入高的父母能给孩子提供更多的机会，比如父母会花更长时间陪伴自己的孩子，孩子通常也会去更好的学校。但是，也有很多富裕家庭的父母都是繁忙的专业人士，他们雇用了一位全职保姆每天 24 小时照顾孩子们的衣食起居，每个孩子的房间里都安装了一台等离子电视，但是他们却不能经常和家人一起共进晚餐。

20 年的临床经验告诉我，差不多有 1/3 的初中儿童很少跟父母一起吃饭。有时，单纯就是因为父母没时间。社会历史学家斯蒂芬妮·孔茨（Stephanie Coontz）指出，将近 15% 的已婚夫妇每周加起来要工作 100 个小时以上，他们实在没时间准备晚餐，跟孩子们在餐桌边闲话家常。[31] 我曾经在诊所里接待过一对事业有成的夫妇，他们在每天夜里结束工作之后都会绕着街区开上好几圈，等保姆把孩子哄上床，他们才悄悄地把车开进车库。身为父母却刻意回避子女，这让他们自己也感到良心不安。

The Village Effect 创造村落效应

有证据指出，家庭聚餐的仪式会在困难时期成为他们的安定器，增强他们的归属感，特别是在家庭状况发生变故的时候。[32] 人们会觉得，虽然日子不好过，但至少我们还保留了一起吃饭的习惯。但更重要的是，分享食物是一种亲密的行为，体现出了家庭纽带的紧密连接。孩子和父母也可以借此机会询问彼此的情况，联络彼此的感情。饭厅不仅是一个吸收卡路里的地方，你还可以在这里分享故事、信念、教训和八卦。这样说来，一起吃饭聊天的家庭，更有可能养育出心理更健康、在学校表现也更好的孩子。

这正是研究人员的发现。哈佛大学心理学家凯萨琳·斯诺（Catherine

Snow）和她的同事注意到，饭桌上的谈笑，特别是围绕孩子的经历展开的友善的对话，是把童年时期的家庭聚餐和未来的学习进步联系在一起的关键。斯诺是第一个研究世界各地的母亲如何跟婴儿说话（也就是我们称为“妈妈语”的高音调重复性对话）的科学家，也难怪她会对父母的其他语言怪癖感兴趣。斯诺和合作者们觉得，除去文化背景和家庭收入不谈，能培养出优秀学生的家庭，可能拥有某些特殊的社会习惯，而这些社会习惯在其他家庭中比较少见。他们的愿望很美好：如果可以找到这些行为“怪癖”，其他父母就可以照葫芦画瓢了。

研究人员想，如果孩子能在餐桌上和成年人进行复杂的对话，他们或许就能发展出更好的语言能力，继而掌握更好的阅读能力。而阅读能力更好的孩子，在学校里的表现也更好。为了验证这个观点，研究人员对将近 60 个波士顿低收入和中等收入的家庭展开了追踪调查，从孩子 3 岁时开始，每年观察和记录他们的行为，直到 10~14 年后，这群孩子完成高中学业，准备申请大学——至少部分如此。

在最开始的时候，研究人员给每个家庭发了一台录音机，让他们在吃饭时把它放到餐桌上。他们最后录下了 160 段饭桌上的谈话。虽然有的家庭把录音环节当成了一个表演的机会，让他们的孩子站在椅子上背诵 ABC 字母表，但也有些父母在打开录音机后就不管它了，跟往常一样吃饭聊天。研究人员录下的对话，比如接下来这场发生在母亲和 3 岁儿子汤米之间的对话告诉我们，成年人和学龄前儿童之间的餐桌谈话可能既照顾到了孩子的感受，又颇具教育意义。

母亲：世界上已经没有太多真正的野生动物了。

汤米：才不是呢。如果我们看到了一大群野生动物，在我睡着时。当我睡醒后，它们还会在的。

母亲：你真的这么想？

汤米：嗯嗯。因为我在睡觉的时候看到它们了，在我睡着的时候，我，我做梦……

母亲：是的，在你睡着的时候，有时候你的梦会显得很真实。但那不过是你的想象力在工作罢了，你的其他部分都睡着了。

汤米：妈咪，妈咪！我的梦确实变成真的了啊。

母亲：不会的。

汤米：是真的。

母亲：真的吗？你梦到了什么？

汤米：一只大怪兽，我……它的嘴巴。妈妈，它的，它的身体……它咬下了我的脖子。

母亲：你是说，那只大怪兽抓住了你的头？那不是真的。没有怪兽真的咬住了你的脖子。

汤米：确实是真的啊。

母亲：真的吗？什么时候？

汤米：很久以前。

母亲：然后呢？

汤米：然后它戳了我的眼睛。

母亲：不，亲爱的，这不是真的。

汤米：嗯。

母亲：你知道的，我永远不会让任何怪兽伤害你。另外，你还记得我跟你说过怪兽是什么吗？

汤米：什么？

母亲：它们只不过是人类创造出来的东西罢了，它们只生活在电影里。一些想象力丰富的家伙创造了它们，还有各种各样的特效，让它们看起来特别可怕。你知道的，就像你看过的迈克尔·杰克逊一样啊？他们得给他化上妆，才有“颤栗”[1]里的样子啊！这

①《颤栗》（*Thriller*）是迈克尔·杰克逊（Michael Jackson）同名专辑的同名曲目，这张专辑于2006年被吉尼斯世界纪录评为“唱片史上销量最高专辑”。——编者注

只是因为有的人拥有丰富的想象力罢了。

汤米：嗯。

母亲：世界上没有怪兽这种东西。[33]

这段生动的对话里包含了讲故事（梦境）、新信息（母亲的解释）、母亲的抚慰、反事实的思考（假设汤米遇到了想象中的怪兽，会发生什么），还有话轮转换和复杂的词汇。根据斯诺和戴安·比尔斯（Diane Beals）的说法，饭桌上的这种往复式的对话，可以拓展和提升孩子的语言能力和读写能力——至少与其他家庭的常见对话模式相比，这种对话模式似乎更有效果。很多家长只有在教训孩子的时候才会跟他们说话。坐直了！用餐巾擦嘴！嚼东西的时候闭上嘴巴！还有的父母在用餐时一言不发，因为他们觉得，用餐是一件严肃的事情，需要保持安静。也有的父母从来不跟孩子一起用餐。

对大多数家庭来说，“用餐”指的是一家人坐在一起，吃上 2~47 分钟的饭。平均下来，一般家庭的用餐时间基本在 20 分钟左右。母亲和孩子坐在一起吃饭的情况最常见。父亲只出现在 1/3 的饭桌上。研究人员写道：“就算父亲在场，相对来说也很少参与谈话。”所以，女性效应也存在于饭桌之上。但是我们也应该知道，就算双亲都在场，母亲的影响力也远远超过父亲。有一顿饭录的是两个孩子蹲在电视机前独自吃谷物早餐。另一顿饭录的是一个母亲和儿子一起烤玉米饼。母亲向研究人员解释说，那天只有他们母子两个人在家，没必要做一顿真正的晚餐。

母亲的话可以理解，但是也令人唏嘘。一项 2001 年的研究发现，家庭聚餐比其他几乎任何一项活动——包括读书和摆弄玩偶，更有助于扩大儿童的词汇量。[34] 最近，麻省理工学院计算机科学家德布·罗伊（Deb Roy）和他的妻子——美国东北大学心理语言学家鲁帕·帕特尔（Rupal Patel），做了一个令人惊叹的自然实验，名叫“人类语言组计划”（Human Speechome

Project)。在第一个孩子出生之前几个月，他们在波士顿郊区别墅的天花板上安装了 11 台全方位鱼眼相机和 14 支高精度麦克风。

迄今为止，他们已经收集了超过 250 000 个小时的录音和录像——除了睡觉以外，几乎把儿子 3 岁以前的每一分钟都记录了下来。他们想在大多数婴儿开始学习说话的地方——家里，捕捉人类语言习得的独特社会因素。他们可能还要花上几十年的时间，才能处理完每天收集的 2 000 兆字节的数据。不过，根据罗伊的初步观察，家里有一些语言学习的热点地区。也正是在这些热点地区，发生了大部分“词的诞生”①。其中热度最高的热点地区之一就是饭厅。[35]

The Village Effect 创造村落效应

父母和孩子在餐桌上的谈笑，可以很好地预测孩子在几年后的词汇量，不管他们的智商如何，也不管家长的教育程度和收入怎么样。[36]罗伊发现，父母的用词频率与孩子多早能说出这个词存在很大关系。不过，受到影响的可不只有孩子能说出多少个单词。[37]面对面的交流还有另一个好处：通过解读他人的面部表情，就“反事实的”——也就是心理学家艾莉森·高普尼克（Alison Gopnik）所谓的“可能会发生，但是没有发生的事”这一话题进行往复式的对话，可以提升孩子的共情能力。[38]

一遍又一遍跟幼童探讨假设性的情景和幻想中的怪兽，可能会让人感到无聊和麻木。但是父母也需要知道，“到两三岁时，孩子一般都会把醒着的大部分时间用来构造自己的幻想世界：想象中的生物、另一个宇宙和假想的

① 根据罗伊的定义，“词的诞生”（word birth）指的是录音和录像明确记录下来的婴儿开口说出一个新词的时刻。

身份”。这是高普尼克在《宝宝也是哲学家》（*The Philosophical Baby*）中提到的事实。她在加利福尼亚大学伯克利分校的实验室里找到了大量的证据，足以证明儿童对幻想世界的看法和他们对真实世界的理解存在着密切的关系，甚至比你设想得还要紧密。

要想扩大词汇量，锻炼交流能力，儿童显然需要随意性很强的社交互动，而不仅仅是“聪明宝宝系列”这类教孩子数数的教育节目。甚至有证据表明，观看这类教学 DVD 的婴儿，词汇量明显少于跟他人互动的婴儿。[39] 如果共情能力的开发有赖于密切的人际接触——用高普尼克的话说，“这种接触能让我们亲眼看到对方脸上的悲戚和欢愉”，那么在饭桌上与小家伙闲聊片刻，无论什么时候都稳胜“小小爱因斯坦系列”。[40]

我们现在知道了，儿童从家庭聚餐中得到的不仅是营养。家庭聚餐的一个好处是丰富了词汇量，另一个好处就是增强了同理心——想象另一个人的想法和感受的能力。跳出自己的想法，进入别人的脑袋，这是我们人类与生俱来的天赋，不过有些人确实做得要比别人好。基因和产前激素为同理心打下了基础，但是儿童也需要练习。他们在家族聚餐时不断练习读取他人的面部表情，就像球类运动员在接受春训。餐桌是一个理想的训练场，孩子们可以在这里磨砺自己的意志，纠正自己的错误，直到他们做好了充分的准备，可以走出家门，在外部世界检验自己的能力。

研究者还有另一个惊人的发现：经常和家人聚餐或许可以改变青少年的行为，特别是女孩。一项 2008 年的研究调查了 800 个明尼苏达州的青少年，记录了他们 12 岁时的饮食习惯，又在 5 年后调查了他们的成瘾物质使用情况（包括财务状况在内的其他因素全都得到了控制）。结果显示，在刚上初中时经常跟家人一起吃饭的 12 岁女孩，在 17 岁时酗酒、抽烟、长期吸大麻的概率只有同龄人的一半。[41] 家族聚餐似乎为女孩们提供了一把保护伞，虽然男孩并没有因此而受到特别的保护。无独有偶——同年发表的另一项研究覆盖了 2 500 余名未成年男孩和女孩，调查时间同样持续了 5 年。这项研究发现，经常跟家人一起用餐的女孩，更不可能在数年之后出现饮食功能失调。[42]（或许因为本来出现饮食功能失调的男孩就很少，所以家族聚餐在这方面对男孩的影响也不大。）

女性不仅对朋友和姐妹的饮食习惯更敏感，而且年轻女孩更容易切身体会到家庭聚餐的转化力量。研究者对此做出了这样的解释："或许因为女性更容易察觉到家庭聚餐过程中微妙的情感支持，所以家庭聚餐给女性带来的积极影响远远超过了男性。"[43]

就在几年之前，同一个研究团队调查了将近 5 000 个美国青少年的生活习惯，他们发现，1/3 的孩子很少（甚至从未）跟家人一起吃过饭。跟其他孩子相比，不和家人吃饭的女孩更有可能尝试自杀，概率几乎是前者的两倍。研究者本来想证明亲密家庭的保护作用，却无意中发现了这个惊人的事实。青少年——不管男孩还是女孩，越少跟家人一起吃饭，就越有可能成绩不佳、抑郁、抽烟、吸毒、考虑自杀，甚至真的尝试自杀。[44]

但这又是为什么呢？餐桌上肯定发生了什么，虽然我们并不知道那到底是什么。大多数关于食物和社交关系的研究都在探讨相关性：它们努力寻找两个现象的关联，但是却没有探究原因。[45]经常跟父母和兄弟姐妹一起吃饭的孩子为什么后来更洁身自好——心理更稳定，学习更优秀？是因为他们在餐桌上体会到了父母的支持吗？还是因为他们本来就是那样的人？或许经常跟父母一起用餐的孩子本来就更加保守，又或者他们本来就对这个世界少一分戾气。如果家长为了一家温饱或者给孩子积攒大学学费而疲于奔命，劳碌不堪，可能孩子根本就不想和一个视学习为浪费时间的忧郁的瘾君子共进晚餐。"如果他们都受不了对方，就不可能一起吃饭。"我的儿子卡尔说："没有冲突，才能分享食物。"

村落的和平是欢宴的前序，这倒是真的。聚众欢宴会令人产生协同的感觉，正如纳图夫人的烤肉盛宴，或者旨在团结邻里的现代街区聚会。[46] 要回答这个鸡生蛋还是蛋生鸡的问题，唯一的办法就是打孩子们一出生就随机指定他们必须遵守某种固定的用餐模式——要么和家人一起，要么和朋友一起，要么和家人以及朋友一起，要么自己独自一人，然后观察他们长大之后的变化。这当然是不可能的。最好的替代方案就是进行纵向研究，向人们询问大量的问题，研究他们的行为习惯，然后随着时间的推移，追踪他们的变化（比如弗雷明汉心脏研究和乳腺癌护士研究，采用的就是这种办法）。

最近，明尼苏达大学的安·迈耶（Ann Meier）和康奈尔大学的凯莉·缪齐克（Kelly Musick）就领导了一项这样的研究，对 18 000 名美国青少年展开了追踪调查。在排除掉其他原因之后，研究者发现，家族聚餐中真正发挥了保护作用的是面对面的互动，而不仅仅是分享食物的行为。一起吃饭，不过是很多父母接触孩子的一条重要——有时候是唯一的途径。如果父母的教育模式偏重于鼓励和支持，较少斥责和批评，那么一起吃饭就更有可能降低日后孩子抑郁、犯罪和滥用药物的风险。[47]

美国心理学家、饮食功能失调专家黛布拉·弗兰科（Debra Franko）和她的同事们追踪了近 2 400 个年龄介于 9~19 岁之间的女孩，重点观察了她们的饮食习惯。他们发现，在前 3 年里经常一起吃饭的家庭，在第 7 和第 8 年时就会更加团结，孩子的个人习惯也会更加健康。家庭聚餐可以带来这么多积极的影响，可见它确实非常重要。对于女孩来说尤其如此。说自己在 9~11 岁间“从来没有或者几乎没有”跟父母一起吃过饭的女孩（在样本中大约占 10%），更有可能在青少年时期对生活感到绝望，开始吸烟，养成奇怪的饮食癖好。餐桌上的社交接触似乎可以让一家人更加团结，更有可能采取——用作者的话说“针对问题的应对办法”，或许可以因此降低女孩以后行差踏错的风险。[48]

我并不是说孩子们每天都必须跟家人一起吃晚餐，在餐桌上进行生动友好的谈话，才不会变成患了厌食症的辍学生，或者毫无人性的畜生。这实在太荒谬了。何况文化不同，餐桌上的谈话风格也不尽相同。比如，凯萨琳·斯诺和挪威奥斯陆大学心理学家维比克·格罗佛·奥克鲁斯特（Vibeke Grøver Aukrust）比较了同年龄段的挪威和美国学龄前儿童，观察两国家庭的餐桌对话。研究者发现，在用餐时，美国人更少使用描述性的语言，频率是挪威人的一半；更常使用解释性的语言，频率是挪威人的两倍。而且他们往往希望营造出戏剧性的效果。（挪威的学龄前儿童：尼尔斯今天穿了一件绿色的套头衫去学前班。美国的学龄前儿童：约翰尼今天吐了，是橙色的。）[49] 这两句话当然也有共同点：他们都希望得到父母的回应——再让父母把球传回给他们。而他们又会再次把球抛给父母，继续这场接球般的对话游戏。

所以我认为，共进晚餐可以让孩子更早地接触到语言和社交互动的微妙线索，也能帮助我们找到归属感。

你的变化会改变他人

身为一个报纸专栏作家，我见证了报纸上的书评版面和全版广告的兴起和衰落（大部分都衰落了）。但也有许多幸存者活了下来，其中之一就是减肥人士撰写的每周减肥专栏。我第一次看到它，还是在一份本地的报纸上。当时，编辑部有个正在尝试减肥的行政人员，她受邀撰写了一个名叫“塑造好身材”的专栏，在那里写下了自己的“胖女孩日记”。后来，某家全国性报纸增加了一个减肥版面，名叫“我是这样减肥的”。版面的编辑邀请读者发来自己的减肥故事，在发表的时候还会附上减肥前后的对比照片。他们希望能借此激励其他想要减肥的读者。但是，阅读陌生人的经历，真的能激励人们改变自己的行为习惯吗？

如果当真如此，那就太好了，影响 3/4 北美人口的健康问题就可以轻松解决了。但是没有任何证据能给出这样的证明。可能只有一种商业减肥方案取得了成功，那就是“慧优体”项目，因为它充分地利用了饮食强大的社会属性。随机研究让超重者们随机参与不同的减肥计划，结果发现，没有任何一种减肥方案能战胜慧优体的持续适度减肥纪录。[50] 关键似乎在于慧优体对成员提出了特别的要求：他们不仅需要详细记录每一次的饮食摄入，还必须参加每周的例会。他们要在例会上称体重。每摆脱掉几斤重量，他们就会得到掌声鼓励；如果越过了某个里程碑，他们还会得到一份礼物。

2011 年 3 月，我跟 3 个朋友一起报名参加了慧优体项目，想看看它到底是怎样运作的。“我想，社会支持的作用一定不小。看看四周吧，你会发现所有人都是三两成群的。”一个朋友在会场上跟我说。她负责管理作家邮件组的“瘦身”讨论，为正在减肥的同道中人加油鼓劲，敦促大家“互相负责”——这样的说法在“十二步项目”①之类的活动中很常见，慧优体就是一个不错的例子。

这些活动打一开始就认定，过度放纵是一种道德上的堕落。用一位充满使命感的匿名禁酒会创始人富兰克林·纳撒尼尔·丹尼尔·布赫曼博士（Franklin Nathaniel Daniel Buchman）的话说，“要想改变自己，首先必须忏悔”，何况你身上还背负着一重社会道义，因为“你的变化必将改变他人”。[51] 虽然这些以实现自我控制为使命的狂热分子有点儿盛气凌人，但是他们有一点说对了：要改变与饮食有关的习惯，社会压力——特别是来自你喜爱的人的压力确实有效。

2009 年 1 月，《纽约时报杂志》（*New York Times Magazine*）对德鲁·平

① “十二步项目”是一套指导原则，一般用来治疗或矫正酗酒、药物成瘾、强迫症和其他行为习惯问题。它最早由匿名禁酒会提出，后来得到了心理学界的认可。十二步项目的步骤一般包括承认失败、在他人的帮助下认清错误、修正错误、养成新的行为习惯、帮助他人等。

斯基博士（Drew Pinsky）做了一番报道。他是成瘾问题专家，也是真人电视节目《名人康复所》（*Sober House*）和《德鲁医生名人康复》（*Celebrity Rehab with Dr. Drew*）的主持人。当年他还在帕萨迪纳医院当住院医生的时候，就负责帮助酗酒者和瘾君子们戒断瘾疾。那时候——或者用他的话说，在一个“荆棘燃烧的时刻”①，他决定把成瘾治疗当作自己的终身职业。他说：“我看着这些人——这些年轻人，从濒临死亡的绝境走出来，过上了以前从未奢望的新生活。我只能为这奇迹大声惊叹。医学只能帮助你从死亡的绝境走向慢性疾病，你不可能从绝境走向从未奢望的新生活。这是不可能发生的事。”

不久之后，平斯基就走到了摄像机前，在电视上挑战名人瘾君子——比如罗德尼·金（Rodney King）和海蒂·弗莱丝（Heidi Fleiss）心中隐藏的恶魔。这也为他赢得了公众的感激，还被送以“十二步上帝”的美誉。十二步项目缘于第一个利用同伴支持的力量帮助人们实现自我控制的治疗团体：匿名禁酒会。在《纽约时报杂志》的报道中，克里斯·诺瑞斯（Chris Norris）道出了平斯基如何通过诚实信号跟他人建立联系：

> 我惊异于平斯基那令人戒备全消的对话方式，包括频繁地点头、赞同地大笑、情感映射和温柔地膝盖轻拍——全部这些东西，让我在到达好莱坞的地界之前，就跟他分享了我小时候最私密的故事，仿佛这是一件理所当然的事情。“我们会影响彼此。”平斯基谈到他和瘾君子的关系时说，“你告诉他们，我在这里支持你，我了解你的感受，我能体会它，理解它，认可它。”[52]

但是，这些基本的人际接触——按照平斯基的说法，它们正是让酗酒

---

① “荆棘燃烧”的典故来源于《圣经·出埃及记》。摩西在看到燃烧的荆棘、听到了上帝的召唤后，了解了自己的神圣使命：带领希伯来人走出埃及。

者和瘾君子染上恶习的关键因素，也是最开始引导人们走上酗酒和嗑药之路的一味催化剂。任何一个看过美剧《火线重案组》（*The Wire*）的人都知道，贫民窟的孩子吸毒，巴尔的摩的警察酗酒，很大程度上是因为他们的朋友全都这么做。只有凭借超常的自控力，才能抵挡住同伴的压力。想想吧，如果你的整个社交网络都摆脱不了某种陋习，不管是每天晚饭后喝上三杯酒，课间休息时吸上两口胶毒，还是在午休间抽上几根烟，你怎么可能守住自己的清规戒律？你的母亲可能曾经告诫过你，跟错误的人交朋友会带来什么样的危险。你母亲确实是对的：研究已经证明，朋友变了，你自己心中可以接受的标准也会随之发生变化，不管是吃饭、喝酒、吸烟，还是吸毒。[53]

The 创造 Village 村落效应 Effect

酗酒的人可能想借酒浇愁，也可能只是在模仿他们的朋友。如果属于后者，那么用富勒和克里斯塔基斯的话说，他们只不过是“人类超个体”的一分子罢了。社会传染会传播滥饮和吸烟的恶习，就像传播肥胖一样。如果我们体内有一套天生的系统，可以让我们通过语言和其他非语言信号交流情感和行为偏好（想想月经同步现象，还有我在前一章中阐述的怀孕传染现象），那么同样的机制或许也可以用来传播坏习惯。

为了探究这一点，哈佛大学精神病学家尼尔斯·罗森奎斯特（Niels Rosenquist）研究了弗雷明汉的数据，他发现，一个人每天的饮酒量与他的朋友喝了多少酒有关系。如果朋友每天喝一杯或者两杯酒，他也更有可能这么做，而且可能性提高了50%。如果周围有一大群“重度饮酒者”（有点儿奇怪，研究者对“重度”的定义是女性每日饮酒多于一杯，男性每日饮酒多于两杯），人们汇报的酒精摄入量就会增加 70%。但是，如果周围的人都不喝酒，人们汇报的酒精摄入量就会减少一半。另外，女性远比男性更有可能对他人的饮酒习惯产生重大的影响，不管是推动饮酒风尚，还是戒绝饮酒积习。[54]

虽然科学家并没有直接观察人们的饮酒习惯，所有数据都来源于人们的报告，但他们至少证明了同伴会影响你承认自己喝了多少酒。在某些社交圈子里，饮酒是一种可耻的陋习。但在另一些圈子里，饮酒却是一件值得骄傲的事。“到午夜还没有喝醉的家伙太扫兴了。”20 世纪 50 年代，图茨·肖尔（Toots Shor）——纽约图茨·肖尔酒吧的所有者，曾经对弗兰克·辛纳屈（Frank Sinatra）和海明威等投资人说了这么一番话。[55] 直到今天，很多人仍然认为豪饮和友情密不可分。人们汇报的饮酒量基本上可以反映出真正的饮酒习惯，倒也不足为奇。

The Village Effect 创造村落效应

和肥胖的传播规律一样，饮酒的社会效应也会随着人际关系的疏远而逐渐减弱。如果你的好朋友酗酒成性，他可以让你的酒精摄入量提升 50%；如果朋友的朋友酗酒，可以提升 35%；朋友的朋友的朋友酗酒，就只能提升 8% 了。饮酒的社会效应会像二手烟一样逐渐消散。**超过三度分隔，你的影响力就和陌生人没什么两样了。**

有意思的是，女性效应又一次出现了，这次是和酒精联系在一起。我们知道，男性的社交生活往往和喝酒脱不了干系，所以你可能会认为，酗酒传染的现象应该在男性的社交圈子里更显著才对。但弗雷明汉研究发现，女性朋友的影响力远远超过了男性，她们更有可能推动——或抑制滥饮的风尚。

无论是潜移默化的引导，还是大张旗鼓的挑战，女性对男性饮酒的影响，似乎一直都是一股足以改变社会的强大力量。

在罗森魁斯特的研究中，女性效应还不太明显，甚至可以说微乎其微。但在禁酒运动期间，女性公开展现了她们强大的影响力。丹尼尔·奥克伦特（Daniel Okrent）在《最后一轮》（*Last Call*）里生动地讲述了禁酒运动的历史，让我们认识了许多女性社会活动家和女权运动者，比如凯瑞·纳辛（Carry Nation）、苏珊·安东尼（Susan B. Anthony）和伊丽莎白·卡迪·斯坦顿（Elizabeth Cady Stanton），她们都在戒酒运动中第一次登上了政治的舞台。

苏珊·安东尼第一次公开演讲的主题就是酒精的危害，但是"她并没有凯瑞·纳辛的活力和狂热"。奥克伦特写道，纳辛"身高 1.8 米，拥有码头工人般的肱二头肌，长着一张典狱官的面孔，仿佛一直在忍受牙痛的折磨"。美国中西部的酒馆主和嗜酒如命的酒鬼们不得不面对纳辛和她选择的武器：一把恐怖的斧子，还有她自己发行的报纸《粉碎者通讯》（*The Smasher's Mail*）。到了 20 世纪初叶，女性活动家已经帮助减少了大部分美国人的日常饮酒量。下一步就是让饮酒变成非法行为了。

在阅读奥克伦特的著作之前，我知道女性在禁酒运动期间（1920—1933 年）抑制了滥饮的潮流，但是我不知道，女性也扮演了打开啤酒盖的关键角色。这次是另一群女性——如果禁酒运动时期的女性活动家被比喻为"斧子"，我们不妨把这一群女性比喻成"珍珠"，帮助改变了公众的观念。她们认为禁酒令违背了宪法，干涉了美国人民的私人生活。1930 年，《华盛顿邮报》在头版报道了一位女性反禁酒活动家出现在参议院的听证会上："请愿书上的女人的名字……4 倍于到场的男性。包括祖母、女舍监和上流社会第一次参加社交活动的年轻少女，所有人都发誓对禁酒令宣战。"在她们提交了请愿书后，"毫无疑问，法案已死"。[56]

这肯定不是我们最后一次看到两群同样热情洋溢、充满决心的女性发生激烈的冲突，争论人们到底应该吃些什么、喝些什么。就在女性对男性的酗酒问题大发议论的时候，关于婴儿应该喝什么的争论也逐渐升温了。不仅原本就是当事人的女性举起了立场鲜明的大旗，不同的科学、政治、医药和商业派别全都投入到了这场规模浩大的论战中——婴儿应该吃什么？其实问题的真正核心是，婴儿应该怎么养？失之毫里，谬以千里，以至于在论辩开始 150 年后，论战居然愈演愈烈。

The Village Effect

05

婴儿

哺乳能帮助婴儿大脑建立新的神经网络

How Face-to-Face Contact Can Make Us

Healthier, Happier,

and Smarter

我第一次见到威廉的时候，他还不满两个月。他的父母是鲍勃和戴安（我在第 3 章中曾经提到过他们。戴安从鲍勃的姐姐那里感染了“怀孕症”）。他们有两个年龄不足两岁的孩子，生活之忙碌可想而知。但是谢天谢地，鲍勃的母亲就住在他们楼上。当年鲍勃和戴安小两口决定购房的时候，她正准备卖掉她的复式套房——位于蒙特利尔市麦尔安德地区的一个贵族社区里。现在，他们就像过去 100 多年里本地区的大部分移民家庭那样，年轻的父母住在楼下，祖母生活在楼上。

对于戴安来说，和婆婆生活在同一个屋檐下，并不仅仅是出于经济上的考量。“我一直认为，我们和家人保持亲近的方式，就是在物理距离上靠近他们。可能有些人觉得我疯了，但是我一直渴望把我的亲人聚集在自己周围。伊丽莎白是个出色的婆婆。只要她在家，我们通常都会一起吃饭，就算一开始我们并不是这样计划的。”

我不是当晚餐桌边的唯一来客。戴安的父亲丹尼斯也从乡下过来探望他们。戴安家有一间铺满蓝绿色瓷砖的饭厅，我一走进去，就看见了丹尼斯和穿着尿不湿哭闹不休的小威廉。丹尼斯用结实宽厚的大手环抱着威廉幼小的身体，扶着他的屁股坐在桌子边上。然后他把小威廉抱起来，又放下去，再抱起来，嘴里也不闲着：“弹啊弹啊，小宝宝！弹啊弹啊，小宝宝！”威廉那毛茸茸的小脑袋随着外祖父的动作一摇一摆。

威廉马上不哭了。他抬起小脸蛋，盯着外祖父的脸，灰蓝色的眼睛睁得大大的。随着外祖父唱出最后一个词“小——宝——宝”，声调越来越高，嗓音越来越大，威廉也不由自主地张开了嘴巴。然后他伸出了嫩粉色的小舌头，眼睛也转移了目标。一秒钟以前，他还盯着老人的大嘴巴、大舌头和雪白的牙齿。现在，他一眨也不眨地盯着外祖父的眼睛。大概是外祖父的表演太精彩了，小威廉已经忘了自己刚刚还在哭求食物。

又过了一会儿，戴安把威廉从那张柚木桌子上抱下来，自己在桌边坐下。她把威廉塞进臂弯，把他的小脑袋巧妙地藏在了汗衫的褶皱里。她怀里马上就响起了吮吸的声音，开始急促，继而变缓。婴儿的后背一起一伏，很有节奏。突然之间，一切安静了下来。我们这些原本一直在大声说话的人，都根据威廉的声息自动调整音量——就像 5 分钟前，他根据我们的声音调高哭声一样。

这就是哺乳动物经过数千万年的进化，排演出来的一出“双人舞”。哺乳是婴儿的慢速进食运动。它与现代快节奏的生活方式截然两立，还有可能影响女性的收入——具体来说，哺乳的速度十分缓慢，而且母亲每天需要给婴儿哺乳 6~10 次，哺乳的时候还得保持静止不动。然而长久以来的证据证明，哺乳时的身体接触和哺乳的缓慢节律，可以促使催产素不断释放到母亲和婴儿的血液之中。这种神经肽能够缓解疼痛，增进相互信任。另外，它还有一个不错的副作用——可以让母亲和婴儿坐着不动。[1] 并且，它能够以技术还没有办法模仿的方式，润滑依恋的车轮。

虽然哺乳似乎有增强社交纽带的良效，但在美国，只有不到 40% 的母亲在她们的孩子像威廉那么大（两个月）的时候仍然坚持哺乳。到婴儿 4 个月时，母亲哺乳的比例更降到了 27%。这么大的婴儿刚好可以在哺乳时用一只手握住母亲的乳房，另一只手抓住母亲的耳朵，在母亲怀中坐直身子。

世界卫生组织提倡，婴儿在 6 个月以前应该只喝母乳，但是只有 14% 的美国母亲在孩子 6 个月时仍然坚持哺乳。[2] 另外，86% 的母亲要么必须全职工作，要么嫌哺乳太过麻烦。正如美国记者汉娜·罗辛（Hanna Rosin）所说："拖累我和其他 21 世纪的姐妹们的东西，不是吸尘器，而是另一个不停吸的小东西。"[3]

奶瓶和母亲的乳房，对于婴儿来说真的有什么不同吗？在我出生的那一年，苏联发射了"伴侣号"人造地球卫星，时代的思潮是利用科学和时间赛跑。我自己就不是喝母乳长大的，我也不能说自己因此而缺少了什么。但在接下来的部分里，我会向读者诸君介绍发展神经科学领域的最新证据。它们证明了面对面（或说肌肤相亲）的接触可以激活刚刚形成的大脑回路——直到至少 8 岁为止，人类的大脑回路都没有最终确定。本章的主题并不是探讨母乳喂养的好坏，而是分析婴儿的亲密纽带如何改变他们的神经网络。**人类婴儿天生就懂得建立持久的社交关系，而且他们还会选择特定的个体。**

唯有母乳喂养才能增加社交互动

用你的乳房去安抚一个饥饿的婴儿，这种能力本身就会带来奇妙的快感。有些女性认为，哺乳的感觉就像性高潮一样。或许正因如此，母乳喂养支持者的热情，不输于百余年前的凯瑞·纳辛——我们在前一章介绍过，纳辛是美国禁酒运动中的一位社会活动家。他曾在一篇发表于《英国医学杂志》（*British Medical Journal*）上的文章提出，4 个月后仍然完全采用母乳喂养的婴儿，比配合摄入其他食物的婴儿更容易过敏和贫血。文章一出，立刻被群起攻之。一个支持母乳喂养的英国团体给这篇文章贴上了"倒退"的标签，他们指责研究者是婴儿食品行业雇来的骗子。[4]

一谈到母乳喂养，人们往往热情高涨：如果你不完全赞同母乳喂养，那么你就是个彻头彻尾的叛徒。汉娜·罗辛就是个很好的例子。在她提到自己打算用配方奶粉替代母乳喂养她那已经满月的孩子之后，她在布鲁克林某个游乐场里认识的、受过良好教育的上流社会母亲们立刻避之唯恐不及。她写道：“人们看我的眼神完全不同了，仿佛我不再属于他们的社会阶级。我被当成了‘另一种母亲’——如果遇到麻烦，可能会拿捣碎的麦乐鸡块喂我的孩子。”[5]

但不管你属于哪个社会阶级，美国都不保障女性的带薪产假，而且新妈妈们只能离职4个星期照顾她们的婴儿（只有莱索托、利比里亚、斯威士兰和巴布亚新几内亚这么小气）。无论从事哪种行业，美国的职业女性往往会在孩子5周大以前换上奶瓶，此时婴儿还不能抬头微笑。加拿大的父母平均享有9个月的产假。那里有更多母亲会用母乳哺育自己的孩子，但也有一半母亲会在孩子3个月之前放弃哺乳。

英国母亲有20周的带薪假，但是她们的母乳哺育率甚至比美国还低。工业化国家的母乳哺育率呈现出明显的下跌趋势，这一点已经毋庸置疑。[6]在婴儿几个月大的时候，西方民主国家就有2/3~3/4的母亲选择泵出母乳、用记号笔标好时间，或者冲配方奶粉给宝宝喂食。

The Village Effect 创造村落效应

由母乳转向配方奶粉的大浪潮，让公共卫生机构不寒而栗。学者已经指出，母乳喂养有可能降低婴儿的腹泻、脑膜炎、尿路感染、婴儿猝死综合征、坏死性小肠结膜炎、耳部感染和呼吸道感染的概率。如果这还不足以刺激你的神经，那么还有几项出色的研究证明，如果在婴儿出生后的前6个月里只进行母乳喂养，有可能在儿童时期提升智力，减少行为问题，最终促进“向上的社会流动”。[7]

但这些科学词汇有可能让人产生最根本的误解。2009 年，哈佛大学历史学家吉尔·勒普尔（Jill Lepore）在《纽约客》撰文写道，政府和女性团体“都瞎了眼。他们不愿意睁眼看看，对婴儿来说更重要的究竟是母亲，还是她的乳汁”。[8] 亚特兰大的疾病控制中心认为，真正重要的并不是母-婴之间的联系，而是母乳中的化学成分。疾病控制中心的凯伦·亨特（Karen Hunter）在发给我的电子邮件中写道：“不管母乳是直接来自母亲的乳房，还是被泵到奶瓶里，只要婴儿喝了母乳，就算是母乳喂养。”

至于催产素和亲密性，都不在他们的考虑之列。萨拉·佩林曾经向美国《人物》杂志兜售她的家庭价值观——她常常需要“放下黑莓手机，拿起吸乳器”。看到这儿，你就知道人们对母乳喂养的认识了。在你生了孩子之后，婴儿的日常饮食和护理就算不得什么大事了。一个电动吸乳器，加上一只奶瓶，就能像母亲一样出色地完成哺育的工作。

真的吗？其实并不完全如此。传统的母乳喂养似乎确实能让大多数婴儿变得更健康、更聪慧，不管他们来自什么样的社会阶层。科学家曾经对白俄罗斯的母亲和婴儿进行过一项里程碑式的研究——这是迄今为止科学家做过的最大规模的母乳喂养随机实验。该项目覆盖了 31 家产科诊所的超过 17 000 名母亲和她们的婴儿。母婴被随机划分为“建议进行母乳喂养组”和“控制组”（只为母亲提供产后护理，但不提供母乳喂养教育和建议）。

研究团队是由 20 多位来自世界各地的科学家共同组成的。他们发现，实验组的早期哺乳率比较高，因此，婴儿在短期内出现消化系统和皮肤问题的概率比较低；不但如此，当研究者在 6 年后再次测试这些孩子时，他们发现，**早期哺乳还能在长期发展过程中提升婴儿的语言智能**。[9]

孩子的智商平均能提升 7.5？假如每个父母都希望自己的宝宝更聪明，

这就不是一件轻描淡写的小事了。这个数字实在太惊人了。还有数据证实，母乳喂养的婴儿在身体健康和智力水平上都有显著提升。就连世界卫生组织的官员也对此叹为观止。他们对同类研究进行了综合分析，制定了全球母乳喂养推广策略。不过，这也让我们想到了一个令人不安的问题：如果西方社会的大部分女性在婴儿有能力抬起头来之前就放弃了母乳喂养，那么她们会错过什么？

我向迈尔克·克莱默（Michael Kramer）请教了这个问题。他是麦吉尔大学的儿科流行病学家，也是白俄罗斯研究项目的首席作者。我还想知道，在他看来，究竟是什么因素让母乳喂养的婴儿变得更聪明。“我认为是社交接触。”那是12月末一个阳光阑珊的午后，他在跟我聊天时随口说道。克莱默年约60岁出头，身体结实精壮。那天他结束了每周五下午例行的壁球活动，在返家途中顺道来到我的办公室。他全身擦洗得通红，神态十分放松，一点儿也不像30年前我印象中的那个年轻科学家。那时候，我们参加了同一个医院研究小组。他是一名流行病学家，而我则是一名新晋的儿童心理学家。

“原因可能很简单——母乳喂养需要花更长的时间，”他说，“在这个过程中，母亲会不停地跟她们的孩子说话，模仿他们的动作表情，冲他们微笑，为他们哼唱歌谣。哺乳的时候，你会花更多时间跟婴儿面对面说话。而且，我们也确实发现，婴儿语言智能的提升，大于非语言智能。”

那么，如果婴儿喝的是盛在奶瓶中的母乳，他们是否也会出现同样的效果？虽然克莱默还不能完全肯定，但他私下透露，奶瓶哺乳是个更加快捷的办法，所以奶瓶哺乳的婴儿跟母亲面对面接触的时间可能会随之减少。另外他还告诉我，在白俄罗斯研究中，所有选择哺乳婴儿的女性采取的都是传统的哺乳方式——而不是用吸乳器和奶瓶。“我可以告诉你，没有什么数据能证明母乳中的Omega-3脂肪酸可以提高婴儿的智商。说到底，我们还是不知道，发挥作用的究竟是更长的时间、社交互动，还是身体接触。”[10]

当然了，母乳中确实含有大量能改变行为的生物化学成分，比如催乳素、皮质醇和催产素。但是哺乳带来的心理收益，似乎跟被称为“万能灵药”的母乳本身关系不大，而与母亲和婴儿深情呼应的时间长短关系匪浅。如果当真如此，那么所有电子吸乳器、法律规定的“吸乳时间”、吸乳室和世界各地的人奶银行，都不会对婴儿的大脑产生像传统哺乳方式一样的影响。我们知道，交通事故发生率下降更可能与司机的驾驶方式有关，而与他往油箱里灌了什么汽油没有太大关系。母乳喂养也同样如此。母乳喂养的大部分护佑光环，或许也可以归因为父母和婴儿鼻息相通时给予对方的神经刺激。

婴儿天生会寻求社交互动

人类的婴儿无法自己寻找食物，也不能自己逃离危险；他们为了引起父母的注意，或者逃离天敌的迫害，掌握了与生俱来的社交技巧，从降生伊始就能和身边的成年人发生“化学反应”。他们会转动脑袋、睁大眼睛，目不转睛地盯着成年人的脸；当他们听到母亲的声音时，会停止哭闹，安静下来；他们会紧紧抓住成年人的手指头，或者把自己的小手放在喂养他们的乳房上。

心理学家安德鲁·梅尔佐夫（Andrew Meltzoff）发现，从诞生的第一个小时开始，新生儿就能模仿他人做出夸张的惊讶表情，还会抿嘴唇和吐舌头（见图 5-1）。[11] 参与实验的年幼婴儿，有的只有几天大，但是他们天生就喜欢面对面的社交接触。成年人也拥有与生俱来的特质，乐意回应他们的哭闹、凝视和呢喃。这是一场引人入胜的社交二重唱，而不是一个人的独白。[12]

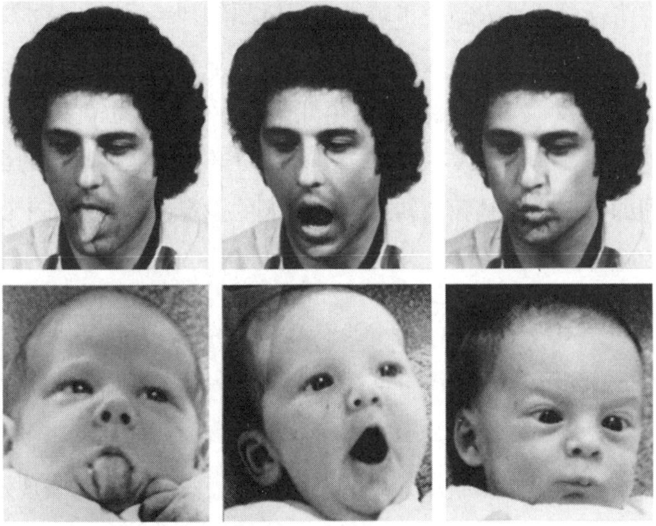

图 5-1 安德鲁·梅尔佐夫与婴儿

20 世纪 70 年代，安德鲁·梅尔佐夫（上图中的研究者）和基思·穆尔（Keith Moore）发现，新生儿会模仿成人的面部表情。

事实上，母亲的声音会对她们的孩子产生一种特别的影响。早在 30 多年前，欧洲认知心理学家杰柯·梅勒（Jacques Mehler）就发现，一个月大的婴儿在听到母亲的声音时会更加兴奋，更用力吮吸。如果他们听到陌生人说话，或者母亲在说话的时候不遵循惯常的节奏，那么他们就不会做出这样的反应。[13]

还有其他证据显示，人类天生就能回应自己的父母——特别是母亲的气味、声音和抚摸。仅举一例，根据蒙特利尔大学神经科学家玛丽斯·拉森德（Maryse Lassonde）在 2011 年发表的一项研究，在新生儿出生 24 小时之内，其大脑中的语言回路就能被母亲的声音激活。研究者也尝试为婴儿播放了陌生女性的声音，但效果却明显不如母亲的嗓音。只要这些小被试听到一丁点儿母亲的声音，就能激发剧烈的神经反应。**“实验结果第一次证明，母亲的声音对婴儿来说极其特别。”**拉森德这样说道。

她刚刚出生的小孙女，也是实验的被试之一。“在母亲说话的时候，大脑扫描图像清晰显示出大脑左半球发生了激烈的神经反应，特别是语言处理和运动技能回路。但当陌生人的声音响起时，只有（与声音识别相关的）大脑右半球会做出反应。”[14] 就算刚出生几个小时，婴儿也需要父母成为他们的对话伙伴。[15] 虽然我们还不清楚，父亲的声音是否能像母亲的声音那样激发同样强烈的反应；但是我们知道，陌生人的声音，或者屏幕上的照片，都没有这样的魔力。[16]

显而易见，从降临世界的那一刻开始，婴儿的大脑就已经为社交互动做好了准备。婴儿不仅会回应自己的父母，他们还能敏锐地感知到父母传递给他们的信号。如果让父母和婴儿面对面坐着，模仿他们的一举一动（就像一位好伴侣或者好治疗师那样，通过模仿你的语气和姿势来表现她的关切），那么婴儿看父母的时间就会更长，他们也会更经常展露微笑。安德鲁·梅尔佐夫解释说：“这时候，婴儿的大脑就会亮起来！”这个发现来源于他对婴儿进行的最新脑电图研究。他和同事琼妮·萨比（Joni Saby）、彼得·马歇尔（Peter Marshall）在此基础上更进一步研究发现，当婴儿看到一名成年人做出某个动作时，他大脑中类似于镜像神经的结构也会随之激活。

“你知道潘菲尔德画的那个著名的‘小矮人身体模型图’①吧？画的是‘大脑中的身体’，手、唇和脚的比例都特别夸张？我们在婴儿的大脑里，也发现了一个初具规模的‘小矮人’。”梅尔佐夫在电子邮件中写道：“潘菲尔德如果泉下有知，一定会非常欣赏我们的发现。当婴儿看到成年人用手时，婴儿自己的大脑中与手有关的区域就会点亮；当婴儿看到成年人用脚去够什么东西时，婴儿自己的大脑中与脚有关的区域也会点亮。在婴儿的大脑中，有一幅非常原始的‘身体规划图’。它就像一根看不见的蹦极绳，把婴儿跟自己的母亲联系在一起。这种婴儿身体与母亲身体的映射关系，可以有效支持早期的非语言感觉——依恋、关联和归属感。婴儿看着自己的母亲，就仿佛

① 潘菲尔德用此图说明大脑皮层中有多少注意力集中在机体的各个不同部位，展示的部位越大说明这部分越重要。图中，头大，身体小，手大，脚小，因此潘菲尔德的模型图也被称为“小矮人”。

看着他们自己。”[17]

维多利亚育儿法

婴儿需要与父母发生频繁的身体接触，需要得到父母频繁的关照，这是个相当新颖的育儿方法。从维多利亚时期到20世纪50年代末，在长达一个多世纪的时间里，西方世界采取的育儿方法可以称为冷酷无情。父母因为儿童传染性疾病而惶惶不安，也惊惧于早期育儿先驱们（包括众多有影响力的儿科医生，还有行为学家约翰·华生〔John B. Watson〕①）的恐吓；他们被指示不要安慰、爱抚自己刚出生的婴儿，也不要和他们玩耍，需要跟他们保持疏远的距离，以免自己不小心给予他们太多爱意，宠坏了他们。

我还记得这么一件事。在我的第一个孩子伊娃出世几个星期后，我的祖母前来探访。伊娃在刚出生的那几周总是大声啼哭，这时候我都会努力安抚她——及时哺乳、爱抚、轻轻摇晃、带她散步。这一切都让我那位平日里仁爱慈祥的祖母深感震惊。她告诉我，应该放任婴儿大声哭喊，直到他们精疲力尽，因为这能“锻炼他们的肺”；如果在婴儿不开心的时候摇晃或者哺乳他们，会把他们宠坏的（我后来了解到，这些育儿建议都来自于她那个年代的女性杂志）。如果一定要遵循这个建议，那么用无菌玻璃瓶装上煮沸的定量牛奶，再依照严格的时间表给婴儿喂食，或许是比母乳喂养更合适的办法。

那么身体接触呢？那个时代的人会摇头说“不”。正如德博拉·布卢姆（Deborah Blum）在她那本奇书《孩子，怎样爱你才对》（*Love at Goon Park*）②中所写：“约翰·华生的指示非常清楚：在他们哭泣的时候千万不要去抱他们，不要为了求得一时的欢愉而把他们揽在怀中。如果他们表现好，可

① 活跃于20世纪初的美国心理学家。他曾经对动物行为学进行过深入研究，创立了心理学行为主义学派。他认为，人类的所有行为与性格都是后天形成的。

② 本书已由湛庐文化策划，万卷出版公司出版。——编者注

以拍拍他们的脑袋，或者握握他们的手。可以亲吻他们的前额，但只有在重大场合时才能这么做。华生写道，如果不这样做，过不了多久，‘你就会后悔自己采用了过于感性的育儿方式。’”[18]

依据华生的主张，父母应该以冷漠、严格的态度对待自己的孩子。毫不意外的是，华生本人的母亲就是一位严格遵奉《圣经》的禁酒主义者。似乎对于这对母子来说，快乐是他们想竭力避免的东西。他们还不是那个时代的特例。在 20 世纪初叶，严格的育儿方法俨然已经成为美国全民的诉求，甚至美国政府都采取行动，雇用哥伦比亚大学的儿科医生卢瑟·霍尔特（Luther Holt）博士，撰写了一本得到联邦政府认可的育儿手册——《儿童照料与养育：为母亲和儿科护士排疑解惑》（*The Care and Feeding of Children: A Catechism for the Use of Mothers and Children's Nurses*）。他的书甫一面市就供不应求，在 1894—1935 年间印刷了 15 版。

但是他所谓的科学育儿方法，其实有悖于现代科学。当时，认知发展理论还远未成熟，关于认知发展阶段的证据也十分欠缺，霍尔特的育儿手册把儿童视为“有缺陷的小成年人”——是需要从出生的那一刻开始就接受严格训练的小侏儒。为了让婴儿立刻成为独立的个体，霍尔特强烈反对“把婴儿放在摇篮里轻轻摇晃、在婴儿啼哭的时候把他抱起来，或者经常把他抱在怀里等恶劣行径”。他还不赞同父母拥抱年龄较大的孩子。[19] 在 20 世纪 2/3 的时间里，人们普遍采取的育儿方法都是不给予婴儿和儿童任何生理和心理上的舒适感，迫使他们成长，快速成长。

时间快进百年，科学界的观点彻底调转了 180°。婴儿不再被视为不遵守餐桌礼仪的小成年人。在他们出生之后，护士们不再立刻把他们带离自己的母亲，放进抗菌育婴室里的“保育箱”——在那里，新生儿可以免受细菌和人类接触的打扰。（直到 20 世纪 80 年代中期，在我的第一个孩子出生的时候，这仍然是大学附属医院的常规操作。）在新妈妈出院之时，她们再也不会拿到装在100多克的漂亮小奶瓶里的免费婴儿配方奶粉了。现在，她们无论如何都会在哺乳顾问的强烈要求下进行母乳喂养。父亲也不再被挡在等候室中，现在人们期望他们出现在接生现场，从孩子诞生的那一刻开始就与他们进行有意义的社交互动，并且一直延续下去。

直到最近，儿科医生似乎还只会坐在遥远的办公室里，做诊断、打疫苗、写处方。但是现在，美国儿科学会的指导方针明确写道，如果儿科医生察觉到了什么问题，他们就必须介入儿童的社交世界。来自神经科学和表观遗传学（Epigenetics，也称后生遗传学）领域的最新证据显示，如果失去了健康的社交关系的保护，其他压力——比如药物上瘾或者不停吵架的父母，甚至“不适当的电子媒体，或者破碎的社交网络”，都可能对正在发育的大脑产生长期、持续性的影响。

The Village Effect 创造村落效应

对孩子漠不关心，甚至虐待孩子的父母以及取代了社交接触的电子屏幕，都能改变幼龄儿童的大脑回路，导致他们学习成绩不佳，或者患上心脏疾病。《纽约时报》专栏作家尼古拉斯·克里斯托夫（Nicholas Kristof，中文名为纪思道）用通俗易懂的语言这样解释上述学术发现：“亲密深沉的情感似乎可以缓解有害的压力——多给他们一点儿拥抱吧，多给他们唱儿首摇篮曲吧！如果孩子经常感觉自己受到了威胁，又没有保护者的庇佑，他们就会产生压力。”[20]

如果父母无法积极参与孩子的成长，无法给予他们足够的关爱，那么儿科医生现在就需要挺身而出了，帮助孩子找到替代父母的保护者。这已经离儿科先驱霍尔特医生的专业建议相去甚远——他在100年前曾经建议父母：“如果你要亲吻婴儿，你只能亲吻他的脸颊和前额，而且次数越少越好。”[21]

袋鼠哺育法

现在的育儿专家会建议你贴身抱着光溜溜的新生儿，紧贴在自己赤裸的胸膛上——维多利亚时代的人如果知道了，一定会大跌眼镜。谢天谢地，现在的父母终于可以抚摸婴儿了。不仅因为这是生命的一大乐趣，还因为有研究发现，肌肤接触对于小宝宝来说是一味天然的止痛剂和生长刺激剂。有这样一种“袋鼠哺育法”（Kangaroo Care）：婴儿光着身子，只穿纸尿布，直接由成年人紧贴肌肤抱在怀中，最好是依偎在母亲的双乳之间，然后再把他们一起用毯子裹起来。

研究者发现，在全身拥抱开始短短1分钟之后，受到疼痛性医学刺激的婴儿——比如从割破后脚跟获取血液样本中感觉到的疼痛，就比受到同样刺激然后放入保温箱的婴儿减轻了一半。[22]不过请注意，并不是任何人的赤裸胸膛都有同样的镇痛效果。该研究的首席研究员、加拿大麦吉尔大学护理学教授西莱斯特·约翰斯顿（Celeste Johnston）指出，对于接受同样实验的早产儿来说，母亲的怀抱比父亲的怀抱更能减轻疼痛感。[23]

但是，如果母亲腾不出手，那么父亲也是一个不错的替代选手。一项瑞士的研究发现，在通过剖腹产分娩的足月婴儿中，被父亲抱在怀中的婴儿比放在摇篮里的婴儿哭得更少，睡得更多。[24]拥抱有益于婴儿的证据实在太多了，有些医院甚至开始雇用专业的“婴儿拥抱师”——当父母无法亲临现场时，受过专门训练的拥抱师就能填补缺口。研究证明，拥抱和摇晃特别能安抚身体羸弱的婴儿，比如在2009年，宾夕法尼亚州立医院实施了一个拥抱婴儿的计划：参与该项目的婴儿在停药之后康复得更快，平均可以提早4天离开医院。[25]被人拥抱，特别是肌肤相亲，有助于婴儿增长体重、均匀呼吸，还能调节身体的温度。[26]难怪美国人类学家萨拉·赫尔迪和克里斯坦·霍克斯（Kristen Hawkes）建议，人类如果没有祖母和其他“异亲”的帮助，就不可能进化出如此巨大的社会性大脑，也不可能拥有如此悠长的生命；异亲能帮助母亲哺育、保护并紧紧拥抱婴儿。如果失去了她的“村落”，母亲一人必定独力难支。[27]

与自己刚出生的婴儿肌肤相亲，还可以改变母亲的生理反应。她的压力水平会下降（测定标准是唾液中的皮质醇水平），情绪会变好，心率会变得更加稳定，就连她的产奶量也会有所上升——跟放在保温箱里的孩子比起来，她的孩子可以更快达到成长所需的体重，而产奶量的多寡正是原因之一。[28] 如果婴儿太早出世，一出生就被送入新生儿重症监护室——这会让所有的母亲倍感焦虑，若能在医院施行袋鼠哺育法，也能巩固母亲和婴儿的联系。

在我查阅资料的过程中，这项研究的其中一点给我留下了特别深刻的印象：紧贴肌肤拥抱羸弱的婴儿，可以减轻新妈妈产后抑郁的症状。采用袋鼠哺育法的妈妈们会更频繁地抚摸、凝视她们的宝宝，而她们的宝宝也会更频繁地回应她们的目光。通过生理接触，他们建立了母 - 婴同步性。而这种早期建立的同步性，可以对数月之后孩子的运动和语言能力发展产生积极的影响。[29]

与婴儿亲密接触能够提升父母的脑力

要证明社交接触和身体接触可以为儿童建立新的神经网络，这大概就是最好的证据了。不过，社交接触不仅有利于婴儿的大脑发育，还能影响成年人的大脑。成年人也能通过与新生儿的亲密接触，产生新的神经元。20 世纪 90 年代的研究发现，老鼠妈妈和新生的幼崽互动，可以改善自己的学习和记忆能力。到了 21 世纪的第一个 10 年，神经科学家们开始思考另一个问题：这个规律是否也同样可能适用于人类母亲？他们的猜想不断得到新的证明。[30] 美国耶鲁大学和以色列巴尔伊兰大学的研究者证明，母亲和自己刚出生的小宝宝互动，可以增加前额叶皮层（负责计划和解决问题的大脑区域）、顶叶（负责导航的大脑区域）和中脑（包括与记忆、情感、奖励机制和协调运动有关的大脑区域）里的灰色物质。[31]

另外，婴儿的气味似乎也能开启父母大脑里的某些特殊的神经“开关”。在怀孕期间，母亲的嗅觉会完全改变，她会觉得自己婴儿的气味特别美妙迷人。与此同时，因为嗅觉的生理基础发生了翻天覆地的变化，所以过去的迷人香气可能就变得难以忍受了。想当年我怀孕的时候，往日令我心醉神迷的现磨咖啡的香味，也会令我胃中翻江倒海。神经科学家认为，孕期母亲那谜一般的饮食冲动和厌恶，正是嗅觉系统重构带来的副作用。因为怀孕而发生变化的，不只有准妈妈们的嗅觉；她们的下丘脑也会进行调整，在她靠近新生儿时释放出正确的激素，让她感到发自内心的愉悦。在怀孕期间，母亲中脑里的灰色物质也会增加，特别是在脑叶和前额叶皮层区域。所以，当她的宝宝出生之后，几乎所有母亲都会以积极的态度接纳自己的孩子。[32]

虽然神经变化最早出现在母亲身上，但是因为催产素的作用，新爸爸们也没有被“神经改造计划”排除在外——至少在动物研究中是这样的。在老鼠宝宝出生之后，雄性老鼠的嗅球里就会产生新的脑细胞。不过，只有当它待在孩子附近时，才会发生这样的变化。如果它不在现场，就不会出现这种跟嗅觉有关的神经增长。它也因此不太可能辨识和记住自己孩子的声音和气味。无论对于老鼠还是人类来说，这都是他们必须掌握的信息。

两位神经科学家格洛丽亚·马克（Gloria Mak）和塞缪尔·韦斯（Samuel Weiss）的研究指出，如果父亲不能靠近自己的婴儿，他们的大脑细胞就无法发生变化。虽然科学家们研究的是老鼠，而不是人类，但是他们的发现也足够引人注目了：父亲必须近距离接触刚出生的婴儿，他们的大脑才会发生神经变化；光是看到他们的孩子，还不足以促成改变。如果神经科学家允许老鼠父亲用鼻子摩挲自己的孩子，它们的大脑中就会形成新的神经网络。但是如果新爸爸们只能通过筛网闻闻孩子的气味，那么什么事情都不会发生。可见，神经形成与否，取决于是否发生真正的交互运动。[33]

我可爱，所以你要照顾我

亲密接触能够提升脑力，倒也没什么可意外的。经过数万代的进化，人类婴儿已经知道如何引诱周围的成年人——特别是那些和自己拥有共同基因的人关照自己，同时让他们产生强烈的愉悦感。婴儿拥有硕大的脑袋，浑圆的前额，大大的眼睛，翘起的鼻头，玫瑰花般的嘴唇，还有甜美的体香，几乎任何人都难以抗拒他们的魔力，在第一时间心生怜爱。和其他所有哺乳动物一样，人类婴儿在最需要仰赖他人的时候也最为可爱。德国人种学家康拉德·洛伦兹（Konrad Lorenz）在1950年写道，通过接触，婴幼儿的外观形貌会开启一种“先天的释放机制”，吸引成年人的关注，并得到他们的怜爱和照料。

The Village Effect 创造村落效应

灵长类动物学家罗伯特·萨波斯基称之为“可爱效应”（cute effect）。在看到小宝宝时，我们惯常的防御机制往往会烟消云散。就算看到的是老鼠宝宝，我们也会喜欢上它们高分贝的“儿语”——这听起来真是不可思议，但是世界各地几乎无人例外（日本人甚至给这种因可爱事物引发的反应，创造出了一个专属词语——“卡哇伊”）。当我们收到那些普世性的可爱信号时，哺乳动物的生理基础就会让我们感到激动万分，产生温柔的保护欲望，甚至渴望拥有它们（“我也想要一个”）。这种因为可爱事物而激发的亢奋，也被设计师们充分利用，创造了Hello Kitty、小鹿斑比、口袋妖怪，甚至意大利家具品牌Alessi的一系列“可爱厨房用具”。

已故哈佛生物学家斯蒂芬·杰·古尔德（Stephen Jay Gould）曾说，沃尔特·迪士尼（Walt Disney）一定是把“可爱效应”牢记于心，所以他手下的动画师们才会把《汽船威利号》（*Steamboat Willie*，1928）里那个大长鼻子、嗜虐成性的米老鼠，变成1953年的迪士尼电影《简单的事》（*The Simple Things*）里那个与人无害的小家伙。《汽船威利号》里的米老鼠把它的动物伙伴们当作乐器，演奏了一曲荒诞的《稻草中的火鸡》（*Turkey in the Straw*）——它像摇曲杆一样摇起山羊的尾巴，像转旋扭一样扭动猪的乳头，像弹钢琴一样弹奏奶牛的牙齿，还把它的乳房当作风笛来吹奏——时间快进25年，就在洛伦兹的论文发表之后，一只惹人怜爱的全新版米老鼠粉墨登场，他“甚至都对付不了一只喷水的蛤蜊”。[34] 迪士尼创造出了一只茫然无助、幼儿般蹒跚的米老鼠（他长着大大的脑袋、眼睛和耳朵，穿着如同婴儿尿布般宽大的裤子）。米老鼠勾起了我们的保护欲，就算他不过是一只耗子。

为什么可爱的事物能让我们所有人顿生柔情？这要归因于我们的生理基础。最近更有好几项研究证明，“可爱效应”不仅会影响我们的感受，还能提升我们的某些能力。如果被试看了动物宝宝的可爱图片，那么在接下来的实验中，被试在进行精细操作（用镊子从一个小容器里夹取微小的物品）时就会更加小心谨慎。而成年动物的照片就没有这样的效果了。

几位日本科学家在此基础上更进一步——他们重复了镊子实验，结果发现，被试在看到可爱的动物宝宝后，速度、认知和表现都会有所进步。观察可爱的事物可以帮助人们集中注意力，进而让他们表现得更好。[35] 有鉴于此，该研究的研究者大胆提出，我们或许可以用婴儿或者婴儿的图片帮助人们集中精神，在需要集中注意力——比如开车或者办公时表现得更好。想想吧，在工作场所设置几间婴儿接触室，专门用来提高生产力。虽然是个好点子，但似乎有悖于伦理。

不只有人类会产生“可爱效应”。灵长类的婴儿对成年的灵长类动物来说也有十足的吸引力，在野外生活的雄性巴巴利猕猴（Barbary macaques，又名地中海猕猴、叟猴，学名 Macaca sylvanus）会怀抱并爱抚自己的婴儿，从而加深自己和猴群中其他雄性的关系。德国动物学家茱莉亚·费舍尔（Julia Fischer）说："当一只雄性的巴巴利猕猴遇到另一只带着婴儿的雄性同类时，它们会做出某种奇怪的举动……它们会坐在一起，互相拥抱，然后举起婴儿，用鼻子蹭他。它们的牙齿吱吱作响，咂吧嘴唇，同时发出低频的嘟哝声。"

费舍尔和同事们分析了猕猴的社交网络，探索猴群中的社交关系。他们发现，带着新生婴儿的雄性跟其他雄性的关系明显更加亲密；相比之下，带着其他东西——比如树枝四处游走的雄性跟其他雄性的关系就远不及此了。带着新生婴儿到处走动，不仅是社会地位的象征，还是一味社会黏着剂。婴儿能帮助雄性和猴群中的其他成员展开对话，把它们更紧密地团结在一起。[36]

在三种新世界的猴子——狨猴、松鼠猴和蜘蛛猴中，婴儿的存活数量甚至可以通过怀抱婴儿走动的非父系雄性的数量得到精确的预测。[37] 这可能是因为，新妈妈们会利用雄性社交纽带的力量为婴儿提供保护。当她们的孩子长大一点儿，就轮到雌性朋友们大显身手了。琼·西尔克（Joan Silk）和她的灵长类动物学家同事们在博茨瓦那的奥卡万戈三角洲和肯尼亚的安博塞利国家公园研究了几十年狒狒。他们发现，和其他雌性狒狒（不仅限于她们的雌性亲属，还包括其他雌性"朋友"）的社交纽带最为紧密的雌性，也最有可能拥有活到成年的后代。[38]

我在《性别悖论》一书中探讨了母亲照顾婴儿的秘密：为什么以慈爱之心照顾婴儿可以点亮母亲大脑里的奖励中心，让母亲变得更聪明。在哺乳和保护婴儿的过程中充分调动解决问题能力的母亲，更有可能把婴儿抚养长大——至少足以把她们的殷勤关切传递给自己的孩子。根据达尔文的物种演化学说，不管父母运用何种办法来提升孩子的生存概率，都会把促成这一行为的基因传递给未来的世代。因此，母亲和婴儿的面对面接触，会在无形之中帮助母婴双方改善自己的认知。但是，如果残酷的命运破坏了这一切，又会发生什么？如果战争、疾病或贫困不期而至，又会发生什么呢？父母的艰难人生，是否会影响他们传递给孩子的人格特质？在某些条件下，答案是肯定的。

弃婴的悲哀

在比利时的安特卫普市，坐落着古香古色的马格丹居斯博物馆。这座雄伟建筑物里有一件特别的展品—— 一个曾经安装在砌石墙上的质朴无华的木质抽屉。16 世纪时，马格丹居斯博物馆还是一座天主教女子孤儿院和“vondelingenhuis”——育婴堂。许多贫困的母亲会给她们刚出生的女婴换上最好的衣服，在夜幕的遮掩下，悄悄来到育婴堂临街的墙边，把她们的孩子放到弃婴抽屉。当她们合上抽屉时，她们的动作会触动育婴堂里的铃铛。几分钟之后，育婴堂的工作人员就会从墙壁另一侧拉开抽屉，抱走婴儿。从那以后，这个女婴就会一直在育婴堂和孤儿院中生活，从婴儿变成蹒跚学步的幼童，度过童年，度过青春期。她们每天的食物，是盛在蓝白彩瓷小碗里温热的稀粥；她们会接受修女们的教导，学习阅读、刺绣和家务。

马格丹居斯的女子孤儿院和紧邻其侧的育婴堂，并不是什么特例——除此之外，还有数百座宗教建筑拥有类似这样的弃婴抽屉或者弃婴轮盘，通常是用半个啤酒桶制成的。教宗诺森三世（Pope Innocent III）在 12 世纪时颁布教令，设置了这些弃婴轮盘，让绝望的（读作“未婚的”）母亲把她们的孩子交给教会抚养，而不是溺毙在台伯河里。到 13 世纪伊始，就连梵蒂冈也设置了一个弃婴轮盘。

这些被遗弃的婴儿，很少是被真正抛弃的。在马格丹居斯，希望有朝一日找回孩子的母亲，会把自己的心愿寄托在她留给婴儿的信物上——她可能会把一张纸牌或者一幅圣徒的画像裁成参差不齐的两半，给婴儿留下其中一半。不管时间过去多久，如果母亲带着她那一半回到这里，孩子就可以重新回到她的怀抱。现在的马格丹居斯博物馆夹在安特卫普市高级街区的 ATM 柜员机和精品商店之间，我在那里看到了我这一生所见的最孤独、绝望的展览——那里静静躺着几十张未被寻回的纸牌碎片。

500 多年过去了，弃婴轮盘又卷土重来。2000—2010 年，现代版的弃婴轮盘——现在被称为“弃婴保护舱”、“天使摇篮”或者“摩西睡篮”，在意大利、法国、德国、匈牙利、奥地利、波兰、瑞士、日本、斯洛伐克、捷克共和国、南非、加拿大、菲律宾、印度和巴基斯坦纷纷出现。甚至在安特卫普市就有一个——虽然严格来说，弃婴在比利时属于非法行为。就像 12 世纪时一样，生活贫困、内心惊惧或者绝望的母亲，也可以把她们的孩子放在这类宛如图书馆还书箱的精巧装置之中。现在，如果我们拉开这些不锈钢抽屉，就会看到一个带有加热式床垫和供氧装置的树脂玻璃制成的摇篮。婴儿的身体一挨到床垫，就会触动医院新生儿病房的警铃，然后就会有工作人员抱走婴儿，悉心照料；如果几个月后，父母还没有把他领走，他就会被送给其他领养人。

人们往往会想当然地认为，一旦这些弃婴遇到了关心他们的成年人，他们就能茁壮成长。老实说，任何结果都比被抛弃在垃圾箱里好。但是我们还需要考虑一点：如果父母和婴儿的早期互动可以激活或者关闭某些与婴儿的未来有关的基因，那么负责照顾弃婴的工作人员就必须付出同样的真心和热忱，否则他们的照料或许不足以使婴儿健康成长。

The Village Effect 创造村落效应

不断发展壮大的表观遗传学给我们提供了新的证据：在生命早期由父母行为激活的基因簇，有助于决定孩子今后的行为方式——比如他会如何应对压力，是否会酗酒，是否会染上毒瘾。父母与婴儿的早期面对面互动，还能决定孩子对心理疾病的遗传易感性是否会在未来搅乱他们的生活，是否会稳定下来。早期的父母教养对婴儿基因的影响还能波及孩子的寿命，甚至他未来儿孙的寿命。婴儿时期通过面对面的互动产生的互惠效应，能够左右基因在未来的表现。

兰迪·杰托（Randy Jirtle）是美国杜克大学的生物学家。他发现，拥有相同基因组的克隆小鼠，也可以长出颜色截然不同的皮毛——完全取决于它们的母亲或者祖母在它们出生之前吃了什么。就算在它们的母亲怀孕以前，先辈的行为也会对它们产生影响。我们过去认为，同卵双胞胎拥有完全相同的基础构造——同样的眼睛颜色、同样的身高，甚至是同样的幽默感和智商。但是根据杰托等科学家的研究，我们现在知道了为什么同卵双胞胎也可能发展出完全不同的生理特征或者心理特质。虽然他们的基因完全相同，但是不同的个人经历可能会塑造出截然不同的个体。

表观基因组凌驾于基因组之上（基因组的英文是“genome”，表观基因组的英文是“epigenome”，希腊语前缀“epi”的意思是“在……之上”），它可以改变 DNA 的表达方式，却不会改变 DNA 本身。传统的进化进程非常缓慢，可能需要经历无数世代，才能让一个完美适应全球变暖的基因变异生根发芽。不过表观遗传变化却很快。杰托解释说，它可以让基因组“快速对环境做出反应，而不必修改自身的硬件”。如果我们把基因组想象成计算机的硬件，那么“表观遗传就是软件。如果你仔细想一想，就会发现这样的生理机制实在是太漂亮了”。[39]

确实如此。我们现在终于可以解释了，为什么一些简单的行为——比如把婴儿贴身抱在怀中，可以改变正在发育的神经突触。这样的亲密接触会以微妙的方式告诉婴儿，外面的世界是否安全稳定、可以预期。但如果中途出了岔子，厄运干扰了父母和孩子亲密无间的关系，那么人际互动的缺失也会告诉脆弱的婴儿，他必须以全副身心保持高度警戒。

表观遗传会把环境中的威胁翻译成化学信号，激活——或者关闭控制婴儿代谢和内分泌系统的基因簇。这些基因簇会告诉婴儿，如何分配可以使用的能量，如何准备应对危险。换句话说，父母的养育方式可以影响孩子的基因表达。如果这还不足以让新爸爸和新妈妈们更加心惊胆战，那么我们不妨来看看另一个证据：如果准妈妈的压力太大了，她们分泌的化学信号可能会激活尚在子宫里的婴儿的早期警报系统。怀孕母亲的焦虑和不幸，可以传递给她们的下一代。

大饥荒的影响会遗传给下一代

荷兰的“饥荒之冬”，从 1944 年 11 月一直延续到 1945 年 5 月。当时纳粹德国颁布了食物禁运令，又正好赶上了一个特别寒冷的冬天。这场天灾人祸带来了悲剧性的结果——在不到 6 个月的时间里，有 3 万人因饥饿而死。当时怀孕（而且活下来）的荷兰女性，生下的孩子特别瘦小。这倒没什么出奇之处，真正令人震惊的是，当这些孩子年届花甲，他们当年在子宫中经历的饥荒岁月，增加了他们罹患糖尿病、心血管疾病和癌症的概率。如果他们的母亲在怀孕之初的 6 个月里忍饥挨饿，情况就会更加严重。

不但如此，对于曾经在子宫中经历饥荒年月的女性来说，她们的孩子甚至是孙辈都会继承母亲或者祖母的高风险体质。他们自己的婴儿在刚出生时也非常瘦小，而且内分泌系统从一开始就不断分泌压力激素。换句话说，他们会继承食物缺乏给祖母带来的影响，可能还会把这种特质传递给自己的儿孙。在饥荒过去 60 年后，这类表观遗传作用仍然有迹可循。[40] 胎儿在子宫中产生的饥饿感，会把粮食短缺的印记烙刻在自己的基因组上。

大饥荒对后代的影响，其实也存在性别差异。瑞典北部地区保存了详尽的健康记录。研究者发现，从 19 世纪开始，丰盈和饥馑的循环在该地区反复出现。祖母的饮食可以预测其孙女的寿命长短。而祖父是否在胎儿时期或儿童时期经历饥荒，也可以预测其孙子的寿命。如果在饥荒过后，食物忽然变得非常充足，祖父可以敞开肚皮大块朵颐（特别是在发育较为缓慢的童年中期），那么他的儿子和孙子死于糖尿病和心脏疾病的可能性就会高出许多。但如果祖父在生命中的其他时候经历了粮食短缺，就能为他们的后代提供某种保护机制，降低他们罹患压力相关疾病的概率。[41] 我们在第 2 章中认识的那些撒丁岛百岁老人也正是这样。他们和自己的祖先一样，在适当的时候经历了糟糕的年景，再加上朋友和亲人为他们提供的终身关怀，让他们可以活到第 100 次吹生日蜡烛。

“爱”有什么用

在多伦多召开的国际心理学大会上，麦吉尔大学神经科学家迈克尔·米尼（Michael Meaney）站在幻灯片前手舞足蹈。幻灯片上，老鼠母亲正在哺育几只粉紫色的老鼠宝宝。米尼指着幻灯片告诉我们，一些老鼠妈妈会在哺育婴儿时弯下腰，弓起背部，为小家伙们创造出一个方便抓握又可以自由活动的空间。还有些老鼠妈妈不会弯腰弓背，它们始终保持后背挺直，让淡紫色的小不点儿们一个个挂在她们的乳头上。另外，还有一些老鼠妈妈会在哺乳时躺在孩子们上面，几乎要把它们憋死了。

米尼解释说，并不是所有的老鼠妈妈都采用了同样的育儿方法。他和他的研究团队细致地观察了老鼠妈妈和它们的孩子在生命第一周里的一举一动。他们注意到，某些老鼠妈妈会花很多时间舔舐、梳理自己的新生儿，而其他老鼠妈妈则不会如此频繁，或者压根就不会这么做。舔舐、梳理新生儿次数最多的老鼠妈妈，也正是那些会弓起身子为孩子们创造出舒适的哺乳空间的家伙。

The Village Effect 创造村落效应

更关心孩子的母亲，可以养育出更能面对成年生活压力的孩子。如果老鼠在生命初期就得到了母亲无微不至的关爱，那么当它们日后遇到可怕的危机时，它们的血液中与压力有关的激素就会比较少。它们更不容易受到惊吓，更敢于尝试新的食物，也更勇于探索新的环境。而且跟其他小时候没有享受过如此优待的老鼠相比，它们走迷宫和辨识物体的能力都更强。

记忆力和空间感的变化，与专门负责记忆的海马体中的神经突触变化密切相关。对于雌性的老鼠宝宝来说，如果它们拥有一位尽心负责、关爱有加的母亲，那么它们的早期经验似乎也会让它们在日后成为更负责任的母亲。[42]

母亲对孩子无微不至的照料，并不会把老鼠宝宝变成怯懦之徒，反而会增强它们的韧性。这还不算，母亲尽职尽责的关照行为，还可以转递给下一代。如果老鼠宝宝的生母不爱舔舐幼崽，但是它们被经常舔舐幼崽的养母收养，那么它们的行为就会更像自己的养母，而不是生母。如果它们能在生命的头几周里感受到无微不至的母爱，它们对压力的反应就会发生改变。

正如同那些经历了荷兰“饥荒之冬”的母亲留下的后代，老鼠宝宝的DNA本身并不会因为早期经验而发生改变。但是DNA周围的化学保护层会因此发生变化，而它会决定它们的基因代码如何表达出来。根据米尼的研究，母亲行为的细微不同，可以永久地改变婴儿的基因表达。而婴儿又会把这些根据环境进行的调整，传递给自己的后代。

虽然米尼的研究彻底改变了许多心理学家对童年发展的看法，但是我们很久以前就知道，不只鼠类会发生与哺乳有关的大脑变化。20世纪50年代末，美国研究型心理学家哈里·哈洛（Harry Harlow）做了这么一个实验：在小恒何猴出生时，研究者把它们带离自己的母亲，交给其他同伴或者被他称为“代理母亲”的金属模型抚养，然后观察它们的一举一动。这些所谓的“代理母亲”，其实就是装上了婴儿奶瓶的金属架。它们能给小恒何猴提供食物和可以攀爬的地方，其他什么都做不了。

哈洛很快发现，如果小猴子在生命初期没有和母亲保持亲密的互动，那么它们就不能像正常长大的同类一样，学会玩耍和交流。它们只会枯坐在那里，重复一些自我刺激的行为。正如德博拉·布卢姆在《孩子，怎样爱你才对》中所写，这些由“代理母亲”养大的小恒河猴不会跟其他猴子玩耍，也不会尝试新的活动；它们会连续几个小时紧紧抓着笼子的栏杆不放，冲过往者厉声尖叫。“还有的猴子会殴打自己，撕咬自己的胳膊，扯掉自己的皮毛。”[43]

最近，哈洛以前的学生斯蒂芬·索米（Stephen Suomi）和他在美国国家儿童健康中心的同事们进行了另一项研究。他们证明，缺乏母亲关照的猴子婴儿，在成年后会变得冲动而富有攻击性。索米和他的研究团队把小恒河猴带离自己的母亲，交给它们的同伴抚养；它们会进行社交接触，但是体会不到母爱。几乎所有在生命头6个月里跟母亲分离的小恒河猴，都会在成年后遇到压力时做出夸张的反应——血液中的皮质醇水平大幅提升，控制神经细胞生长和生存的蛋白质出现显著的变化。[44] 一旦得到机会，这些猴子就会灌下大量的酒精——如果它们是雄性，情况还会更加严重。[45]

严重缺乏面对面的关照，是否会像催化剂一样帮助人们激活与心理疾病有关的基因，比如注意障碍、焦虑障碍、重性抑郁和酗酒？如果真是这样的话，那么继承与心理疾病有关的基因，只不过意味着你得到了原材料；你还需要遭受两次厄运的冲击，才会产生心理问题。科学家将之称为“二次打击模式”。第一次打击发生在婴儿时期，孩子没有得到父母的精心照料。第二次打击就晚得多了——它发生在孩子长大之后。

The Village Effect

06

儿童

与父母面对面交流，可以大幅提升孩子的语言能力

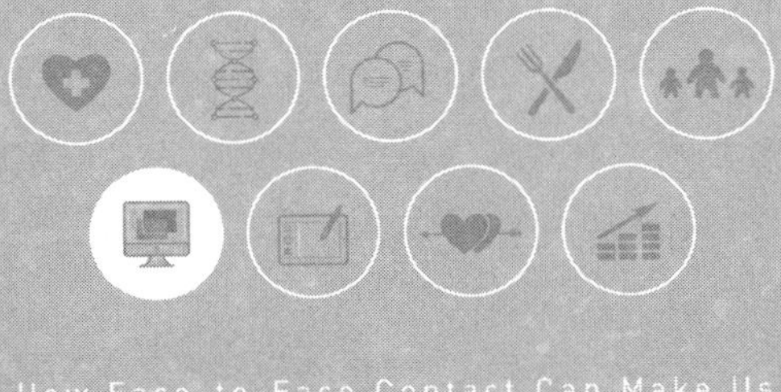

How Face-to-Face Contact Can Make Us Healthier, Happier, and Smarter

她的名字叫克劳迪娅·阿里斯蒂（Claudia Aristy）。如果没有参加贝尔维尤医院组织的青少年父母小组，她可能就要在城市里的贫民区度过一生了。那是1996年，只有16岁的阿里斯蒂刚刚从多米尼加共和国来到美国。她上次来纽约旅游时，爱上了一个30岁的男人，怀了孕。“所以我回到了纽约，想跟孩子的父亲一起生活。”阿里斯蒂在贝尔维尤医院的儿科门诊室告诉我，“另外，我的祖母认为贝尔维尤医院是个安全可靠的地方。我可以得到不错的医疗服务”。

克劳迪娅的祖母是位家庭护理员，她很熟悉这座城市。克劳迪娅第一次前来就诊时，她陪孙女搭乘地铁来到医院。在那之后，克劳迪娅就独自一个人来了。她现在承认，过去那段日子对她来说充满煎熬。“在你怀有身孕并饱受种种情绪困扰时，只身来到一个陌生的城市，不得不从头开始学习全然不同的文化和语言，远离你的至亲，这真是太难了。”她说，“我很迷惘——以后怎么办？我会成为一个好妈妈吗？虽然所有人都觉得这是个巨大的错误，但是你会想证明给全世界人看，就算怀孕了，你也没问题，你会成为一个好妈妈。”

现年32岁的克劳迪娅，已经是一名双语家庭教育指导师，受雇于贝尔维尤医院一个针对纽约低收入家庭的长期扩展项目。克劳迪娅曾经遇到过很多困难，但是多亏了贝尔维尤医院提供的社会支持，她最终迈过了这些障碍。她的儿子亚历山卓已经成长为一个健康积极、爱弹吉他的少年。她现在的工作是与其他父母沟通，告诉他们如何帮助孩子健康快乐地成长。

大多数父母都特别信任为自己的孩子看病的医生。有鉴于此，20世纪80年代末，波士顿市医院的几位医生提出了一个问题：如果儿科医生把“面对面互动”和“每天为孩子读书”写入处方，态度就像开药时一样严肃，那么会发生什么呢？有的孩子家里拥有充分的语言环境和浓厚的阅读氛围，有的孩子却没有。如果能鼓励他们阅读，向他们分发免费图书，或许有助于弥合二者的差距。而且退一步讲，这么做至少没什么坏处。它可比早先的“幼儿早期刺激计划”便宜多了。[1] 在弱势儿童接受常规体检时向他们分发图书，或许可以帮助他们建立长期的阅读习惯。再者说，有哪个医生不喜欢跟别人分享他们给自己小孩朗读的图书呢？

研究小组决定通过科学实证的办法来验证他们的猜想，其成员包括儿科医生罗伯特·尼德尔曼（Robert Needlman）、巴里·朱克曼（Barry Zuckerman）和阿兰·门德尔松（Alan Mendelsohn）。他们找到了几家接诊大量困难家庭的诊所，然后趁儿童接受身体检查时，把符合儿童发展阶段的图书送给低收入的父母。他们鼓励父母给孩子读书，希望不断丰富的藏书能帮助孩子们弥合语言发展的差距——等到他们年满5岁，到了上幼儿园的年龄，大部分孩子都可以开始学习阅读了，但是仍然有超过1/3的儿童还没有做好准备。

当年的一个简单的想法，如今已经取得了丰硕的成果。在2012年2月一个天气宜人的日子，我前往贝尔维尤医院了解计划的进展。截至那时，已经有28 000位医学专家、数千名像克劳迪娅·阿里斯蒂一样的家庭教育工作者，还有难以计数的志愿者加入了计划，在全美各地的5 000多个儿科诊所辛勤工作。他们已经向数以百万计的学龄前儿童发放了650万册新书。

无论从哪方面来看，这个计划都获得了空前的成功。发表在医学期刊上的数十篇同行评议论文证明，参与该计划的家长为孩子读书的频率是其他家长的10倍之多。家长为孩子朗读图书，可以大规模提升孩子的语言能力。

一项长期研究发现，参与“幼儿阅读推广计划”的儿童跟未参与该计划的同类儿童相比，前者在标准化语言测试中的成绩比后者高 8 分，他们的口语表达能力也更加出色。[2]

另一项研究证明，指导 2 岁和 3 岁儿童的家长进行互动式阅读，可以显著提升孩子的语言能力。[3] 这已经足以令人叹为观止。但是，阅读计划的效果还不仅限于此，它还能预示孩子今后的学业进步。而这正是研究者的目的所在。有证据显示，低收入家庭的父母和儿童可能缺乏某些互动关系，电视和其他电子媒体往往会侵占父母和孩子面对面游戏的时间。正因如此，医生们才提出了这个计划，希望能帮助改变孩子今后的发展轨迹。

他们非常有先见之明。凯泽家庭基金会在 2010 年发表了一项涵盖 2 000 多名儿童的研究。他们从 20 世纪 90 年代末就开始记录电子媒体的使用情况，结果发现，电子媒体使用率在 90 年代之后出现了显著的增长。时至今日，大部分儿童每天都会花 7 个半小时以上的时间看电视、玩电子游戏、浏览社交网站。

> The Village Effect 创造村落效应
>
> 更令人震惊的是，电子媒体的使用情况出现了阶级分化。非高等教育家庭出身的孩子每天在各种电子媒体上花费的时间，比出身于高等教育家庭的孩子多 90 分钟。非洲裔和西班牙裔儿童每天在电视和电脑游戏上花费的时间，比白人儿童多出将近 4 个半小时。虽然还没有证据证明电子媒体会拖累学业，但是深度电子媒体使用者在学校的成绩也更低。[4]

不要把孩子一个人丢到电子屏幕前

早在“幼儿阅读推广计划”刚刚启动时，儿科医生、作家和纽约大学教授佩莉·克拉斯（Perri Klass）博士就成了其中的一员。她现在已经是该计划的医疗主任。那天，我和她在医院会面。我发现，“幼儿阅读推广计划”对她来说已经不仅仅是一项医学事业，还是一个道德承诺。克拉斯在个人网站上这样写道：“一想到家里没有藏书的孩子，我就会坐立难安。对我来说，他们就像家里没有牛奶、食物和暖气的孩子一样。我告诉自己，不能再这样下去了，万万不能。他们还没有获得公平的机会，就妨碍了自己今后的发展，剥夺了应有的权利。”

在贝尔维尤医院某间空着的检查室（这样的空房间可不多），我们开始了那天的谈话。我首先提了一个跟电子技术有关的问题。现如今，书籍似乎已经落伍了，新时代的宠儿变成了平板电脑、应用程序和教学软件。最近，《纽约时报杂志》的一篇文章热情地赞扬了电子技术的好处：出身于芝加哥市郊工薪阶层、在学校成绩不佳的三年级儿童，如果每天肯花 15 分钟玩一款电子游戏，就能大幅度提升自己的智力水平。这款神奇的游戏要求他们记住一间鬼屋里的黑猫在哪里。[5] 我问克拉斯，送给父母一本《晚安，月亮》（*Goodnight Moon*），效果真的好过这些电子技术吗？

克拉斯想了想，然后答道：“我不想一味拒绝触屏读物和电子图书。对于部分家庭来说，它们将会变得越发重要。而且有时候电子视频也能起到很好的效果，我可以给你举出好几个例子。但就我所知，在语言、认知和社会情感发展方面，没有任何东西能够替代父母和儿童的面对面互动。在你大声朗读时，父母和孩子都会参与其中。如果你把孩子抱到自己的大腿上，进行对话式的阅读——比如问：‘宝宝在哪里？宝宝的鼻子在哪里？’你就能体察到语言的变化。

除此之外，还有社交和情感的发展以及书面语言的进步。书籍会推动这种互动。大一点儿的孩子会在一个令他们感到愉悦和安全的地方——比如父母的大腿上开始学习书本上文字的顺序。书籍带来的变化实在太多了，大多数父母都能理解我的意思。如果你对一屋子家长说‘想象你把孩子抱到大腿上给他读书的场景’，他们都会热泪盈眶。”

虽然“幼儿阅读推广计划”取得了丰硕的成果，但我们很难知道，究竟是什么因素起到了决定性的作用。在结束了对克拉斯的采访之后，我亲眼睹了贝尔维尤医院的家长们将会经历的一切。首先，一名双语家庭教育指导师（比如克劳迪娅·阿里斯蒂）会在候诊室里迎接家长和他们的孩子，鼓励家长跟孩子说话，一起开玩笑、做游戏。阿里斯蒂踏着金色的露跟高跟鞋，身着一件印着斑马图案的衣服，走路时会轻快地摇摆。她常常会在说话时停下来拥抱来到她面前的孩子，拍拍他们的脑袋，捏捏他们的脸颊，用快速的西班牙语欢迎他们的到来。她的身影穿梭在阳光明媚、人头攒动的等候区，热情地招呼每一个孩子和将近60位年轻的家长，叫出他们的名字。前台的工作人员高喊着家长的名字，电话铃声此起彼伏，医院广播也不时闯入耳中。

几个受过训练的志愿者坐在体操垫上大声朗读，他们也会招呼碰巧路过的孩子，吸引他们加入进来。这些志愿者是互动式阅读的样板，意在告诉窘迫的父母，他们的孩子也可以全身心投入阅读。当前台叫出家长的名字后，家长会带着孩子走进检查室。这时，医生会递给孩子一本书。

从儿科医生的角度来看，书本可以转移孩子的注意力，它同时也是一个不错的诊断工具，可以帮助医生了解儿童的发育情况：她能不能竖着拿起一本书？她会不会把书放到嘴里咬？她能不能指出书上画着的小宝宝？她会不会数鸭子？儿科医生会把自己的观察告诉父母，教他们用书本来讲故事（如果家长不太认识字，儿科医生还会鼓励她利用书上的图画自己编故事）。在检查结束后，儿科医生会拿走孩子手里那本已经沾了唾液的纸质书，送给她一本新书带回家，书上的文字一般都是孩子的母语。

克劳迪娅还带我参观了储藏新书的地方—— 一个藏在角落里的金属矮柜。我跪下来窥探时，不小心挡住了一位伸手拿中文童书的年轻医生。我在柜子里找到了好几本我的孩子在童年时代最喜欢的书。克劳迪娅又把西班牙语、葡萄牙语、孟加拉语、海地克里奥尔语和越南语的书一一指给我看。这些童书全都按照孩子的语言和年龄水平，码放得整整齐齐，从给6个月婴儿看的纸质书，到部分学龄前儿童可以自己读出来的小故事，几乎一应俱全。等到孩子年满5岁，可以上幼儿园了，他已经在贝尔维尤医院接受了好几次身体检查，认识了儿科医生和克劳迪娅（或者珍妮尔达等其他家庭教育指导师），在候诊室听志愿者朗诵了几十次，还拥有了自己的第一批藏书。

在我去医院参观的那天，阿兰·门德尔松告诉我："我们只进行了最低限度的干预，却带来了很大的变化。"他是一名发育儿科学教授，也是负责评估贝尔维尤医院父母训练项目的首席研究者之一。门德尔松表示，一般前来就诊的6个月大的婴儿，每天会看两小时电视。而"幼儿阅读推广计划"和它的分支项目"视频互动计划"（Video Interaction Project，拍摄父母在家与儿童互动的视频，然后父母和教练一起回看视频，接受指导），可以帮助父母跟孩子进行互动，防止他们把孩子一个人丢到电子屏幕前。如果孩子和父母一起参加了"幼儿阅读推广计划"或者"视频互动计划"，他们看电视的时间就会明显减少。看电视的时间变少了，智商却相应地提高了。一项长达20年的追踪研究发现，当参加计划的孩子们步入小学时，他们的语言能力已经比同龄人领先了6个月。[6]

"幼儿阅读推广计划"的成果确实振奋人心。我顺道去了门德尔松的办公室，准备再向他请教几个问题。门德尔松穿着条纹衬衫，打了一条印着动物图案的领带。他那天下午要开一场会，还要讲一门课，不过他还是为我挤出了几分钟时间。"'幼儿阅读推广计划'有个最厉害的地方：它以医疗服务机构为主要阵地。所有孩子在5岁前都得去医院，因为他们必须接种疫苗才能去上学。"他靠在椅背上把弄领带，"所以，这儿就成了一个可以接触到所有人的大平台。全国有300万儿童参加了'幼儿阅读推广计划'，占全美低收入家庭儿童的20%~30%。"

“现在，如果你问家长最担心什么，他们谈得最多的是孩子的发育和行为。”他继续说，“不管他们自己的情况如何，不管他们是收入低、教育程度低，还是文化水平低，或者有其他什么特殊情况，所有父母都对孩子怀有同样的期望。他们都希望孩子能坚持上学，最后取得成功。他们希望孩子成为专业人士，比如医生。”他苦笑起来，“如果刚刚有个医生问你希望孩子将来做什么，你肯定会这么回答他。不过，他们确实都希望自己的孩子能取得成功。”但是，他们往往并不具备相应的条件，特别是在孩子发育的早期阶段。“20 世纪 90 年代末，我们因为研究之故，走访了很多纽约市的家庭。我们发现，每个单亲家庭都有一台电视机或者录像机，几乎无一例外，就算他们已经家徒四壁。”他告诉我，父母都希望孩子在步入校园时就已经为未来的成功做好了准备，但是他们没有意识到，技术并不是一条捷径。

贝尔维尤医院接诊的大部分孩子都说西班牙语，他们的父母都是西班牙裔移民，其中有些就像当年 16 岁怀孕时第一次出现在贝尔维尤医院的克劳迪娅·阿里斯蒂一样年轻。我在候诊室的所见所闻告诉我，很多父母都认为电子产品就是“美国梦”的一部分。几乎所有人都离不开智能手机，闷声不响地迷失在了电子世界里，而忽视了刚刚出生的婴儿和蹒跚学步的幼子。有的孩子也像他们的父母一样，牢牢地盯着自己的电子屏幕，直到克劳迪娅闯入了他们的视线。

少女妈妈更少与孩子互动

如果克劳迪娅也像其他普通的少女妈妈一样，满心期望自己和宝宝都会拥有光明的未来，那无异于自欺欺人。美国是发达世界中青少年生产率最高的国家，每年有超过 360 000 个年龄介于 15~19 岁之间的少女生下自己的孩子。也就是说，平均每天有将近 1 000 个年轻女孩当上了母亲。过去 20 多年来，美国的青少年生产率已经出现了明显的下降，但仍然是其他工业化国家的 9 倍之多。[7]

只有一半的少女妈妈最终完成了高中学业（而在没有怀孕的同龄人中，高中毕业率高达 90%）。与二三十岁生孩子的女性相比，少女妈妈更有可能早产；她们的孩子在出生时更有可能体重过轻；孩子们的医疗条件可能更加匮乏；他们更有可能缺乏父母的关照，遭受家庭虐待；更有可能中途退学，成为少年犯，或者自己也在青少年时期就当上了爸爸妈妈；他们更有可能在成年之后生活贫困；更有可能身体欠佳，遭受失业之苦；跟其他美国人相比，他们更有可能进监狱。以克劳迪娅那蓬勃向上的性格，当然无法接受如此沉痛的现实。但是她知道人口统计学，知道自己符合少女妈妈的刻板印象——就算她避开了最终的厄运。

我曾经逗我的母亲，她也符合少女妈妈的刻板印象。当时我刚结束了一场关于高危母亲的学术会议。回家后我扳起手指头，一条条地为她列举风险因素。她在青少年时期就怀孕了，刚满 20 岁就生下了自己的第一个孩子——我哥哥史蒂芬。她像很多那个时代的人一样，也喜欢抽烟、喝咖啡，而且她的第一个孩子还是个男孩——男孩远比女孩更有可能出现发育问题。

可是她并没有被我逗乐。她立刻毫不留情地提醒我，人可不是一张写满易感因素的清单。人是活生生的个体。现在看来，我的母亲是一个例外。就算在当年，她也是一个例外。虽然她符合那个时代人们的普遍期望——女性就应该在 20 岁前结婚、生孩子。现在，我们认为这样做无异于铤而走险，但在当时，那不过是常态而已。每个时代的常态和发育风险，都会随时代的不同而发生变化。

在美国青少年女性中，西班牙裔和黑人女孩仅占 1/3，但是她们所生的婴儿却占了全美青少年所生婴儿的 60%——虽然这么说犯了政治不正确的忌讳。[8] 英国的情况也差不多。英国的青少年生产率高居欧盟成员国之冠，与苏联旗鼓相当。[9] 有鉴于此，英国经济学家马可·弗兰切斯科尼（Marco Francesconi）写道，英国的少女妈妈“不仅是一种现象，还是社会经济劣势世代传承的原因之一”。如果你在生孩子时还没有成年，那么势必会对你们的未来产生深远的影响。

> **The Village Effect 创造村落效应**
>
> 正如我们在前一章中谈到的表观遗传机制一样，贫困也会由母亲遗传给孩子。青少年怀孕和惨淡人生之间存在着千丝万缕的关联，我们很难视而不见。比如说，英国少女妈妈的孩子，教育程度远远不及年长母亲的孩子，生活贫困的概率也是后者的两倍。她们还跟美国少女妈妈的孩子一样，自己也很有可能当上少女妈妈。[10]

如果你还嫌这份历史遗产不够沉重，那么不妨来看看另一个事实：克劳迪娅告诉我，跟美国本土出生的母亲相比，美国的西班牙裔年轻母亲很少和孩子进行互动。她平静地说：“并不是所有人都觉得跟孩子对话是件稀松平常的事。”她指出，中产阶级家庭往往会鼓励年幼的儿童参加苏格拉底式的讨论，特别是在晚餐的饭桌上。不过这类互动不太可能发生在拉丁裔家庭，特别是新移民家庭。“对于很多家庭来说，让孩子表达自我并不符合他们的习惯。你就是不应该挑战权威。”

但也有人走向了另一个极端。《赫芬顿邮报》（*Huffington Post*）的作者丽萨·贝尔金（Lisa Belkin）在育儿博客上讲述了一段自己的亲身经历：她一直在鼓励3岁的孩子使用复杂的语言。有一次，“他把弟弟弄哭了，向我辩解那不是他的错，因为‘他挑衅①我，妈咪’。”虽然有研究证明，简化的语言可以促进语言发展，加强母亲和孩子之间的纽带，但贝尔金写道：“英

① 原文为“provoked-ed”。“provoked”已经是过去式，后面又加上一个过去式后缀“-ed”，说明儿童已经开始尝试较为复杂的语言技巧。因此，译者在翻译时也选用了对儿童来说较为复杂的词语。

语里充满了动人的描述性词语，我实在厌倦了像婴儿一样呀呀说话，每次跟孩子这么说话，我都感觉自己是个傻瓜，特别是在公共场合。”[11]

咱们暂且把“妈妈语”的价值之争放在一旁，先来看看什么样的孩子最健谈吧。如果幼儿园老师让孩子们围成一圈坐下来，请一个小朋友描述一下云彩的形状。哪个孩子的口齿最伶俐？他的父母是不愿意跟他多费口舌的人，还是在他喜欢左顾右盼的年纪就把他视为家庭生活的积极参与者的人？还有一点，研究发现，美国、加拿大、英国和其他欧盟成员国的大多数父母，都不太关心孩子看了多长时间的电子屏幕。只有不到 1/3 的美国儿童说，他们的父母会限制他们看电视和玩电子游戏的时间。英国研究者莉迪亚·普洛曼（Lydia Plowman）针对电子媒体的使用情况进行了一次长期研究。她总结道，英国儿童平均每天会花 6 个小时坐在电子屏幕前，但他们的父母“觉得这样完全没有问题”。[12] 有些家庭习惯放任孩子自己去摆弄电子产品。那么，在这样的家庭中，屏幕时间会对孩子的心理发育、学业进步，甚至个人幸福产生怎样的影响呢？

社会阶层越低的家庭，孩子会看更多电视

暂且不谈电子屏幕，我想先谈谈另一个现象——社会阶层会把能力差距越拉越大。在《社会动物》（*The Social Animal*）一书中，大卫·布鲁克斯（David Brooks）阐述了下层家庭与职业阶层的家庭在育儿方式上存在的诸多差异。后者的育儿方式与前者完全不同，鼓励参与和辩论，同时还有积极的辅导。布鲁克斯写道，在下层家庭中，“成人世界和儿童世界的界限往往严格得多……父母倾向于认为，成年人关心的东西，孩子长大以后很快就能了解，所以应该让他们尽情游戏”。这种放任不管的做法，导致儿童跟成年人互动的时间更少，而坐在电子屏幕跟前的时间更长。平均来说，学龄前儿童每天会在电子屏幕前花掉 8 个小时以上，比大多数全职工作的成年人每天工

作的时间还要长。[13]

阶层分化从很早就已经开始了。在年满两岁之前，出身于贫困家庭的婴儿每天会“看”3个半小时电视，这样一来，他们从成年人和年长的兄姊那里获得的关注就会相应减少。有学者发现，长时间看电视与幼儿语言发展迟缓的概率增高有关。[14]一位带着两岁孩子独自生活的年轻移民母亲告诉我：“电视机是布莱恩生活中的好伙伴，在我忙着做家务时帮助他打发时间。”

我问她会不会在干活时跟孩子说会儿话，讲讲自己正在做什么；他会不会回应她，指着房间里的东西叫出它们的名字。她皱起了眉头，脸上也露出了愁容：“他其实还不怎么会说话。”在他的世界里，只有给幼儿看的电视节目。而在她的世界里，只有成年人的家务杂事和家庭责任。虽然她十分疼爱自己的孩子，但是这位年轻的母亲从来没想过可以把自己的孩子当作一个成年人，跟他说说话。

咱们再来看看9岁女孩卡蒂·布林德尔（Katie Brindle）的故事吧。1993年，美国宾夕法尼亚大学社会学家安妮特·拉鲁（Annette Lareau）记下了她对卡蒂的观察。卡蒂是一个生活在费城附近破落街区的白人女孩，正在上小学四年级。有一天，她在饭厅里用旧盒子和磁带制作娃娃屋，她的母亲则一直在房间里看电视。后来卡蒂碰到了困难，模型塌掉了。她把模型搬进起居室里，放在母亲脚前，向她寻求帮助。母亲却说：“别烦我。”拉鲁写道，卡蒂“沉默了，脸上写满了失望”，但也只好作罢。她们的世界几乎没有交集。

卡蒂的故事出自拉鲁针对美国家庭进行的一项规模庞大的长期研究，她家不过是拉鲁观察的12个家庭之一。不过卡蒂的母亲的反应，让研究者灵机一动，想到了她在众多工薪阶级的起居室里看到的景象。下层家庭更难得跟孩子一起解决问题，或者和他们一起讨论。上流社会和中产阶级的父母则刚好相反。用拉鲁的话说，他们“会把孩子看作一项事业”。[15]他们会通过复杂的对话和有益身心的活动——幼儿健身课、戏剧小组、唱诗班、体育队和机器人小组，培养孩子的语言和逻辑思维能力。（我承认，我送孩子去参加了许多课外活动，比如连续好几年去儿童唱诗班、少年管弦乐团、小提琴课和霹雳舞课，暑假去参加音乐、艺术、攀岩和野外训练夏令营活动。）这样的育儿方法相当昂贵，而且需要付出大量时间。

或许正因如此，拉鲁研究的大多数工薪阶级家庭都更愿意对孩子采取放任不管的办法。工薪阶级的学龄前儿童可能会花更多时间坐在电子屏幕前，因为外面没有什么安全的地方可以让他们自在地玩耍；就算附近有公园，也很少有成年人会带他们去玩儿。[16]而且拉鲁还注意到，工薪阶级的父母常常会一口回绝孩子沟通的愿望，“轻易就说不，而且毫无愧疚。因为他们觉得，游戏的时间一点儿也不重要，那是孩子的事，跟大人没什么关系。”[17]

布鲁克斯还注意到，父母和儿童的世界拉开距离，可能会让孩子更加放松，更有活力；下层阶级的孩子跟大家庭的联系更多，他们会花更多时间跟附近的孩子玩耍；也很少会抱怨无聊。[18]拉鲁观察到：“中产阶级家庭的孩子经常发牢骚，但是工薪阶级和贫苦人家的孩子却很少这么做。”但是，放任不管也意味着成年人很少跟孩子说话，孩子会花更长时间独自坐在电子屏幕前，互动和父母的监督更是少之又少。[19]

这可不是北美独有的现象。“玩具箱研究”发现：“在大多数国家，社会-经济地位较低的父母几乎从来不限制孩子看电视。这一点很值得关注。”这项长期研究调查了6个欧盟成员国的儿童看电视的习惯。研究者说：“有的孩子可以整天看电视，想看多久就能看多久。”[20]父母该不该限制孩子看电子屏幕的时间，并不是单纯的伦理问题。如果父母（通常是母亲）太过小心谨慎，整天盯着孩子做什么，难免会被讥讽为“恶龙”、“侦察机”，或者更糟糕。

The Village Effect 创造村落效应

父母与幼子的面对面互动，或许遵循所谓的“非预期后果法则”——结果可能会事与愿违。育儿方法的差异，可以很好地预测哪个孩子的词汇量更加丰富，哪个孩子能流利地朗诵文章，哪个孩子在多年之后的大学入学考试中能取得更好的成绩。[21] 分化很早就开始了。已经有越来越多从事儿童工作的专家注意到了这一点，他们正在想办法扭转局面。

手机软件真的能训练儿童如厕吗

有些家长和教师警告我们，如果孩子没有尽早受到电子技术的熏陶，他们必将在全球网络经济时代落于下风。但是，熟练使用触屏设备到底有多难？一个两岁儿童的母亲说，当孩子第一次拿起父亲的 iPhone，她仿佛经历了一次宗教转变。娜塔莎·赛克斯（Natasha Sykes）告诉记者：“她按了一下按钮，屏幕亮起来。我清楚记得她的眼神——‘哇哦’！”孩子立刻爱上了这个新玩具，父母一开始还感到满心欢喜。但是过了不久，赛克斯发现，孩子对 iPhone 上瘾了。赛克斯说：“她老向我们要手机。”她会哀求父母，甚至号啕大哭。她家里还有积木、皮球、乐高玩具、小型玩具车和儿童书籍，但是，“如果她知道自己可以选择手机或玩具，她肯定会选择手机”。[22] 谁又能怪她呢？为什么成年人就应该独享手机的乐趣？

如果手机界面连婴儿都能用——你随便在 YouTube 上找找，就能发现几百个穿着纸尿布的婴儿一边流口水一边玩 iPhone 的视频，或许在不久的将来，我们就能看到专门为婴儿设计的商业软件了。新爸爸和新妈妈们的期望永远无法满足，未来的幼儿软件市场肯定有利可图。60% 的 iTunes 畅销软件都是为幼儿和学龄前儿童设计的，数量几乎两倍于为成年人设计的软件。比如金佰利公司赞助的软件“教你上厕所：iGo 马桶”（Pull-Ups iGo Potty），主题曲充满魔性，听过一次就终生难忘：“我知道怎么用马桶，因为我呀棒棒哒！我知道怎么用马桶，因为我已经长大啦！再也不用纸尿布，再也不会尿裤子，再也没有黏粑粑！”

这个软件会提醒幼儿用儿童马桶。如果她这样做了，软件就会夸她：“干得好！”还会奖励她一颗虚拟的金色五角星，伴随着虚拟的掌声（当然，必须由成年人自己输入信息）。软件的界面上画着可爱的卡通图案和飘浮在空中的厕纸。它不但能提醒孩子上厕所，还可以告诉他们不要把蛋筒冰激凌和汉堡包扔到马桶里。虽然没有任何证据证明这样的软件真的能派上用场，但是家长仍然会把它们下载到自己的移动设备上，交给自己的孩子，希望能借此逃避幼儿教育阶段最令人生厌的工作：教孩子上厕所。

人们甚至还发明了一个叫“iPotty”的玩意，自带 iPad 插座。幼童可以一边看视频、玩游戏，一边学习控制自己的括约肌（配套的挡板和 iPad 需要另外购买）。如果父母还希望把幼儿教育阶段的其他项目也一并外包出去，他们大可以考虑一下教婴儿说话的软件。一个促销广告说：“手里拿起一样东西，大声叫出它的名字，哪个父母不曾这样教孩子说话？你举起袜子，然后大声说：‘袜——子！’现在这法子已经过时啦，不如交给‘宝宝学习卡’！”

但是，手机软件真的能帮助幼儿控制括约肌，让他们开始说话吗？现在下结论还为时过早。到目前为止，没有任何证据能证明它们可以实现自己的承诺，也没有任何研究者严肃地探讨过这个问题。或许这是人们在刻意回避，或许这是人们一厢情愿。根据皮尤互联网和美国生活研究中心的报告，现在有 61% 的美国人拥有智能手机，加拿大和英国的大部分成年人也拥有智能手机。还有超过 1/3 的人拥有平板电脑。其中很多人都把自己的智能移动设备交给了学龄前的孩子——不仅仅因为孩子迷上了智能设备，还因为孩子会把它们据为己有。[23] 至少有 1/3 的家长表示，他们相信智能设备有益于孩子的大脑发育。[24]

一个专门探讨儿童学习和读写能力的理论研究机构在2012年发布了一份报告："在iTunes商店的教育类软件中，为幼儿和学龄前儿童设计的软件在过去两年内出现了大幅的增长，已经成了iPhone和iPad上最畅销的软件类型之一。"但是，报告里也写了一条令人胆寒的附注："对于教育类产品市场，目前还没有推荐标准或管理标准。"[25] 换句话说，购买者需要自己睁大眼睛了。

但现在的问题是，以年幼儿童为目标受众的电子媒体——不仅包括电视，还包括移动软件、视频、YouTube、游戏和社交网站无法得到客观的评价，因为我们还不知道它们会带来怎样的影响。不过我们已经看到了一些难以忽视的信号。发展心理学、神经科学和社会机器人学的最新研究告诉我们，**早期学习的大部分动力都源于幼儿与他人面对面互动的渴望**。

美国发展心理学家安德鲁·梅尔佐夫及其妻子帕特里夏·库尔（Patricia Kuhl）和同事在《科学》杂志上总结了目前的研究成果："儿童不会一味学习新东西，对学习的内容不加区分。社会线索会告诉他们在何时应该学些什么。就连年幼的婴儿也能注意到他人的存在，自发模仿眼中看到的行为。他们更容易学习和重演人类的行为，而不是无生命的机器。"[26] **说得再简单点儿，对于年幼的儿童来说，学习不是被动的接受，不可能完全免除人类的接触。电子屏幕就是不能替代人类。**

美国儿科学会在2001年和2011年两度发表了措辞强硬的警告，不鼓励两岁以下的儿童观看电视——或者接触任何电子产品，还建议父母严格限制学龄前儿童接触电子媒体。它在2011年的报告中列举了大量的证据，足以证明电视和视频的教育价值微乎其微，甚至有可能给早期学习带来不利的影响。虽然美国儿科学会发出了这样的警告，也有众多媒体争相报道，但只有6%的美国父母对其有所了解。

在3个月大的美国婴儿中，40%已经开始接触某种电子媒体；在两岁以前，接触电子媒体的婴儿已经达到了90%。科学研究者、儿科医生迪米特里·克里斯塔基斯（Dimitri Christakis）说:“很多两岁以下的儿童每天只有10~12个小时保持清醒，但却把30%~40%的时间用来看电视。”在3岁以前，1/3的美国儿童的卧室里都会出现一台电视。现在的学龄前儿童每天会在电子屏幕前度过4个小时以上，比他们在除睡觉之外的任何一项活动上花费的时间都要多。对于很多孩子来说，在这段时间里他们都是独自一人。[27]

已经有越来越多的研究开始关注屏幕时间对儿童发育的影响。在两岁半时每天花两个小时以上看电视的孩子，在5岁进入幼儿园时会比其他孩子更有可能出现行为和社交问题。[28]还有一项研究随机选择了1 000多名2~4岁的儿童，记录了他们每周看电视的时间，然后在他们10岁时进行了追踪调查。研究领导者、蒙特利尔大学心理学教授琳达·帕加尼（Linda Pagani）在电话采访中告诉我，她一共调查了1 314名加拿大儿童，收集了各种各样的数据。“我们抽取了孩子的血样，检测了他们的智商和体重，收集了很多信息。我们还采访了许多家长。”她细致地观察他们的家庭生活，控制了一切有可能混淆结果的变量——比如母亲的教育程度、家庭的组成结构、家庭成员是否相处融洽、父母是否离婚或重婚，还有儿童的性别、智商、体温、睡眠规律和饮食习惯。只有把这些因素都排除在外，研究者才能评估单纯由看电视带来的影响。[29]

结果令人震惊。帕加尼写道:“幼儿看电视的时间越多，他们日后的课堂参与度就会越低，数学成绩就会越差，受同学欺负的可能性也会更高；他们更有可能久坐不动，摄入更多垃圾食品，最终体重指数也会更高。”[30]俗话说，多饮愈醉——喝得越多，醉得越厉害，在看电视的问题上，也存在“剂量效应”（dose–response effect）。29个月大的儿童每多看一小时电视，他在四年级时就会更加孤立，更与群体脱节。请注意，孤立和脱节远非看电视带来的全部恶果；孩子的数学成绩会更差，身材会更加肥胖，他们也更有可能成为校园霸凌的受害者。“我们发现，儿童看电视的习惯很难改变。”帕加尼继续写道，“在两岁时长时间看电视的孩子，在10岁时依然会长时间看电视。他们不能发展出健康的社交生活所需的技能。”

电视让现实显得索然无味

为什么过早看电视可能会给正在发育的大脑带来这么大的伤害？如果你想知道这一点，不妨来看看阿基米德的故事。相传，这位出生在公元前287年的古希腊博学家，想解决当时的暴君亥厄洛交给他的一道难题。亥厄洛怀疑，工匠在他下令铸造的金王冠里偷偷掺了银子，私吞了他的钱财。于是他找来当地的数学家和工程师阿基米德，让他证明自己是否被工匠骗了。阿基米德苦思冥想，在浴缸里泡澡时也不闲着。他看着浴缸里溢出的水，忽然想到了办法：既然浸入水中的物体的体积等于溢出的水量，那么只要把王冠沉入水中，就能推断出王冠里是不是掺了银子。因为银子的比重比金子小，所以掺了银子的王冠的体积一定比纯金王冠大。如果把掺了银子的王冠放到水箱里，溢出的水一定比纯金的王冠多。据说，阿基米德在找到答案之后兴奋极了。他光着身子跑到了大街上，嘴里高喊："尤里卡！"[31]①

或许这个故事并没有真的发生过，或许它是有史以来的第一个都市传说。但我之所以要特别提到它，是因为儿童的心理发育与屏幕时间可能存在着类似金王冠和水的简单置换关系。如果孩子们每天下午花3个小时看《天线宝宝》(*Teletubbies*)，那么他们面对面互动的时间就少了3个小时。而这势必会带来严重的后果，因为社交互动是早期语言发展的必要条件。正如我的哥哥史蒂芬在《语言本能》(*The Language Instinct*)②中写的那样，在缺乏人际互动的环境中长大的野孩子，没有一个人学会了说话。就算在森林里独自生活的野孩子发明了自己的语言，她又能和谁说呢？

与他人建立联系的渴望，是人类学习语言的第一大动力。"虽然语言输入对于语言发展来说必不可少，但是光听到声音还远远不够。曾经有人建议双耳失聪但孩子听力正常的父母，应该让孩子多看电视。但是，没有一

① 尤里卡，即希腊语"有了！""找到了！"

② 本书中文简体字版已由湛庐文化策划，浙江人民出版社出版。——编者注

个孩子是通过这种方法学会说话的。”[32]

事实恰好相反。迪米特里·克里斯塔基斯和同事们设计了一个巧妙的实验。他们发现，婴儿听电视的时间越长，她听父母说话的机会就越少，掌握的词汇量也越少，发起“对话”的可能性也就更低。在这项实验中，研究者让学龄前儿童戴上数码录音机，他们在处理声音数据时发现，就如同阿基米德用身体替换了浴缸中的水，电视机的声音也能替换社交互动。

> The Village Effect 创造村落效应
>
> 不管孩子是不是被单独留在屏幕前，他们的注意力都会受到电视节目的吸引。他们每听 1 小时娱乐节目，就会少听 500~1 000 个成年人的词汇。他们每听 1 小时娱乐节目，以后就会更少说话。[33] 或许正因如此，很多研究都发现，早期观看电视的孩子更有可能在以后的语言和认知发展测试中成绩不佳。只要打开了电视机，儿童说话、互动、玩创新性游戏的时间都会随之减少。[34]

加利福尼亚大学洛杉矶分校心理学家帕特里夏·格林菲尔德（Patricia Greenfield）领导的一项研究发现，儿童在看了以玩偶为主角的卡通片之后，更有可能用片中的玩偶来重现他们在节目中看到的景象，而不是编造自己的故事。[35] 虽然模仿是学习的一部分——任何看过烹饪节目的人都心知肚明，**但是对于年纪非常小的孩子来说，只有当屏幕时间和面对面的活动结合在一起时，他们才能掌握新的语言能力**。从密西西比到坦桑尼亚，体弱多病的学龄前儿童都能通过看《芝麻街》（*Sesame Street*）风格的电视节目大幅提升自己的语言能力——只要他们能在看电视的同时跟着大声朗读，或者完成其他亲身参与的读写活动。[36]

研究已经证明，观看“教育类”的电视节目，对幼儿的语言能力没有丝毫助益，甚至有可能会带来负面影响——研究者把这种现象称为“视频致呆”（Video Deficit）。不过并不是所有电子媒体都可以一概而论，也不是所有孩子都尽皆相同。有些孩子需要得到父母更积极的管教和鼓励，而他们的屏幕时间和观看的内容反映了父母实际上采取的管教方式。数据和经验都告诉我们，孩子的年龄越小，他似乎就越难以摆脱屏幕时间的桎梏。现在的幼儿从儿童电视节目和 DVD 影碟上听到的语言，远没有他们从父母那里听来的复杂，完全赶不上大脑的发育速度，而且为 3 岁以下儿童编排的电视节目中也严重缺乏社交互动。[37] 如果没有在现实生活中跟真人演练过，就不算真正的语言学习。看电视，只是单纯的娱乐而已。

视频致呆 Video Deficit

观看“教育类”的电视节目，对幼儿的语言能力没有丝毫助益，甚至会带来负面的影响。

数不清的儿童 DVD 声称，能把婴儿变成智力超群的小爱因斯坦。这类电子产品往往会在广告里暗示消费者，它们能激发出婴儿的天赋。但事实远非如此。很多公司都因为投放了虚假广告，被法庭强制要求赔偿，还得把“教育”二字从包装和网站上撤下来。[38] 但与此同时，儿童软件和 24 小时不间断播放的儿童电视节目又纷纷冒出头来，逐渐占据了空出来的生态位。现在有数百万人相信，成年人必须把所有的电子产品都一股脑儿地甩给年幼的孩子，才能刺激他们正在发育的大脑。虽然也有人提出了批评，但是反对的声音实在太小了。

说来蹊跷。虽然成年人自己也喜欢看电视和玩电子游戏，但是大多数人都不会把娱乐和学习混为一谈。他们几乎只有在面对孩子时才会判断失误。一项涵盖了 345 个家庭的英国调查发现，很多家长都会指导学龄前儿童上网和使用电视遥控器，这样小孩子就能成为“独立的技术使用者”（其中一位家长把遥控器称为“爸爸妈妈最好的朋友”）。还有一项美国研究发现，很多婴幼儿的父母表示，在没有电视的情况下“他们无法想象将如何度过一天”。[39] 他们会给出这样的理由：技术能力是学业进步和事业成就的必备条件。总有一天，我的孩子会去上学，去工作。所以，我最好让她从小就领先一步。另外，如果她不来烦我，我就可以安静地看我自己的电视节目了。

但是，迪米特里·克里斯塔基斯并不认同这套说辞。他是一位积极的反电视斗士和儿童发展研究者（他还是第 4 章中介绍过的科学家尼古拉斯·克里斯塔基斯的兄弟）。他把问题归因于“替换理论”（Displacement Theory）：在儿童的大脑发育最需要社交接触的时候，电视屏幕减少了儿童和他人接触的时间，他认为，这就是屏幕时间和儿童语言能力发展缓慢之间关系密切的原因之一，其他影响因素还包括儿童看了什么以及他们的年纪有多大。如果节奏快速的媒体过度刺激了儿童发育中的大脑，那么现实生活就难免会令她感到乏味无聊。克里斯塔基斯说，现实生活的场景变化十分缓慢，“相对就显得索然无味”（见图 6–1）。[40]

"She thinks it's a touchscreen."

图 6–1 “她觉得那是触屏。”

一切的关键在于时间。克里斯塔基斯和他的研究团队统计了 2 600 个美国婴幼儿看电视的时间长短（控制了其他可能会分心的因素）。他们发现，不满 3 岁的幼儿每多看一小时电视，他们在 7 岁时出现注意力问题的风险就会增加 9%。他们的发现告诉我们（虽然没有证明），如果孩子小时候看了太多电视，他们以后可能会出现自我控制方面的问题。[41]

不过，另一项关于学龄前儿童的研究证明了二者之间确实存在着因果关系，至少电视会对孩子的自控力产生迅速而直接的影响。2011 年，两位美国弗吉尼亚大学的研究者把一群 4 岁儿童随机分成三组：有的观看为学龄前儿童制作的快节奏电视节目（《海绵宝宝》〔*SpongeBob SquarePants*〕，节奏十分欢快，场景差不过每 11 秒变换一次），有的观看节奏较慢的教育类节目（《卡由》〔*Caillou*〕，场景平均每 34 秒变换一次），还有一个控制组（他们要在相同的时间里画画）。然后研究者组织孩子们玩记忆游戏，完成空间和精细运动任务，接受延迟满足测试。（他们将会面临两个选择：你可以马上吃掉两个棉花糖；但如果你愿意等上一段时间，就能吃到 10 个棉花糖。）结果呢？虽然三组孩子在实验开始时注意力水平都差不多，但是看了《海绵宝宝》的孩子在计划和自我控制测试中的表现明显差于画画组的孩子，也略逊于看教育类电视节目的孩子。[42]

虽然这些只是短期影响，并不是长期影响，但如果你不得不让孩子看一会儿电视，你能怎么办？如果你的孩子特别不安分，总是提要求，不停嚷着累了饿了，而且还老发牢骚，你能做什么？让他看半小时电视似乎是个不错的选择。克里斯塔基斯博士不但是一位科学研究者，也是一位懂得世故人情的儿科医生。他认为，如果只是把看电视当作短暂的修整，而不是长期的习惯，就没有太大的问题。“如果父母需要休息个 20 分钟，我会告诉他们，让孩子看电视完全没问题。”他说，“我还会建议他们采取别的办法。但是大多数父母都觉得屏幕时间对孩子有好处。现在，他们需要再好好想想了，因为没有任何证据能够证明这一点。”

屏幕时间会降低孩子的幸福感

我们现在知道了，婴幼儿和学龄前儿童如果接触了太多电视节目、视频录像和电脑游戏，长大后就更有可能成为身材肥胖、注意力不集中、受同学欺负的落后生。30 多项国际性研究大概足以说服家长们藏好遥控器了。但是如果你觉得这还不够，不妨看看过去 10 年来的另一组研究：**屏幕时间会降低孩子的幸福感，要么就是不幸福的孩子特别喜欢看屏幕。**

琳达·帕加尼说，幼童的重度媒体使用可能会导致“他们看上去比二年级的同学更忧伤，更不幸福”。还有一项研究调查了 1 266 名生活在加拿大不列颠哥伦比亚省的初中生，结果发现，把大部分课余时间都用来看电视、玩电子游戏和刷社交网站的孩子，“往往认为自己比同龄人更不幸福，能力也不如其他孩子”。男孩尤其如此。而与父母、朋友和老师感情亲密，经常跟他们面对面互动的孩子，对自己的能力最满意，认为自己最幸福。[43]

已故的克利福德·纳斯（Clifford Nass）也发现了同样的现象。当时，他和他在斯坦福大学的研究团队调查了 3 461 名年龄在 8~12 岁之间的加拿大和美国女孩。纳斯想比较一下青春期前的女孩同时使用多重媒体——看视频、玩电子游戏、发电子邮件、更新 Facebook 状态、发短信、打电话和视频聊天的时间，与她们花在人际接触上的时间，究竟孰多孰少。纳斯曾经发表了一项著名研究，证明了同时使用多重媒体的成年人——在工作时需要同时处理多种电子信息流的人不能很好地解决问题和记忆事物。纳斯这样评论：“他们会吸收毫不相关的信息。”他的同事和合作者伊亚尔·奥菲拉（Eyal Ophir）补充道：“我们一直想找到他们的优势，但是从来没有找到过。”[44]

我们还是继续来说说这 3 461 个女孩吧。同时使用多重媒体也可能带来其他问题——这次是在社交领域。根据纳斯的研究，在 8~12 岁的女孩里，多重媒体使用者的幸福感明显不如其他女孩，她们也更缺乏社交接触。就算媒体——比如社交网络的本意是增进社交互动，但到头来却出现了这样的悖论。**重度媒体使用者更有可能感觉自己不正常。**

> **The Village Effect 创造村落效应**
>
> 如果父母为了让孩子随时都能接触到通信网络，花了大笔血汗钱为她们添置各种电子产品，那么很可能会起到反作用，进一步加深她们的社交孤立感。自己房间里有电视机、电脑和手机的女孩，睡觉的时间更少，不良朋友（根据家长的说法）更多，而且更不可能和现实生活中的小伙伴进行面对面的接触。

同一项研究也指出，最能影响幸福感和社会安适感的恰恰是面对面的互动。但是，北美女孩每天在多重媒体上平均花掉将近7个小时，在面对面的社交互动上平均只花了两个小时——还不到前者的一半。也就是说，很多女孩都把她们的大部分课余时间花在了让她们感到更加孤立、更加不幸福的活动上。[45]YouTube、Tumblr和Facebook会让女孩感觉自己不正常，受到社会的排斥？确实如此，而且我们也不难找到原因。电子网络是一个虚幻的社交世界。人们在电子网络上扮演的角色，都是他们为了公共消费的目的而加工过了的理想化的电子形象。她们在网络上发布合照和状态，脸上挂满了微笑，手臂搭在朋友的肩膀上，她们想表达——到底想表达什么？青春期女孩的社交生活里到处都是冲突、排斥和墙头草？没有出现在合影里的人看到了这样的照片，自然知道自己受到了小圈子的排挤，她也知道，所有人都看到她被孤立了。

但是，独自生活的人会把电视机视为他们的“伴侣”。当我们感到沮丧、孤独或者无所事事的时候，我们往往会成为多重媒体使用者。《纽约时报》

评论家、自称游戏成瘾的山姆·安德森（Sam Anderson）是这样评价电子游戏的："至少它们能填补每日的空白，让我们不会无所事事。"[46]社交网络也同样如此。它们不但能让你窥见他人社交生活的光彩面，还能放大你的孤独感。

2011年，我在加拿大劳伦琴山中的一间小木屋里度过了一个孤独的夏天。缺乏人际接触的我开始频繁地查看电子邮件和Facebook状态——远远超过应有的频率。我每一次打开页面，都发现我错过了好多东西——丰盛的晚餐、爵士音乐节、和家人及朋友出去喝一杯咖啡。所有这些都让我感到更加孤独。

这是我自己的选择——在树林里隐居生活，专心完成我的工作。可是，青春期前儿童的社交孤立往往并不是他们的选择。有时，你会因为没有钱，没有得到父母的许可，不能参加学校组织的郊游。可是看着吧，社交网络上马上就会出现几十张照片，你的同学们玩得可开心了。如果你在看手机之前还没有体会到被人遗忘的滋味，现在你一定体会到了。那么下一张照片呢？盘子上放着一个歪歪斜斜的蛋糕，插着点亮的蜡烛。照片的标签上写着，这是16岁的男朋友送给她的12岁生日礼物。虽然他的厨艺一点儿也不高明，但这可不是那条推送给350个"好友"的动态信息传达给你的感受：你认识的人交了一个特别爱她的男朋友，愿意为她烤蛋糕。你看到这样一条动态后又会作何感想？这还算是轻松的。还有一些更恶毒的信息，甚至会击垮你的自尊心。[47]

在我们自己的"村落"里，大多数人都能敏锐地察觉到社会侮辱的迹象，不管侮辱的对象是我们自己，还是别人。但是，虚拟网络会在顷刻之间扩大羞辱的影响范围。人类的延续有赖于群体凝聚力，所以我们进化出了灵敏的天线，可以快速察觉到排斥的信号。当我们发现社交排斥的迹象时，我们就会感到痛苦，这痛苦就像生理上的疼痛一样难捱，甚至犹有过之。"伤害感情"、

“心碎”和“在伤口上撒盐”之类的说法，其实并不仅仅是比喻。

加利福尼亚大学洛杉矶分校的娜奥米·艾森伯格（Naomi Eisenberger）和她的研究团队进行了一系列大脑图像研究，他们发现，负责生理伤害和社会伤害的神经网络竟然是一样的。正因为生理和社会伤害有着共同的神经基础，社会疼痛才会像生理疼痛一样真切而深刻。①

根据艾森伯格的研究，背侧前扣带回（dACC）和右前额叶皮层的部分区域，共同组成了大脑的警报系统；当人们感到生理疼痛时，这些区域就会被激活。当人们感觉自己被孤立时，这些大脑区域也同样会被激活。也就是说，从生物学上来看，社交孤立感对于生存的威胁，就像身体受伤一样严重。[48]青少年尤其如此，因为他们的大脑特别擅长侦测社交排斥的信号。[49]另外，青少年对排斥的敏感度差异，也能明显反应于他们的大脑扫描图像。社交网络用连续不断的状态更新冲击着使用者的神经，让人们变得越发敏感。出于某些尽人皆知的规则，**社交网络会突出别人社交生活中的光明面，隐去消极的东西——相形之下，你自己的社交生活就显得太无趣了。**

诚实信号的“上帝视角”

我们在构建自己的电子形象时，会刻意隐去消极的东西。除此之外，我们的电子形象还缺少了可以让我们解读彼此想法的微妙信号。如果人与人的物理距离很近，我们的情感就会不自觉地流露出来。这是我自己的亲身经历。几年前，我开车送朋友去机场。道路标志写得很清楚，这条路去离港区，这条路去到达区，那条路去临时停车场、长期停车场和远距离停车场，另外那条路限制下车。

① 娜奥米·艾森伯格的研究在《社交天性》一书中有详细描述，本书中文简体字版已由湛庐文化策划，浙江人民出版社出版。——编者注

我已经开车去过几十次机场了，但是情感的重负让我心不在焉。一想到我在未来几个月甚至几年里都不能再见到这位朋友，我就无法集中精力。我只好放慢速度，停车去看密密麻麻的路牌。朋友本来谈兴正浓，这时也停下来问我："我让你分心了吗？"虽然我嘴里说没有，但是我知道答案。我的身体发出了诚实信号：我知道，她很快就要去到5 000公里之外的地方了。忽然之间，我竟然不知道该往哪里走了。

The Village Effect 创造村落效应

诚实信号大多与语言无关。在面对面的互动中，许多细节——比如谁更可信，谁更"性感"，谁是最令人害怕或者最有说服力的人，都是通过非语言线索来传递的。因为我们这些灵长类动物的生存有赖于我们的社交纽带，所以就算这些线索能避开我们的雷达，大多数人也能发现它们的蛛丝马迹。早在我们进化出说话的能力之前，我们就进化出了传递非语言线索的能力。[50] 虽然现代人类可以用符号化的语言来表达复杂的想法，但是我们仍然没有舍弃非语言的交流方式。它可以让互动变得更加丰富，特别是在我们面对面的时候。

你可能会想，诚实信号太原始了，在数字时代，它们是不是已经落伍了？两位麻省理工学院的计算机科学家桑迪·彭特兰和本·韦伯（Ben Waber）却不这么看。他们设计了一套看起来跟iPhone差不多的可穿戴式计算机——"社会计量标牌"，专门用来捕捉诚实信号，然后把它们转换成可以分析的数据。

韦伯在接受电话采访时告诉我，他们并不会研究社会计量标牌收集到的数据的具体内容，他们研究的是数据的整体规律。他说："你不能重现人们说的话。"他的社会计量标牌配有红外线传感器、蓝牙定位装置和加速器，可以监测身体的运动；它还配有记录仪，可以捕捉人们说话时的音高。社会计量标牌可以捕捉到说话者的语调和姿势，知道他是兴高采烈，还是无精打采——他在不经意间流露出来的信号，究竟是“把你的头靠在我的肩膀上吧”，还是“滚远点儿，别靠近我”？

研究团队把社会计量标牌带进了大型企业和大学校园。他们发现，诚实信号可以准确地预测一个团队的凝聚力和工作效率以及谁能胜任领导者的角色。51 可能我有点儿跑题了。我想说的是，分析这些社交信号，可以让我们拥有彭特兰所谓的“上帝视角”，发现人们急于了解的秘密。

但最大的问题是，我们能通过媒体来“接收”诚实信号吗？比方说，我们能否通过即时信息或短信，向他人传达情感上的支持？威斯康星大学的莱斯利·塞茨尔（Leslie Seltzer）、赛思·波拉克（Seth Pollack）和他们的同事决定一探究竟。他们选择的实验对象是有心理压力的儿童。这些心理学家知道，母亲的话语和触摸都可以促进催产素的释放（这种激素是一个强而有力的生理信号，说明孩子的情绪因为社交互动而得到安抚）。[52] 但是他们想搞清楚的是，是话语中的意思更重要，还是声音更重要。

他们找来了一群 7~12 岁的小女孩，让她们当着一位观众的面做数学题和语文题，借此向她们施加压力。然后研究者把女孩随机分成 4 组。第一组会在测试结束之后马上见到她们的母亲。第二组虽然没有见到自己的母亲，但会接到母亲打来的安抚电话。第三组会收到母亲发来的支持短信。而作为控制组的第四组不会和母亲发生任何接触。那么结果如何呢？见到母亲和接到母亲电话的效果差不多，它们都能促进催产素的释放——女孩尿液中的催产素水平变高了。人际接触还能降低女孩唾液中的皮质醇水平（皮质醇是应激反应的副产物）。结果显而易见，在压力事件过后跟自己的母亲说会儿话，可以产生明显的安抚效果。但是，母亲发来的短信却无法影响催产素的释放。事实上，收到短信的女孩跟完全没有接触母亲的女孩一样，皮质醇水平都很高。[53]

这是真的吗？表达情感支持的短信，什么效果也没有？塞茨尔的研究颠覆了我们大多数人的幻想：短信的内容比传递信息的方式更重要。但是科学家发现，我们所爱之人的声音就如同她的触摸——是一个会在屏幕互动的过程中丢失的诚实信号。

不过我们也要说清楚，母亲的言辞当然非常重要。曾经有研究者对 55 个英国家庭的社交活动进行了超过 10 年的观察。他们发现，如果母亲直接谈论他人的感想和意图，那么孩子长大之后就会更有同理心。固然感性的父母可能会把自己的基因特质遗传给孩子，但是研究者测量了母亲的同理心基准，控制了这个变量。事实上真正起作用的因素，还是母亲的社交互动。在这 14 年的研究过程中，尼古拉·伊尔（Nicola Yuill）博士就如同一只栖在英国家庭起居室墙壁上的苍蝇。她说："你甚至可以在孩子只有三四岁的时候，准确预测他们八九岁时的社会理解能力。"[54]

要探讨面对面的互动，我们就不能不提到心理学家米哈里·希斯赞特米哈伊（Mihaly Csikszentmihalyi）的研究。他告诉我们，情感可以在家庭成员之间互相传染。这倒没什么好大惊小怪的，不过有一点确实令人惊异——最有力的传播途径是女儿到父母的传递。一项大型的长期研究调查了美国工薪阶级的 500 个家庭，结果发现，男性和女性的差异十分明显，母亲会以跟父亲截然不同的方式向孩子表达她的感受，特别是工作上的焦虑和成就感。[55]

另一项针对美国双收入家庭的自然研究也发现了类似的母系影响。在 2002—2005 年间，贝琳达·坎波斯（Belinda Campos）和加利福尼亚大学洛杉矶分校的研究者悄悄录下了 30 个美国中产阶级双收入家庭的互动，每个家庭都有两到三个孩子。研究小组重点观察了家庭生活的两个重要组成部分：相聚（父母在结束工作之后回到家中）和物理位置上的接近（家庭成员共处一室）。他们的观察证明了外出工作的母亲在儿童的生活中占有首屈一指的地位。当母亲结束工作回到家后，她比父亲更有可能受到孩子们的热情欢迎。

而父亲往往比母亲晚回家一个小时以上，等他回家的时候，孩子们常常在各忙各的。母亲还比父亲更有可能跟孩子们待在同一个房间里，而父亲最有可能自己一个人待着。

研究者还发现了一个惊人的事实：美国人的家庭生活十分孤独。在将近 1/3 的家庭中，家庭成员从来不会在同一时间待在同一个房间里。研究者写道，这些家庭“从来没出现过所有家庭成员共处一室的情景”。平均来说，就算所有家庭成员都在家，他们待在一起的时间也只有 14% 左右。虽然母亲跟孩子相处的时间比较多，但是最常见的景象却是家庭成员们“各居一隅”——每个人都待在自己的私人领地里，特别是父亲。[56]

纵观人类的进化历史，在很短的时间里，我们就从一种善于解读他人的态度和意图的群居灵长类动物，变成了一个孤独的物种，每个人都死死地盯着自己的电子屏幕。如果这个电子屏幕还兼具了照相机、同线电话、八卦专栏、电视机、百科全书、扩音器、备忘录、电子游戏厅，当然还有电话的功能；如果有一个坚固、闪亮的小东西能满足全部这些要求，还可以放进随身的口袋里，走到哪儿就带到哪儿……那么又会发生什么呢？青少年都喜欢抱团，时刻跟小伙伴保持密切的联系，似乎不是什么大问题。弗兰·勒波维茨（Fran Lebowitz）曾说：“当你还是十几岁的青少年时，你就已经到了一生中最后一个得知有电话打给自己时还很高兴的阶段了。”现在就让我们把目光转向青少年吧，这句话现在依然成立吗？

The Village Effect

07

少年

高端科技并不能让孩子更爱学习，关键还在老师

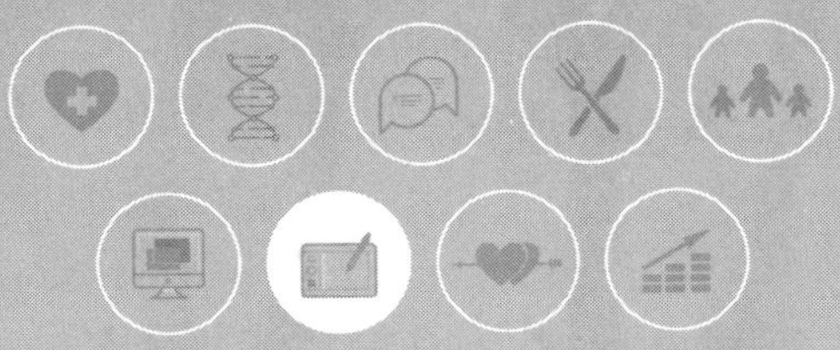

How Face-to-Face Contact Can Make Us

Healthier, Happier,

and Smarter

艾莉森·米勒（Allison Miller）在北卡罗莱纳州的伍德赛德高中上八年级时，她每个月都会收发 27 000 条短信。每一天，她累计会翻过大约 900 条数字会话，常常同时在多达 7 个会话界面里跟人聊天。这位时髦的金发少女几乎无时无刻不在和她的朋友们保持联系——在课间、在开车来往学校的路上、在体育训练前后，甚至在复习准备考试时。她告诉《纽约时报》记者马特·里切特（Matt Richtel）："有时候我正在读书写作业，忽然来了一条短信，我就会立刻放下书，拿起手机回短信。等 20 分钟过后，我才突然意识到：'天呐，我忘了写作业。'"[1]

她自己也承认，跑到她手机屏幕上的"人间戏剧"，常常让她什么事都干不了。如果她从短信里听说两个朋友闹翻了，她就会尝试劝他们和好。她说："我可以给其中一个发短信，同时跟另一个打电话。"她把自己乏善可陈的成绩，归咎于一心多用的习惯。

14 岁的艾莉森绝不是个特例——很多青少年都像她一样，每天向越来越多的手机联系人发送如潮水般的短信，把无法集中注意力的事实归咎于自己的上网习惯。"一旦你的朋友足够多，你就会开始不停地给他们发短信。他们觉得你应该这么做，你也觉得他们应该这么做。"阿曼达·兰哈特（Amanda Lenhart）这样说，她为"皮尤互联网计划"撰写了一篇关于青少年和发短信行为的研究报告。她可能还会说，这么做倒也没什么不好。正如大多数成年人都离不开他们的无线设备，青少年也离不开他们的手机。不过他们对手机的执念比成年人有过之而无不及，因为对青少年来说，发展和培养一群忠实的朋友是一件特别重要的事。

根据几份研究报告的说法，2012 年，大多数青少年每个月平均会发送 4 000 条短信。也就是在他们醒着的时候，每小时会发六七条。而过去青少年的主要活动——煲电话粥或者跟朋友出去玩的频率则远不及此。2/3 的美国青少年每天都会给“自己人”发好几次短信，频率是他们打电话、发电邮和见面的 3 倍以上。[2]

好处是，人们可以随时保持联系。坏处是，短信比电邮还要精简：内容简短，没有眼神接触，也不能通过说话的腔调来强化或者弱化信息；虽然有不少表情符号，但只能在最低限度表达感情和讽刺。因此，短信虽然能给人带来极大的快乐，但也能让人显得冷漠无情。假设有这么一个人，刚来到主人家中赴午餐的约会，正在愉快地跟主人问候、拥抱，这时候她包里的手机嗡嗡响起，她本能地滑动解锁，发现自己最好的朋友刚刚因为乳腺癌离开人世。

The Village Effect 创造村落效应

短信不同于真正的交谈，它更像是一条新闻简报。克莱夫·汤普森（Clive Thompson）在《连线》（*Wired*）杂志上称之为“轻量接触”（Lightweight Contact)。虽然一次短信会话可以有两个或更多的参与者，可以有很多像子弹一样来回穿梭的念头，可以从一个话题谈到另一个话题，但是每一条短信都代表了一个独立的想法。

然而无论如何，每天能发 900 条短信？我并不想质询发短信究竟是好是坏。这世界上先有了“小马快递”（Pony Express），然后是电报，再就是电话，然后才有即时通信软件和电子邮件，之后才出现了手机短信服务之类的东西。我自己也热衷于给我远在天边的孩子、同事和朋友发短信，用 Skype 打电话。我可不是第一天接触现代通信技术了。

人类创造出了许许多多伟大的发明，让距离遥远、不能或不愿面对面交谈的人也能保持联系，而无线通信技术只是其中一颗耀眼的明星。但我相信，很多成年人都会产生共同的疑问，为什么青少年明明可以跟坐在同一间屋子里的人进行所谓“真正的”互动，但他们却宁愿互相发短信？这项新技术是不是就像在课堂上传纸条一样，能够增加信息交流的复杂程度，因而让他们更显亲密？又或者它能增加两个人之间的距离感，让羞涩（或者不愿意表达）的孩子更容易传达出自己无法当面说出的东西？互联网——特别是社交网络是否能扩大青少年的社交圈？又或者它们会不会让某些孩子，比如心理较为脆弱的孩子，变得比以前更加孤僻？

这些问题都十分紧要，而且难以回答。不仅因为无线通信技术仍处于不断变化之中，也因为未成年人的大脑同样在不断变化。大脑中有一块名为“前额叶皮层”的区域，负责制订计划、解决问题、做出决策。它是你大脑里的“调度站长”，把你的注意力从一个地方转移到另一个地方；它还能启动某一项活动，然后再下令终止；它也能决定你即将做什么以及什么时候去做。但是，它和其他大脑皮层区域不一样——它发育得比较晚。比如，视觉皮层的突触发育从婴儿出生时就开始了，在 6 个月大时到达顶峰。在孩子 5 岁之前，视觉皮层的发育就已经全部完成。也就是说，当学龄前儿童进入幼儿园的时候，他们接收和解析视觉信息的能力，就已经达到人生的顶点。

但是，前额叶皮层中的突触连接和修剪，要一直持续到青春期晚期或者成年早期，具体情况则因人而异。[3] 换句话说，在孩子们的前额叶皮层功能完备之前，我们就指望他们能开车上路，选择改变一生的职业道路（比如志愿参军）；还指望他们能投出负责任的选票，建立在几年后申请工作时不会给自己带来麻烦的网络形象。在 21 岁之前，大部分青少年都不可能发展出成年人那样的统筹规划和自我控制能力，有的人甚至还需要更长时间。

虽然青少年和成年人存在着这样的认知差距，但是大部分关于网络世界的研究都只谈了网络对成年人的影响。[4] 似乎人们都怀有一个共识——对于成年人来说适用的东西，对于青少年也同样适用；所有技术以及所有青少年都可以一概而论。但是，每月都要发送 27 000 条短信、无数八卦电邮、“色情短信”和 Facebook 状态的 14 岁少年，真的能把注意力集中在代数方程上吗？他是否拥有足够的预见能力，可以预知自己发布在网络上的东西会带来怎样的影响？或者简单来说，在友谊对你来说意味着一切的时候，拥有 1 700 个朋友究竟意味着什么？

网络霸凌的致命危险

2000 年，一个活泼可爱的 13 岁金发女孩在父母的陪同下来到了我的心理办公室。她碰上了一个在当时看来相当不同寻常的大麻烦。她在读七年级，班上有一个男孩老是骚扰她，不停给她发即时讯息和电子邮件。女孩住在半郊区，每天回家时父母还没有下班，所以她只能一个人待在家里。她被这件事情吓坏了。她的父母对此感到十分困惑，于是在儿科医生的推荐下，来找我寻求建议。那个男孩是他们的一个好友的孩子，起初他们还觉得，女儿自己完全可以处理好这件事。他们告诉我，他们本来以为她肯定懂得如何反击。但是后来他们读了那男孩发来的可怕信息，意识到女儿现在特别害怕独自一个人待在家里，他们这才发现自己错了。

那时候，“网络霸凌”对我来说还是个新鲜的概念。但是我也知道，如果没有成年人进行干预，私下里的冷嘲热讽就会逐步升级。我有处理普通霸凌的经验，我也清楚挪威社会学家丹·奥维尤斯（Dan Olweus，他是第一个系统性地指出校园霸凌现象的人）的研究，所以我建议这两位家长跟他们的好友——也就是那个男孩的父母好好谈一谈，同时也把此事告知学校。因为父母是女儿最信赖的人，所以他们有责任去帮助她，让那个男孩知道他的行为会带来严重的后果——他可能会被学校停学，或者被警察传讯。

两位家长大吃一惊。他们就像很多成年人——包括学校的工作人员一样，不愿意介入孩子的网络世界。但随着电子设备逐渐占据未成年人的社交圈，网络互动毫无疑问已经发生了翻天覆地的转变。发生在真实世界中的事件，会被网络放大。你固然可以把智能手机当作一个出色的社交工具，但它们也能划下牢不可破的界限，传递权力的欲望和冰冷的蔑视，成为欺压他人的工具。

根据一项涵盖 20 766 名马萨诸塞州学生的调查，网络有可能给孩子们带来的真正危险——并非因为他们有可能被陌生人盯上，而是因为他们可能受到熟人的欺压。[5] 2007 年，一项覆盖近 2 000 名初中生的随机调查发现，遭受霸凌（包括网络霸凌）的学生更容易产生自杀的念头，也更有可能付诸行动，结束自己的生命。[6]

虽然青少年的大部分网络互动都平淡无奇，但是一个一时冲动、出于恶意发表的帖子，就能引发一场巨大的灾难。年仅 18 岁的泰勒·克莱门提（Tyler Clementi）自杀了；仅仅两天之前，她的大学室友秘密拍摄了泰勒和另一个男学生的性爱视频，然后通过 Twitter 和网络直播广而告之。转瞬之间，互联网就把一件稀松平常的事情——大学校园中彼此自愿的性探索，变成了一个反响恶劣的全球性事件。

在 2008 年的一项调查中，美国互联网专家阿曼达·兰哈特发现，32% 的青少年都曾经亲身体会过网络羞辱的滋味。在网上被陌生人搭讪过的孩子，比例也不相上下（虽然他们不一定是同一群人），其中又以女孩居多。[7] 荷兰互联网专家帕蒂·沃肯伯格（Patti Valkenberg）和约亨·彼得（Jochen

Peter）也揭示了类似的规律。他们调查了 2 000 名荷兰青少年，发现其中 22% 都遭受过网络霸凌，其中更有 2/3 是年龄介于 14~15 岁之间的女孩。[8]

15 岁是一个划分“圈内人”的分水岭——任何一个拥有 15 岁女儿的父母都知道这一点。在世界上的任何地方——甚至在像中国和冰岛这样与美国截然不同的国家，15 岁孩子对于友情和相互信任的定义都无出其类。而 15 岁，也正是青少年霸凌现象的顶峰；我们会在这个年龄知道，什么是社交排斥。[9]

互联网有放大的能力。研究发现，网络霸凌会进一步放大发生在更衣室、食堂和操场——也就是任何成年人看不到的地方的恶性事件。虽然这两种霸凌行为有所重叠，但也存在差异：在长时间上网、远离父母监督的青少年中，网络霸凌远比校园霸凌更为常见。[10] 两组研究者对此进行了研究。一组研究了 20 000 名波士顿青少年，另一组调查了全美各地共 7 500 名青少年。他们发现，60% 的网络霸凌受害者也同样是校园霸凌的受害者。另外，网络霸凌在入学阶段——刚升入初中和高中时特别普遍，女孩和同性恋青少年更是最常遭受霸凌的对象。[11]

对于大多数十四五岁女孩的家长们来说，如果他们知道女孩是网络霸凌最主要的受害者，他们大概不会感到意外，因为女孩同样是其他女孩刻意冷落、恶意造谣、评头品足的目标。堆积如山的证据指出，不管是在线上还是线下，男孩在争夺地位的斗争中更有可能发动外显式的攻击——辱骂对手，或者身体袭击；而女孩常会避免当面攻击。她们更倾向于隐秘地表达敌意，通过贬低和诋毁，从而把其他女孩逐出群体。

为什么她们要那样做呢？大卫·吉里（David Geary）和同事本杰明·瓦恩加德（Benjamin Winegard）、博·瓦恩加德（Bo Winegard）写道，纵观人类的进化历史，规模较大的群体对于女性来说一直危机四伏，因此女性不愿意与大规模群体共同生活。仅举一例，传统一夫多妻制婚姻对女性和儿童都有危险——妻子们必须争夺食物；而在多妻制婚姻里，儿童的夭折率比一夫一妻制父母生下的孩子高 7~11 倍。

人们总以为女性会自发团结在一起，互相帮助，这可大错特错。这三位进化心理学家还冷酷地写道，除了忽视和虐待之外，“人们普遍认为，一夫多妻制婚姻中的妻子们,还常会毒害其他妻子的孩子”。[12] 如果母亲性格霸道、强势，那么孩子的生存概率就会更高。另外，如果紧邻而居的女性数量更少、小群体的关系更紧密，那么儿童的生存概率也会更高。**总而言之，女性之间的社交排斥，原本是一种减少群体人数的策略。**

> **The Village Effect 创造村落效应**
>
> 即使到了现在，女孩和成年女性（还有雌性黑猩猩）仍然比男性更偏爱规模较小的社会群体，因此她们常常会通过霸凌和排斥来减少女性之间的竞争。[13] 但真正需要讨论的是，青少年女孩远比成年人更能真切地体会到社交排斥的痛楚。或许这是因为，帮助青少年理解社会事件的神经网络在这时仍然混沌不清。一项英国研究证明，自认为受他人排斥、不能参加游戏的青少年女孩，远比处于同样境况的成年女性更加焦虑。社交排斥和因之而来的痛苦，会在我们 15 岁时达到顶峰。[14]

诚然如此。在我女儿 15 岁生日那天，我的育儿生涯跌入了最低谷。那一天，她收到了一份满怀恶意的“生日礼物”——储物柜被人撬开了。学校负责人不久发现，她原本放在柜子里的东西都被人丢进了垃圾桶。然后，她的背包里多了一封匿名的咒骂信（那时候还没有 Facebook），写满了不公的指责。最糟糕的是，她的女性朋友们开始莫名其妙地跟她作对。那天晚上只有少数几个坚定的好友来我们家参加她的生日派对。

我们后来得知，这是一位“女王蜂”——专门欺负其他女孩的女性恶霸的杰作。她看上了一个男孩，而这个男孩是她们共同的朋友。所以，她想把我女儿赶走，好对男孩展开攻势。她先是跟伊娃的朋友交朋友，勾结上容易上当受骗的人，另外还有撬锁、写威胁信等行为，其目的都是为了瓦解伊娃的社会地位。这种极其恶毒的心理欺侮，是青少年女孩的“入门仪式”。如果这些排斥战略与互联网瞬息地毯式轰炸的强大威力结合在一起，就是我们现在说的网络霸凌。

不过我们也应当知道，短信和数字网络并不是青少年做出卑劣行为的原因。没有了面对面接触时的“情感关卡”，它们只不过是把青少年已经拥有的能力扩散开来罢了。这类骚扰行为是一个延续了数千年的重要传统，特别是当人气竞争与人们对地位和关注——通常来自另一性别的某个人的诉求联系在一起时。美国灵长类动物学家多萝西·切尼（Dorothy Cheney）和罗伯特·赛法斯（Robert Seyfarth）在他们那本引人入胜的著作《狒狒的形而上学：社会思维的演化》（*Baboon Metaphysics*）中写道，就算雌狒狒们已经习惯了某种社会等级，偶尔也会有自命不凡者试图破坏社会秩序。那时候，就会出现灾难。

> 2003 年 7 月似乎出现了这样一个机会。当时，第四级母系家庭的雌性头领莱科做了一件无伤大雅的事——她和洛基，一个中间等级的雄性建立了配偶关系。出于至今仍然悬而未决的原因，来自第五、第二和第三等级母系家庭的未成年雌性愤怒地作出回应。它们频频甩头、发牢骚，追赶、撕咬莱科，威胁它。虽然莱科和它的女儿丽兹、丽萨做出了友善回应，但很快，莱科就被赶到了族群的外围。
>
> 在那群攻击者里，有来自第五级母系家庭的成员——贝萝，它的女儿亚马逊和多米诺，还有它的姊妹阿特卡。四、五这两个母系家庭的成员以及来自其他母系家庭的雌性，整整争斗了一周之久，战况一度异常激烈。在莱科和洛基的配偶关系结束几天之后，莱科家族展开了认真的报复。丽萨似乎尤其恼恨僭越者的挑

战。一天早上，它成功孤立了贝萝。它俩激烈地扭打在一起，最终，它在贝萝的眼睛上留下了一道鲜血淋漓的伤口。随后，攻击事件逐渐减少，所有的狒狒都回归到了自己过去的社会等级。[15]

高等级的雌性灵长类动物可以威吓其他雌性，让受害者无法怀上健康的后代；就算有了后代，它们也会在恐吓中担惊受怕，无法把孩子抚养长大。[16]这是终极的进化制裁。不过跟成年的灵长类动物相比，雌性霸凌现象在未成年灵长类中更为常见。切尼和赛法斯特别指出，在袭击莱科的例子里，事件的起因可能是附近有太多性成熟的未成年雌性。它们可能认为，莱科新建立的配偶关系会危及它们的未来。“她以为她是谁啊？”——这个拟人化的解释，是否也有可能正是欺负我女儿的人心中所想？

但是，雌性灵长类动物之间的外显式攻击相当罕见。切尼和赛法斯写道：“事实上，大多数雌性的显性交互活动，都采取了排挤的形式：一个雌性靠近另一个雌性，迫使后者放弃自己的位置、性伴侣，或者食物。”如果她们真的开始打架，其他雌性往往会插手干预。他们写道：“没有牵连的旁观者们在围观其他雌性打斗时，常常会发出带有威胁意味的咕噜声，仿佛站在安全距离之外发出愤怒的指责。”[17]这和网络霸凌形成了有趣的类比。你的“朋友”可能会在网上发表评论、上传照片，给事件火上浇油——可谓是升级版的“带有威胁意味的咕噜声”。又或者他们可能会潜伏在网络空间，静静旁观事态的发展。

网络霸凌还有一个独特之处：虽然青少年受到公开羞辱，但是他们往往会把自己的遭遇深埋心底。在受到网络霸凌的青少年中，只有不足 10% 会告诉父母自己身上究竟发生了什么。[18]说到“朋友”，又是另一回事了。如果你独自在家，坐在电脑屏幕前，突然发现你有一张丢脸的照片或者一则谣言传遍了你的虚拟村落：你的数百个“朋友”都会和自己的圈子分享那令你难堪的信息。这时候，你很难联合自己的盟友发起反击。

卸掉了智能手机的伪装，网络上的恶霸也可能是现实生活中的懦夫。但在网络上，他们会如影随形，难以摆脱。他们隐藏了自己的身份。当侮辱的利箭击中了目标，他们也不必亲眼看到你脸上的表情。最奇怪的是，受害者的网络社区往往会助长此类恶行，就好像他们在做梦，或者把全部注意力都投向了视频里的动作镜头。很少有人会挺身而出，阻止事态进一步恶化。

因此，我们也就没什么好奇怪的了——美国国家卫生研究院的一群流行病学家发现，网络霸凌受害者的临床抑郁率，比“标准”霸凌受害者还要高。[19] 如果这还不足以让你意识到问题的严重性，那么不妨来看看下面这项覆盖了近 2 000 名美国初中生（六至八年级）的调查。调查发现，在遭受网络霸凌的孩子里，20% 都曾经严肃地考虑过自杀，还有另外 19% 承认他们已经尝试过了。[20] 根据疾病控制中心的调查，自杀是青少年死亡的第三大原因。这些数字应该能让父母心生寒意。

The Village Effect 创造村落效应

网络霸凌现象十分常见。两位加利福尼亚大学洛杉矶分校的心理学家埃利西亚·格罗斯（Elisheva Gross）和贾安娜·尤沃宁（Jaana Juvonen）调查发现，在年龄介乎 12~17 岁之间的互联网使用者中，有 72% 都曾经至少一次成为网络霸凌的目标，更有 1/5 曾多次遭受网络霸凌。校园羞辱和网络霸凌的重叠率十分高——达到 85%，用研究者的话说，这意味着互联网只不过是“超越了校园”。尽管如此，当社交媒体和网络摄像头被用来威胁他人时，网络霸凌就会增加青少年铤而走险的概率。就像飙车和酒精一样，如果没有成年人监管，上社交网络也可能会带来致命的危险。

一场不该错过的葬礼

我最近在Facebook上得知，一个儿时伙伴的妹妹去世了。但因为我隔几天才会看一次Facebook的推送,所以我错过了她的葬礼。我应该去参加的。如果有人直接联系我的话，我一定会去参加葬礼。朋友的妹妹一个人过着独居生活，有一天她摔下了楼梯，在那里躺了很久才被人发现，发现时她已经孤独地死去了。

我给朋友打了个电话，在她手机上留了一条语音信息。我还给她写了一封电子邮件表达我的慰问，并抄送了她的好几个邮箱。我也考虑过给她发短信，但是我想了想，最终还是没有这么做。我认识她40年了，认识她妹妹也有40年了。我想听到我朋友的声音，也想让她听到我的声音。但是，当我们终于通上话的时候，“七日居丧期”（犹太教中社会悼念的时间。在此期间，痛失所爱的人身边一定要有朋友和家人环绕）已经过去了。她已经回到自己位于另一座城市的家，恢复了日常的生活。我也恢复了自己的生活。

就算在一条生命戛然而止的时候，我们也不太可能像过去那样进行面对面的真诚互动了。朋友妹妹的死讯夹杂在一大堆数字垃圾之间——有人“赞”了一间刚去住过的酒店，有人发了一条猫耍杂技的Youtube视频链接。与其说是网络这种媒介造成了人与人的疏离，倒不如说它来源于我们对网络的过高期望。

很多人似乎赋予了设备拥有超越自然的能力，我们可以随心所欲，在需要远离的时候创造距离，在需要亲近的时候拉近距离。正如专栏作家弗兰克·布鲁尼（Frank Bruni）这样解释他和自己的长期爱侣为什么不生活在一起:因为他们不需要，他们可以在互联网上相会。“这是我们这个年代的怪事:分离其实是新重逢，因为此时的孤身一人，已经不再是彼时的孤身一人。除了电话，我们还能通过Skype、电子邮件、短信和色情短信，书写我们自己的电子版《爱经》。”[21]

别搞错，我也像其他人一样喜欢阅读“朋友”分享的奇怪文章，就算网站提醒我已经读过它了，就算这位所谓的“朋友”在街上跟我擦身而过也认不出我来。但是，社交网站无法除去杂芜，也不能太强调感情。它既不是新闻报纸，也不是公用电话线。你可以在社交网络上读到一个人在阵亡将士纪念日的那个周末是怎么度过的；也可以看到某个人赢了奖，然后给她点个“赞”。但在大部分时间里，你看不到她的缺点，看不到她人性化的一面。你可能跟她交情深厚，你可能对她十分了解；但在她的妹妹去世时，你们两个也可能变成陌生人。

“Facebook 抑郁症”

不过，在青少年对电子屏幕的热爱中，也隐藏着一些好消息。这多少能让人感到些许宽慰。在电子产品的帮助下，拥有众多朋友的孩子可以跟所有人保持密切的联系。一种互动可以促进另一种互动，虽然这个结论完全颠覆了专家们最初的设想。在 20 世纪 90 年代末，社会心理学家罗伯特·克劳斯（Robert Kraus）和他的同事向 93 个匹兹堡家庭发放了个人电脑。在接下来的两年里，他们对这些家庭中所有 10 岁以上的人进行了追踪调查，一丝不苟地记录下了他们的活动和心情。

研究者发现，在有了电脑之后，虚拟体验代替了真实的体验，电脑也因而减少了青少年们进行面对面社交接触的时间。青少年在互联网上花的时间越多，他们参与社交活动的机会就越少，他们就会感到越孤独。[22]在项目开始之前，研究者已经检测了被试的情绪状况，所以他们有理由认为，电脑和孤独之间存在着某种因果关系。机器并没有让青少年感觉自己和他人声息相通，反而会加深他们的孤立感。这与研究者原本的期望截然相反，所以他们把这个现象称为“互联网悖论”。

时至今日，这样的共识又变了。现在我们可以这样总结：互联网对孩子的社交生活究竟会产生什么样的影响，取决于登录者是何许人也。个人性格扮演了非常重要的角色。性格外向的青少年会把他们的移动设备当作自己的社会资本。他们会常联系自己认识的人，给他们发很多照片，“戳”他们的主页，和他们分享笑话。这能帮助他们增进亲密感，巩固自己的社交圈子。[23]在拥有众多朋友的幸运儿看来，即时信息和电子邮件跟面对面的互动完全没有干扰，反而能相互促进。如果一种互动方式的频率上升了，另一种也会随之而起。换句话说，无线通信可以让性格外向、适应良好的青少年变得更加外向，让社交生活丰富的人拥有更加丰富的社交生活。

那么，性格比较羞怯的孩子又会如何？社交生活贫乏的人是否也能通过网络来丰富自己的社交生活？互联网允许害羞的孩子分享自己的信息，而不必看着他人的眼睛、解读他人的肢体语言、担心他人的反应。青少年男孩们太喜欢这一点了——总体而言，他们比女孩更不善于面对面表达自己的情感。而分享本来就是女孩们建立友情的前提，所以对于很多女孩来说，互联网这种媒介也是个不错的选择。[24]在网络上，你不仅看不到他人的表情，机器的局限还创造出了一条不可逾越的界限——这界限有时候确实让人欣慰。

想想古罗马诗人奥维德（Ovid）笔下的那对年轻爱侣皮拉摩斯和提斯柏吧。他们从小生活在两栋紧邻的房子里，只隔了一面墙壁。两大家族不允许他们结婚，所以他们只能透过墙上的裂缝倾诉衷肠。这条狭窄的缝隙，成了他们唯一的交流之所。“越是遮蔽火焰，它燃烧得越是炽烈。”古典学者伊迪丝·汉密尔顿（Edith Hamilton）这样评说墙壁带来的爱情张力。[25]

但如果没有面对面的接触，社交生活贫乏的人就会更缺少社交生活。在网上跟陌生人互动的青少年，比借助电子设备跟认识的人保持联系的孩子更加孤独。而最有可能跟陌生人打交道的，又恰恰是那些心里感到不快的孩子。[26] 权威人士把这种现象称为“Facebook 抑郁症”。如果青少年在上网之前就感到自己被别人疏远了——这种情绪会促使很多人转向网络世界寻求连接感，而又试图在互联网这个以匿名为主的世界里与他人建立联系，那么他们的疏离感就会被进一步放大，他们也会变得比之前更加消沉。本来就存在心理问题的孩子，更有可能受到影响。

The Village Effect 创造村落效应

一项以色列的研究证明，当有学习障碍的孩子——他们常会感到自己像是圈外人，用互联网和他们的“虚拟好友”联系时，他们会感到自己与他人更加疏远。在互联网上寻找爱情和社会连接的孤独青少年（相较于利用网络搜索信息或者淘宝的青少年）会变得比之前更加孤独。[27]

不过，患有注意力缺陷多动障碍（ADHD）的儿童的父母可能会说，虽然他们的孩子很不安分，但是在他们看电视或者玩电子游戏时，他们往往能安静下来。尽管这并不能像很多人期望的那样，证明医生的诊断是错的，但它确实可以说明某些问题。他们对电子屏幕的痴迷，反映出了数字媒体的不断创新和难以预测的奖励机制，会让儿童大脑中的多巴胺明显激增，令人感觉更加愉悦。

患有注意力缺陷多动障碍的孩子常常会鲁莽行事，从不停下来考虑结果。他们常常会因为冲动“干傻事”而受到同龄人的冷落。对于他们来说，在互联网的世界里建立虚拟的友谊，远比跟同龄人打交道容易多了。[28] 正如佩莉·克拉斯所言：“这些孩子的大脑需要神经化学奖励，他们很需要找到一种能提供这类奖励机制的活动。因此，有社交问题的孩子会花更多时间独自面对屏幕。”[29]

事实上，抑郁的青少年会在网络上留下鲜明的印记。微软的研究者曾经利用数据发掘的办法，分析了 489 个人的 Twitter。他们发现，有严重抑郁风险的人在晚上发推的时间晚于常人，他们的 Twitter 消息也很少涉及真正的社交计划和除他们自己以外的旁人。他们的 Twitter 消息大多都是关于自己的，甚至直接谈论自己的抑郁症状。[30]

Facebook 也同样能如实反映人们的精神状态。20%~30% 的大学生的 Facebook 页面都反映出他们有深切的抑郁之感。这个结论应该能让家长和大学管理人员大吃一惊。他们不仅要更加关注孩子的精神健康，还应该关心一下隐私泄露问题。[31] 即便人们可以在发推之后停止分享，也逃不过数据发掘这位“老大哥”的眼睛。数据发掘告诉了我们两件很重要的事：第一，在大学生同年龄段的青年人中，因为极度抑郁而无法正常生活的人数被大大低估了；第二，青少年在网络上的行为，或许比他们对你说的话更能透露自己的真实感受。

麻省理工学院心理学家雪莉·特克尔（Sherry Turkle）在著作《群体性孤独》（*Alone Together*）中指出，这是因为零碎的电子互动——短信、电子邮件、下载的东西和 Twitter 上的消息），不一定能组成一次真正的谈话，虽然它们有重要的商业和政治用途，也有助于建构个人的电子部落。她提到了一个 16 岁男孩的故事。这个男孩几乎完全依靠短信跟别人交流，无论想说什么话，全都写在短信里。他告诉特克尔：“有时候，我是说偶尔，肯定不是现在，我也想学习跟人交谈。”听起来太过匪夷所思？[32]

根据 2012 年发表的一份涵盖了 5 000 名美国大学生的详尽报告，很多年龄较大的青年都有这样的想法。研究者调查了过去两个 10 年的大学生（20 世纪 80 年代和 90 年代），发现“当代的大学生比他们的前辈认识的人更多，但是他们却感到更加孤独……我们脑中都能浮现出这样一幅画面：一群学生步行穿过校园，每个人都死死盯着自己的手机。”这项由阿瑟·莱文（Arthur

Levine ）和戴安·迪恩（Diane Dean）领导的研究还告诉我们，当代大学生可以娴熟地使用电子设备，但是他们的“人际能力却很差”，而且他们时常感到难以面对面地交流想法和感受。研究者专门写了一本书《走钢丝的一代》（*Generation on a Tightrope*），在书中提到：

> 在几乎任何一个有宿舍楼的大学校园里，我们都听说过这样的奇事：发生矛盾的室友背对背待在同一个房间里，虽然嘴上什么都不说，但却不断通过短信向对方发泄自己的怒气……很多学生说，他们更喜欢短信而不是电话，因为他们觉得这样更不容易受到伤害，特别是当他们谈论自己的心事时。他们害怕遭到拒绝，而短信显得不那么有针对性。
>
> 这就造成了一种奇特的现象：最应该当面处理的问题，被降格到了短信和电子邮件。有些学生说，他们接到过分手短信，还有“我不想再跟你做朋友了”之类的网络信息。几乎所有大学校长都说，这一代大学生的社交技能变差了。一位特别不满的校长甚至称他们是“社交无能儿”。[33]

我并不想说大多数青少年都是社交上的“原始人”，其实他们很善于追踪他人的动向，所以事实或许正好相反。通过现在的社交媒体，高中时代的兄弟情谊可以跟随他们步入大学，甚至延续至找到自己的第一份工作。但是，这也让他们失去了某些东西。很多人只满足于跟过去的熟人进行简短的数字交流，或者投身于不需要太多情感资本的“勾搭”潮流。他们不再花心思结交新朋友，建立深厚的友谊。他们的“村落”虽然人丁兴旺、稠密拥挤、错综复杂，但是并不在他们周围：很有可能你交际广泛，但同时却感到极度孤独。

就算青少年把遗世独立当作自己的人生志愿，你也不得不考虑社交互动减少对学习能力和个人幸福的影响。美国国家精神卫生研究所神经学家和大脑成像主任杰·吉德（Jay Giedd）指出，青少年大脑中发生的诸多变化，都可以归因于真实社交接触带来的影响。[34] 既然如此，为什么还有那么多成年人费尽心机，试图在学校里推广数字教育？

笔记本电脑真能让孩子学到更多东西吗

21 世纪之初，在诱人的前沿科技的鼓动之下，家长、老师、学校管理层，甚至政府，纷纷开始筹集资金。为了募集足够的款项，人们卖掉了无数纸杯蛋糕，只为了让电脑进入课堂。盲目的乐观情绪让可行性研究和效果研究黯然失色。虽然它们通常是教育局和学校董事会关注的重点，但却忽然变得无关紧要。很多人相信，技术将会改变教育，推动学术走向民主。如果每个孩子手边都有一台电脑，手指敲击几下就能上网，那么他们都能根据自己的水平自主学习。还有一位老师曾经跟我说，书本很快就会被时代淘汰，更别说课堂了。她班上的二年级小学生需要马上适应这个变化。数字技术，特别是移动信息技术，将会做到所有教师都不曾做到的事情。

放眼世界，“每童一电脑计划”（One Laptop Per Child）为我们创造了一幅数字乌托邦的愿景：有朝一日，所有发展中国家的孩子都能上网。该项目由麻省理工学院媒体实验室的创始人之一尼古拉斯·尼葛洛庞帝（Nicholas Negroponte）牵头，旨在让世界各地所有 6 岁以上的儿童都能用上低成本、可联网的全新笔记本电脑。他们觉得，只要有一台电脑，贫穷和偏远社会的孩子就能自己学会使用，然后教会他们的家人。这样一来，知识就能快速传播开来。用数字教育理论学家马克·沃沙尔（Mark Warschauer）的话说，这是一种“顺路停车式”的教育：在送完笔记本电脑之后，成年人就可以抽身走掉。[35]

这些电脑预先安装了一个名为“Sugar”的特殊操作系统。根据支持者的说法，它比人类教师更加可靠。而且，任何一个 12 岁的孩子都能提供技术支援，所以也不用花钱去运营和维护。尼葛洛庞帝解释说：“如果你去了那些乡村学校，你就知道那里的教师确实尽心尽力，但是他们自己可能也只受过小学六年级教育。甚至在某些我不愿意透露名字的国家，还有1/3的教师从来没受过教育。”他在麻省理工学院的同事、笔记本电脑项目的另一位联合创始人西摩尔·派普特（Seymour Papert）声称，一旦每个孩子都拥有一台电脑，他们就不再需要面对面的教学指导了。“有了电脑后无需任何人指点就能自己学会使用的人，世界上何止千万。所以我对孩子的学习能力充满信心。”[36]

孩子最擅长学习，这倒是真的。但是不少贫困社会的老师早在几十年前就发现，孩子们在学习过程中都会碰到挫折；在战胜挫折之前，他们必须先打下一定的基础。研究者在美国阿拉巴马州的伯明翰市和其他城市也试行了“每童一电脑计划”。

The Village Effect 创造村落效应

根据研究领导者马克·沃沙尔和摩根·埃姆斯（Morgan Ames）的说法，在学生得到免费的笔记本电脑之后，他们花在课业和创意作业上的时间变少了，网络聊天室倒总能出现他们的身影。研究者还提到，在低收入的家庭中，很多家长都得长时间工作，他们的孩子较少受到成年人监督。所以，他们主要用笔记本电脑来娱乐：玩游戏、聊天、下载音乐和电影。[37] **笔记本电脑和电视一样，确实可以成为教育的工具。但通常来说，它们都不是。**

尼葛洛庞帝本来打算为发展中社会打造一个数字乌托邦，但在实际操作中却遇到了前所未有的挑战。很多笔记本电脑的新主人家里都没有自来水，也没有通电。曾有一位年轻的美国电子工程师志愿前往秘鲁，效力于开始最早、规模最大的“每童一电脑计划”。他在自己的博客中写道，出现的问题有大（那里的孩子经常生病）有小（电脑的键盘很容易损坏），不断积聚的问题让任何教育都显得苍白无力。村子里很难找到干净的饮用水，所以他的学生常常会患上痢疾，因为病重而无法学习。用来给笔记本电脑和互联网连接器——“每童一电脑计划”的基本组件之一，进行充电的电源也太少。

另外，笔记本电脑本身的问题也不少，如果它们坏掉了，附近一般也没有人能修理。[38] 这些都是很常见的问题，然而网上关于世界各地“每童一电脑计划”的讨论，谈的都是技术问题，而不是最基本的问题——笔记本电脑真的能让孩子们学到更多东西吗？它们真的能胜过一位负责任且受过良好训练的教师吗？

在项目刚刚启动的时候，没有人知道答案。尽管如此，移动信息技术的光明前景和这份礼物沉甸甸的分量（一个崭新的笔记本电脑带来的冲击感，可比一个教师培训项目大多了），仍然引来了一波又一波的企业资金。个人捐赠者也纷纷跟风效仿。其中北美的“捐一得一计划”（Give One, Get One）尤为引人注目。每捐赠 400 美元，捐赠者就能得到一台特别设计的 XO-1 笔记本电脑，一名发展中国家的儿童也能得到一台一样的电脑。到 2012 年为止，“每童一电脑计划”已经开展了 7 年，年度预算达到 1 200 万美元，累计给发展中国家的儿童寄送了 250 万台笔记本电脑。[39]

结果又如何？孩子拿到笔记本电脑之后，自尊心似乎是提高了，但是他们的阅读和写作能力并没有任何改善。[40] 仅以海地为例，该国共发放了 15 000 台笔记本电脑，但是一半的三年级儿童仍然不认得任何法语或者克里奥尔语单词。这倒也有因可循，因为 1/3 的海地 5~14 岁儿童都失学了。在更年长的青少年中，这一比例很可能还会更高。[41]

在尼泊尔，一台补助笔记本电脑的价格是77美元，该国至少已经送出了2 500台电脑。根据联合国教科文组织在2010年发布的数据，该国政府每年在每个学生身上的教育支出只有区区61美元。教育投资如此微不足道，难怪79%的尼泊尔二年级学生都是文盲，有没有笔记本电脑都一样。[42] 对比来看，美国2010年度的教育开支差不多是尼泊尔的200倍：小学生每人每年11 000美元，中学生每人每年12 000美元。[43]

很多人认为，为世界各地的学生提供移动技术是一件大好事，我们对此深信不疑，热烈追捧。但是，它不但引发了许多教育问题，也引发了诸多严重的伦理问题。2009年，"每童一电脑计划"开始在饱受战争蹂躏的刚果民主共和国发放新电脑。恰恰从那年开始，疟疾患者的数量猛增到250%。我们当然知道，笔记本电脑并不是疟疾和内战的原因。你也可以争辩，就算国家面临着其他问题，儿童的教育也应该持续进步。

但是我们也要看到，在这样一个国家，每年有20万人（包括儿童在内）死于传染性疾病，大多数家庭都无力购买3美元的蚊帐，更不可能有钱支付孩子的学费、医疗、校服和课本费用。在这种情况下，推广昂贵的笔记本电脑计划不但是个错误的决断，而且简直荒谬至极。"如果他们必须在食物和蚊帐之间做出选择，他们肯定会选择食物。"该地区联合国儿童基金会的儿童生存主管卡里尔·塞格诺（Kalil Sagno）这样说。[44] 谁又能怪他们呢？一台XO笔记本电脑的花费，大约可以买67顶蚊帐；或者在大多数施行"每童一电脑计划"的国家，支付老师一个月的工资。

以技术为中心的现代课堂

现在让我们把目光从国外转向身边吧。当年笔记本电脑刚开始进入校园的时候，我也不能免俗。那是2000年，我12岁的儿子刚刚步入中学，我帮他报名参加了一个实验项目。当时，北美和欧洲地区突然出现了不少无出其类的笔记本电脑计划，这便是其中之一。它甫一出现，就让一群爱子心切又热爱科技的家长们沦陷了。他们慷慨拿出 1 000 美元，为家里的每个孩子购置了一台专用的笔记本电脑。这个新计划旨在让每个孩子都拥有一台自己的电脑，不用跟其他人分享，它的理念跟“每童一电脑计划”差不了多少，它的第二项“成就”——如果你真可以称之为成就的话，就是拿 PowerPoint 和 Excel 当作检测学习成果的首要工具，其他科技含量较低的评估方法，比如书面考试和期末论文，只能位居其后。不久以后，我就发现自己犯了错。

我的儿子和他的同学们都把时间花在了上网和玩电脑游戏上；如果老师从旁经过，学生们就会手脚麻利地切换回当前的课堂界面。他们的自选作业是准备一套极其幼稚的 PowerPoint。（在我儿子制作的第一套还是第二套 PowerPoint 里，目标任务的头顶上盘旋着一坨添加了动画效果的大便，就像连环画里表现人物内心独白的对话框。）一开始，他还觉得这一切都挺有趣。但不久以后，学生们的注意力都被电子屏幕吸走了，教师不得不在课堂上花大量时间集中他们的注意力。

一年之后，他打起了退堂鼓。但是，学校管理层急于证明这个先锋计划的效果，所以不允许他中途退出。他们深信自己的实验性笔记本电脑计划一定能取得成功，为了取得实证，他们用尽了一切办法。最后，他们确实达成所愿：只需要把学习成绩最好的学生都安排到使用笔记本电脑的班级就行了。有时，甚至不惜违背学生本人的意愿。

于是，我们碰到了一个棘手的问题：在其他情况下都十分精明的家长和学校管理层，为什么会在课堂科技上栽了大跟头？在《何时可以信任专家？》（*When Can You Trust the Experts?*）一书中，心理学家丹尼尔·威林厄姆（Daniel Willingham）利用认知科学实验推翻了许多看似神圣、实则没有证据支持的“专家意见”。

在这座“垃圾堆”里，你能找到长期受人追捧的“学习类型理论”（有的学生是视觉学习者，有的学生是听觉学习者，所以必须依据他们各自的特点，采取不同的教学方法）、阅读教学中使用的“全词法”（整体记忆比读音拼词的效果更好），还有“左-右脑学习”（左脑负责分析，右脑负责创造）——没有任何一种方法有据可循，但它们却得到了越来越多人的支持，因为人们更愿意相信简单的解释，也更乐意接受能证明它的证据。不同的流行观点，影响也不尽相同。威林厄姆写道：

> 很多方法虽然没有事实依据，但是也没有害处。或许它们会让我们花点儿冤枉钱和时间，但是我们仍然觉得这些办法很好玩，很有意思。本来我们也没有太拿它们当回事。不过，如果这些毫无事实依据的观念牵扯到了学校和教育，那我们就得当心了。
>
> 首先，时间和金钱上的开支可能十分庞大。更糟糕的是，错误的学习观念会牺牲孩子的教育。哪些方法和材料真的能帮助学生学习？科学工具为我们指出了一条明路……但就算我们广泛使用科学工具进行研究，得出的结果要么常常被人忽视，要么就是被一心只想赚钱的人给彻底扭曲了。[45]

传统课堂是以学生为中心的，如今却变成了以技术为中心。转变突如其来，成本也十分高昂。2005 年，比尔·克林顿要求国会拨款 4 630 万美元，用于为本国学校教师和管理层购买笔记本电脑、智能黑板和其他电子产品。从那以后，美国政府花了 400 多亿美元实现课堂“电子化”；99 000 所公立学校（K-12）每年的课堂技术类支出大约为 170 亿美元。[46]

英国也奋不顾身地投入了课堂技术的洪流，甚至比美国还要早。早在 20 世纪 90 年代中期，英国首相托尼·布莱尔（Tony Blair）就决定花钱为英国的每间教室安装智能黑板。到 2005 年为止，这一举措已经花了英国纳税人 16.7 亿英镑，而且仍然没有停止的势头。[47] 与此同时，澳大利亚首相茱莉亚·吉拉德（Julia Gillard）在 2012 年给“每童一电脑计划”拨款 1 170 万美元，为生活在边远地区的儿童购买了 50 000 台笔记本电脑。[48]

如果国家的首脑人物都被说服了——更别说还有许许多多像我这样用心良苦的父母，愿意花费巨资让学生接触最新锐的技术，那么我们当然有理由相信，这一开创性的举措必然收获了丰硕的成果，不然就对不起我们的付出。但现在距离笔记本电脑、交互式黑板和平板电脑进入北美和欧洲的数百万家庭和课堂，已经过去 10 多年了，然而却没有什么证据能证明技术确实可以促进学业。事实上，绝大部分证据都证明了相反的结论。**在新技术进入家庭和课堂之后，大部分青少年的学习成绩要么维持不变，要么出现下滑。**

这已经不是什么新闻了。在大部分新技术出现之后，人们往往很容易产生过高的期待。作家汤姆·范德比尔特（Tom Vanderbilt）写道，曾经有人预言电话将会成为"解决地方主义的灵丹妙药"，有了它，才会有摩天大楼和跨国企业。在电视机诞生的时候，也曾有人说出了同样不切实际的预言。

电视机的发明者费罗·法恩斯沃斯（Philo T. Farnsworth）认为，他的发明将会给世界带来和平。法恩斯沃斯的传记作者埃文·施瓦茨（Evan Schwartz）写道："如果我们能亲眼看到其他国家的人，了解他们的不同，我们怎么会产生误解？"[49] 对大多数青少年（和成年人）来说，网络设备无处不见，充满魅力。所以，我们可能会想当然地认为，这些小机器也能成为出色的教师，无论他们想知道什么，都能从中得到满意的答案。

在巨大的公共支出背后，还有第二条假设：如果人人都能接触到技术，那么富人和穷人之间的教育差距就可以缩小。只要人们能接触到技术，他们就会自然而然地开始学习。但这是真的吗？在 21 世纪的头几年，经济学家雅各布·维格多（Jacob Vigdor）和海伦·拉德（Helen Ladd）决定系统地检验一下这个假说。他们花了 5 年时间，分析了将近 100 万个五至八年级的美国学生，每年对他们的数学和阅读能力进行评估，同时也请他们填写详细的调查问卷，以便研究他们如何分配自己的课外时间。

研究者通过追踪学生的学习成绩，再比对他们开始接触电脑和宽带网络的时间，就能评估技术对他们的影响。但是，结果不容乐观。“在五至八年级时接触到家用电脑的学生，阅读和数学测试成绩更有可能出现持续下滑……高速网络服务也会对学业产生类似的影响。能用上高速网络的小学高年级生和初中生，数学和阅读测试的成绩往往比同龄人低很多。”[50] 在家用电脑出现之后，学生的阅读、写作和数学成绩出现了明显的下降。直到研究者结束追踪为止，他们的成绩一直维持在较低的水平。

这有可能是因为电脑取代了其他活动的位置，比如写作业和进行面对面的社交接触。很多孩子都用他们新到手的网络设备上网、玩电子游戏，或者下载音乐、电影和色情片，而不是撰写《远大前程》（*Great Expectations*）的阅读报告。更糟糕的是，**笔记本电脑和互联网似乎并不能减小贫富阶级的教育差距，反而会把差距越拉越大**。就算在经济同样贫困的人群里，相对弱势的学生（男孩和黑人）也更容易受到负面影响。在拿到电脑之后，他们的阅读成绩往往比以前更糟了。

The Village Effect 创造村落效应

对于绝大多数学生来说，新颖的技术产品之于阅读、写作和数学能力的影响，相较于电子化程度较低的课堂教学，可以归结为简单的6个字：没有显著差异。[51] 一个英国的研究小组发现，兼具触屏感应和数字投影功能的智能黑板，会让学生觉得上课更有意思，也能方便老师在视频和黑板之间来回切换。[52] 但是最终结果却显示，真正能够影响学业的因素，其实是教师能否利用新技术跟学生进行有效的互动。[53] 换句话说，关键因素并不是技术，而是教师本人。

其他研究者也调查了数万名中学生，对使用各种软件的实验性笔记本电脑计划进行了评估，结果同样令人失望。密歇根州的笔记本电脑计划就是一个很好的例子——它还给自己起了个骄傲的名字，叫作“自由学习”（Freedom to Learn）。研究者对参与该项目的 8 组学校进行了为时两年的比较研究，但是并没有发现“笔记本电脑组”和“控制组”存在任何差异。[54] 还有一项为时 4 年的研究，调查了 5 000 名参与笔记本电脑计划的得克萨斯州小学高年级生和初中生，也没有发现什么值得称道的变化。[55]

越来越多的研究反复证明了类似的结论。不管研究者调查了多少学生，也不管学生们用了什么软件，（除了某个针对四年级学生的计划之外）课堂笔记本电脑都不能提升学生的成绩。有时候，它们还会让情况变得更糟糕。比如，一项美国大型研究覆盖了 36 个不同学区，调查了 10 000 名六年级学生，结果发现，使用笔记本电脑的孩子的数学能力远远落后于他们的同龄人。[56]

而且，另一个老生常谈也站不住脚——课堂技术能让学生根据自己的需要调整学习速度。得克萨斯州的研究者对此直言不讳：“没有证据能证明技术沉浸与自主学习或成绩进步有关。”参加笔记本电脑计划的学生跟他们的同学一样，觉得中学生活“毫无意义”。参与笔记本电脑计划的孩子更不乐意在课堂上表现自我，也更有可能缺勤。（其他研究也证明，重度互联网使用者更有可能逃学，女孩尤其如此。）就像很多当代大学生一样，他们可能也认为，既然大部分教学内容都放到了网上，他们就不必亲自去教室上课了[57]——只需要上网就行了啊。

技术重要，还是教师重要

在一个冰雪初融的早春，我来到某小学二年级的教室，观察孩子们如何上课。一位家长给这个班捐赠了 30 部崭新的 iPad，没有任何附加条件。至于教师怎么利用这些电子设备开展自己的教学活动，家长和学校都未置一词，一切都归教师全权处理。她决定用 iPad 来读《绒布小兔子》（*The Velveteen Rabbit*）的电子书——这是这群 7 岁儿童第一次阅读短篇故事书。虽然教师的用意是好的，而且她的面对面教学能力也十分出色，但是孩子们的注意力很快就不在阅读上了；他们更喜欢摆弄字体，划弄页面，添加五颜六色的笔记，而不去尝试品味故事中的酸甜苦辣。

后来同学们终于安静下来，准备排队去上体育课。老师拿出一本翻旧了的《绒布小兔子》纸质书，问有没有人想要。一个女孩举起了手，但仍然有些迟疑。班上的其他孩子要么低头看鞋子，要么左顾右盼，尽量不跟教师发生眼神接触。直到教师再三保证，他们不需要交出自己的免费 iPad 就能得到这本书，他们才一个接一个举起了手。

课堂技术之所以对学习没有什么促进作用，可能是因为大多数教师都没有接受过与之有关的分学科训练。曾经有一项研究调查了 10 000 间教室的教学活动，研究者发现，教师很少会用笔记本电脑来教授新东西；它们的主要用途是显示教学内容，或者训练某项已经教过的能力。[58] 在特定的条件下，课堂技术确实在某些地区的部分孩子身上取得了小范围的成功。比如，某些学校七至九年级的学生参加了缅因州的笔记本电脑计划，结果显示，这些年龄较大的儿童在拿到笔记本电脑之后确实提高了写作能力，而且部分学生的数学能力也有所提高——只要他们的教师参加了“一个设计完善、执行到位的职业发展计划”。[59]

这个训练计划采用了面对面讲习和网络工作坊两种形式，丰富了教师的数学知识；同时针对他们的课堂表现出谋划策，提升他们的教学能力；还建立了一个由数学教师组成的“专业学习社区”，让他们彼此帮助、互相指导；最后，还帮助他们把新技术融入自己的教学实践中。如果用笔记本电脑进行实验性教学的教师肯花两年时间参加这样的训练，那么学生的数学成绩进步就会略优于控制组的学生（控制组提升了 20%，而实验组提升了 22%）。

接受了额外训练的教师，本来就应该拥有更好的教学能力——无论有没有笔记本电脑。但是因为研究的设计有所局限，所以我们不知道起作用的到底是教师培训还是笔记本电脑。不过，我们知道什么样的课堂效果最好——拥有一位教学技术高超的教师，是预测学业进步的最好指标（教师比其他任何因素，比如班级大小、种族或者经济背景，更有助于孩子取得学业上的进步）。如此看来，我怀疑真正起作用的还是教师培训。只有深通教学艺术的教师才知道怎么把技术融入自己的教学互动，并且能够取得出色的结果。[60]

根据统计学家威廉·桑德斯（William Sanders）和朱恩·里弗斯（June Rivers）的研究，如果给学生安排一个更高效的教师，学生的数学成绩可以在 3 年内提升多达 50 个百分点。经济学家拉吉·切提（Raj Chetty）研究了 250 万个美国家庭。他发现，如果学生能在四至八年级期间遇到一位出色的教师，只需要一年时间，他们进入大学、获得高薪、生活在高档社区、积攒更多退休金的概率，就会远远超过其他学生。不管家庭收入状况如何，也不管学生能不能接触到笔记本电脑，在一位优秀教师的指导下学习一年，还能显著降低年轻女孩在青少年时期怀孕的概率。[61] 与一位有感召力的教师建立良好的关系，甚至还有可能减轻遗传基因的影响。

曾有一项研究把同卵双胞胎安排到了不同的教室。研究证明，与教师关系密切的孩子不像他们的兄弟姐妹那样好斗，虽然他们的基因组成完全一样。我并不是说基因无关紧要，不过，一位跟学生关系融洽的教师，可以抑制孩子好斗的天性。研究者玛拉·布伦德根（Mara Brendgen）写道："教师对孩子一生的影响，在成年人中仅次于父母。"[62]

The Village Effect 创造村落效应

与一位教学技术精湛的教师进行面对面的接触，就算只有一年时间，它的影响力也远远胜过了任何笔记本电脑计划迄今为止取得的成绩。在缅因州这样规模不大的州郡，如果州政府能把每年用于应付笔记本电脑计划的 1 050 万美元，全部用来进行教师培训，又会发生什么呢？那将会是一个有趣的实验。

不过，也有很多教师声称他们喜欢笔记本电脑计划，因为电脑能提高课堂管理的效率，帮助他们在课上讲授更多东西。而校方也像很多家长和学生一样，认为围绕课堂技术进行的教学活动可以帮助学生更好地应对未来的挑战，同时也让他们的学校更有市场。[63] 但是到目前为止，大多数成年人用到的互联网技能，比如键盘输入、文件管理、互联网研究、平板电脑操作、电子邮件、网络聊天、Skype、博客、发布链接，都不需要经过任何学习与训练。（我的父母一个 80 岁，一个 86 岁。虽然他们以前上中学时只会用钢笔写字，但是现在却都成了网络行家，上述任何一项任务都难不倒他们。）

至于“更高效”这个问题，也不好断言。教师用 PowerPoint 讲课的时候可能会翻得太快，甚至常常快于青少年的大脑能够接受的速度。特别是在讲授复杂或者富有争议的话题时，节奏太快只会导致青少年无从理解。因此，包括我儿子在内的很多孩子都说，他们的笔记本电脑课程“死于 PowerPoint”。

电子产品让人更易分心

课堂笔记本电脑和智能黑板项目也是有好处的，比如很多青少年说，电脑会让他们感觉更好。[64] 以缅因州的笔记本电脑项目为例，78% 的学生认为，“自从能用笔记本电脑后，我对上学更有兴趣了”。像那些参加了“每童一电脑计划”的发展中国家的儿童一样，最近装备了私人电脑的北美洲和英国的青少年也报告说，他们的自我感觉更好了。[65]

既然有这么多教师和学生声称技术能让他们更专注于学业，更乐意上学，你当然会问，为什么学生在学校的成绩没有因此而得到大幅提高？是不是因为技术的吸引力太大了，所以学生在学习的时候被它们分了心？我向斯坦福大学教育学荣誉退休教授拉里·库班(Larry Cuban)讨教这个问题，他写了很多关于教学和技术问题的著作。他说，要解答这个问题，唯一的办法就是直接问学生，他们使用电子设备时脑袋里在想什么？就算教师和父母表示学生在接触课堂技术之后更专注了，我们也不能因此认定他们的学习效率就能有所提高。库班告诉我："高科技设备和软件会产生‘尝鲜效应’(Novelty Effect)。但在几个月甚至几周过后，因为新鲜感而产生的专注就会随之褪色，它们对学习的影响——如果真有影响的话，也会受到限制。"

另一位著名的美国教育学研究者兰迪·耶里克（Randy Yerrick）认为，如果课堂技术对于教学目标来说是个独一无二的选择，比如进行科学模拟，或者教导的对象是身患残疾的儿童，那么课堂技术就值得支持。但它是否能普遍地提高学习的热情呢？他评论道："这种想法没有任何根据。"

The Village Effect 创造村落效应

简而言之，数字技术有时候确实比受过良好训练的教师和心理治疗师更能帮助孩子集中注意力。比如当学生需要做出正确预测时，精心设计的设备就显得必不可少。患有自闭症谱系障碍的学生，很难理解他人的情感状态，因而难以进行面对面的互动。这时候，可穿戴式电脑就能帮助他们监测自己的生理信号和他人的情感变化，让他们受益无穷。

这种特殊的电子设备是由麻省理工学院的罗莎琳德·皮卡德（Rosalind Picard）领导的情感计算小组开发的。它就像一个看不见的分身，在你耳边轻声诉说着他人的感想——还有你自己该如何作答，帮助你应对社交环境。我真想象不出个人电脑还有比这更棒的用途了。笔记本电脑和平板电脑也不遑多让，它们能让罹患严重疾病的学生在治病期间继续接受教育，而电子产品也能让他们在化疗过程中不使用镇定剂的情况下保持镇静。[66]

但是，这样的情况少之又少。不管怎么看，课堂数字技术的主要用户都是健康的青少年，而数字技术往往会分散他们的注意力，有少量证据证明，不停发短信、写邮件、下载电影、玩电子游戏，有可能引发注意力缺陷多动障碍。也有大量证据显示，连续几小时进行此类活动，可能让青少年出现类似于注意力缺陷多动障碍的症状：难以集中注意力，无法抑制一时的冲动；如果花好几个小时玩电子游戏的话，还可能破坏睡眠结构，干扰语言记忆。[67] 5%~10% 的青少年对游戏上瘾，每次玩游戏都要花上 8~10 个小时。他们大脑中出现的神经变化，与酒精和可卡因上瘾者十分相似。大脑图像显示，互联网上瘾者与同年龄、同性别的健康青少年相比，大脑中与自我意识、错误检测和自我控制有关的区域密度比较低。[68]

长时间面对电子产品造成的思维和注意力损伤，也带来了许多可怕的悲剧。一个 20 岁的英国年轻人正准备进大学学习游戏设计，却因为连续 12 个小时不挪窝玩 Xbox 游戏，导致血管中形成血栓，最后死于非命。还有另一个骇人听闻的故事：一个 20 多岁的母亲沉迷于大规模网络角色扮演游戏《魔兽世界》，忘记给自己 3 岁的孩子喂食，最后竟让她活活饿死了。

虽然有时电脑游戏成瘾并不会带来危险的影响，但是这样的例子太少了。在中国北部的一间网吧，一个年轻人面对同一块屏幕度过了整整 6 年。他每天 24 个小时坐在同一把椅子上，吃饭、睡觉、玩游戏，只有上厕所或者洗澡时才离开。网吧的经理说：“他不会惹麻烦。事实上，我们也很少听到他说话。

他一直按时缴费，不会跟任何人过不去。我们的职员几乎从来没有跟他说过话，除非遇到技术问题，或者他想要点儿东西吃。”[69]

当然，你也可能会说，本来就有问题（比如难以集中注意力）的未成年人和年轻人更容易受到移动技术的吸引，因为它可以随时中断，场景也能快速切换。但是有不少针对儿童媒体习惯进行的长期研究，控制了无关的变量，因此可以排除掉有问题在先的情况。研究者发现，对电子屏幕上瘾的不只有患了注意力缺陷多动障碍的孩子，不停玩网络游戏或者查看手机的也并非只有青少年。[70]我们全都如此。

我们对无线设备上瘾的原因其实很简单——它们能把我们连接在一起，而我们又是一个彻头彻尾的社会性物种。科学家说，我们的大脑之所以能扩张到现在的大小，是为了处理复杂的社交接触。不过，对于我们中的大多数人来说，总有一个特别的人物比其他任何人都更加重要。你会把这个人的电话设置成快速拨号，至于个中缘故，就是我们将在下一章继续讨论的话题了。

The Village Effect

08 婚姻

结婚就能创造村落效应，婚姻提供的不仅仅是爱

How Face-to-Face Contact Can Make Us Healthier, Happier, and Smarter

当初，娜塔莉去参加那个为期 8 周的工作坊“找到你的梦中情人”时，她并不觉得自己当真能找到自己的梦中情人。她 50 岁了，过去的浪漫幻想已经褪色不少：她只想找个能跟她一起爬山的人，或许还能在爬山后一起吃顿便饭。“不瞒你说，我也不知道自己去那儿干什么。”娜塔莉回忆起这段经历时眉头紧皱，富有表现力的嘴巴也向下撇了撇。

那是 6 月一个闷热的下午。就在一个月前，我刚刚参加了她那盛大的婚礼。此时此刻，我们正待在我家的客厅里乘凉，厚重的窗帘把酷暑隔绝在外。她在我面前侃侃而谈，追忆恋爱史里的奇闻异事。虽然跟娜塔莉不太熟（我是新郎的朋友），我还是邀请她来家里做客，请她给我讲讲她和“梦中情人”的故事。我发现，那个工作坊的名字虽然有刻意做作之嫌，但是我们不能因此否定它背后隐藏的信息。

大多数人都相信，自己必将找到自己的梦中情人。他们打内心深处认为，世界上一定存在那么一个人，跟自己是天生一对——也就是意第绪语里的“巴舍特”（bashert）——“上天注定的灵魂伴侣”。[1] 虽然娜塔莉认为自己是一个思想自由的人，当年还参加过性革命，但她内心深处的想法跟常人没有什么不同。

面对面的社交接触，最终以娜塔莉从未想见的方式改变了她的生活——还让她找到了自己的“巴舍特”。根据科学家的调查，她寻找亲密伴侣的方式，跟工业国家里将近 3/4 的夫妻和情侣没有什么不一样。人们在现实生活中的社交关系——他们共同认识的朋友、一起去的地方和共同参加的活动，往往是给他们牵线搭桥的“红娘”。[2]

找到你的梦中情人

娜塔莉是一位运动治疗师，自己开了几个舞蹈工作坊。她拥有一个由职业女性组成的关系网。这个圈子里的一位女性朋友开了本章开头提到的那个爱情工作坊。她们俩出于礼貌，互相换堂上课，但是她并不太相信那一套。她在 20 岁出头时有过一段短暂的婚姻，生了一个女儿，女儿如今已经长大成人。她后来又谈过几次恋爱，每次都只持续了一两年。她偶尔会跟萍水相逢的人擦出火花（比如她跟一个约会对象是这样认识的：他们都跟朋友约好在这里见面，但是都迟到了），但也会积极结交新朋友。

她是个“外来客”，有时不得不这么做。她在 20 世纪 90 年代才从法国搬到蒙特利尔，而且她“不是一个喜欢泡酒吧的人”。一开始，她想通过个人广告寻找自己的灵魂伴侣，她坦诚地说：“我最看重他们的嗓音。”后来，她又尝试了两家交友网站，但是她觉得网络审查“太恶心”，所以最后也放弃了这种方式。她觉得自己已经努力争取过爱情了，但结果仍然不尽如人意，或许她渴望的东西并不存在。

在爱情工作坊上，她的朋友——也就是爱情工作坊的老师要求每个学员列出自己心目中理想男性所应具备的条件。娜塔莉大吃一惊，而且被这个问题难倒了。“我必须写明白自己的愿望，这还是破天荒头一次呢。”经过 10 分钟的艰难思考，她终于列出这样一张清单：

1. 他应该是一个拥有丰富生活阅历的男人
2. 他已经成为人父，所以不是个自私的人

3. 他受过良好的教育（至少拥有硕士学位）
4. 他了解女性的一切
5. 他为人热情、友善
6. 他至少会说两种语言
7. 他热爱生活
8. 他乐于享受精神生活
9. 他对自己有清楚的认识，有自信
10. 他喜欢跳舞

娜塔莉当时还不知道，她描述的正是我的朋友罗。他是一位很有人缘的男士，在埃及、瑞士和加拿大都居住过一段时间；他的妻子去世了，有三个已经长大成人的孩子；他会说好几种语言，经历非常丰富。在所有人都写下答案之后，爱情工作坊的老师又问，他们希望在哪里遇到自己心仪的伴侣。娜塔莉说："那时我忽然意识到，我希望能在一个富有犹太文化气息的地方遇到他。"就连她自己也对这个想法感到万分惊奇。她是两个犹太人的独生女，他们在大屠杀中失去了各自的家庭，在难民营里相遇相识。后来，他们在法国把娜塔莉抚养长大，让她成为一个世俗公民。她跟犹太文化的联系仅此而已。在她的父母家里，没有任何跟宗教有关的东西。除了成年之后略微涉猎东方神秘主义之外，娜塔莉也没有任何宗教经历。那么，她为什么会产生这样的想法？

娜塔莉和罗在最富有犹太文化气息的地方——犹太会堂相遇了。你肯定听过很多这样的故事：在宗教仪式结束后的祈福聚餐会上，两个人相遇了。他们一边吃着味道古怪的鹰嘴豆泥和放置太久的口袋面包，一边闲话家常，碰撞出了爱情的火花。不过这一对儿可不是这样认识的。他们相识于"巴谷勒"（Bakol）。"巴谷勒"是当地重建派犹太教团体举办的周末犹太灵修活动，每年进行两次。重建派犹太教徒在20世纪40年代掀起了一场改革运动，从主流犹太教中分离出来。他们主张保留大部分犹太传统，比如点亮安息日蜡烛、去犹太会堂礼拜；不过，他们并不认同超自然、拟人化的上帝（神灵对个人爱情生活的影响也就这么多了）。

如果说重建派是从传统犹太教中分离出来的一个小团体，那么“巴谷勒”就是从这个小团体中再分离出来的一个更小的团体。参加“巴谷勒”的人都热衷于精神探索。有的人是“佛门 - 犹太人”——他们会进行佛教修行，比如冥想；有些人是“人文 - 犹太人”——他们是世俗的人文主义者（大多是教授和学者），既喜欢瑜伽，也喜欢剖析哲学文本。最重要的是，在某个空荡荡的犹太夏令营营地的俱乐部里，在一次由改革派拉比领导的灵修活动上，娜塔莉和罗相遇了。

那个地方看起来似乎不够浪漫，而且我们很快就会知道，在活动刚开始那几年，罗也没心情谈恋爱。但那是一个亲密无间的环境，20 个想法和背景都差不多的人汇聚一堂，每年两度在周末进行灵修。并不是所有事情都得大声说出来，参与者的共同经历就是他们相互信任的基石。于是，在社交网络之中，又出现了一个社交网络；在一个紧密团结的圈子里，又出现了一个更紧密的小圈子。

已婚人士最快乐

The Village Effect 创造村落效应

随着社会保障系统的发展，婚姻的独特性更加凸显。可能有人认为，所有生活在一起的伴侣都能享受到同样的好处。但是，婚姻伴侣的关系比同居而未婚者更加牢固稳定，他们的身体和精神健康状态也更好。他们远较后者更不容易酗酒，也更不容易抑郁。他们更长寿，活得也更快乐——就算科学家把他们结婚之前的状态当作变量加以控制，结论仍然维持不变。[3]

在大多数发达国家，情况都是如此，不管当地的流行文化是倾向于开放还是保守。20 世纪 90 年代末发表的一项研究证明，在 17 个工业化国家——包括加拿大、英国和欧洲的大部分地区，已婚伴侣远比同居伴侣更加快乐，而同居伴侣也比单身和离异人士更加快乐。[4]

面对面接触对于我们感情生活的影响，似乎是一个连续的函数：承诺越重，回报也越大。根据美国国家家庭与婚姻研究中心的报告，美国现在有将近 2/3 的新婚夫妇在结婚以前就生活在一起，这一比例在过去的半个世纪里整整提升了 1 500%——所以科学家得出的结论多少能让人松一口气。虽然现在仍有很多人跟 20 世纪 90 年代末一样，对婚前同居颇有微词，但婚前同居并不像他们认为的那样全无益处。[5]

不过，婚姻确实能给共同生活的伴侣提供另一重保护，所以关键要看他们搬到一起住的时候有没有结婚的打算。如果他们把朝夕相对、同榻而眠当作婚姻的前奏，那么婚前同居就不会给他们的亲密关系带来风险，当然也就更不会影响他们的快乐与幸福。[6] 但如果两个人“顺其自然”住到一起，然后因为惯性一直保持同居的状态，那么他们就比已婚夫妻更容易分道扬镳。

20 多岁的萨曼莎·赫尼格（Samantha Henig）曾经跟母亲罗宾·玛兰兹·赫尼格（Robin Marantz Henig）合作写过一本关于 20 多岁年轻人的书。小赫尼格在书里提到了所谓的“滑板效应”：

> 你们整晚整晚腻在一起。但你俩要付双份房租，你想穿的那双鞋还常常放在另一间公寓。你仔细想了想：这样是不是太傻了？……一起生活当然有难处，但应该也蛮有意思的，就像小时候玩过家家一样。你可以试验红烧牛小排、争夺抱枕，你可以实现自己对未来生活的全部幻想。虽然你依旧对你们的关系怀有疑

虑，但是不管你以前跟同居男友分手时的场面多难堪，你现在都得想想那个合买的沙发啊！

而且说实话，你自己一个人不可能租得起这样一间客厅宽敞的公寓。（没错，这里的“你”其实就是“我”——我可是经历过两度同居、两度分手和无数次沙发争夺战的老手了。）过不了多久，你们就会越来越像已经结婚的夫妇。你想，干吗不干脆搞成正式的呢？于是，你忽然有了一个婚礼网站。于是，你开始问人家，蜜月是去欧洲好，还是牙买加。但自始至终，你完全没有正视那个最根本的问题：你真的想和这个人共度余生吗？[7]

“滑板效应”完全不同于经过深思熟虑做出的决定，它们的区别是预测亲密关系长短的最佳指标之一。很多美国人说，他们唯一信任的人就是自己的婚姻伴侣。**也就是说，数以百万计的美国人距离“无人可信”只有一人之遥。**男性尤其如此。妻子不但像鲍勃·迪伦（Bob Dylan）在歌中唱的那样，是大多数男性在“暴雨中的避风港”；他们还要靠妻子来监督自己的健康，建立和维护他们的社交关系网——只要他们的婚姻关系能够维持下去，两人就都能得到社交关系网的保护。在一段美满的婚姻中，伴侣还可以降低彼此的压力水平——通过一个隐蔽的系统把情绪“外包”出去，而妻子往往会成为丈夫的“入场券”，帮助他们接触更加丰富的社会。**对于很多男性来说，结婚就能产生“村落效应”。**

女性也能从婚姻中受益，而且不仅限于经济利益。我有一个朋友，是一位成就卓越的职业女性，生活在一个承认民事结合的地区。她最近嫁给了那个跟她共同幸福生活了35年的男人。她惊讶地发现，她得到的不仅仅是一张经过政府官僚体系盖章认可的婚书。而且，结婚之后她的感觉完全不同了。她告诉我：“我对自己更有信心，对我们的关系也更有信心。我更确信自己有能力处理好跟我们两个人都有关的事情。”

我惊讶极了。我知道，一段美满的婚姻可以增强人们的感冒免疫力，但是它也能增加人们的自我怀疑免疫力吗？可惜很少有人探讨这个话题，就连女性之间也不会讨论。流行病学家也没有对此进行过测量；他们可能会测量血压和皮质醇水平，但几乎不会去关注人们的情感安定器——他们知道背后那个人会永远支持自己。

婚姻有助于个人维持稳定的经济状况，这一点毋庸多言；但除此之外，以前很少有人知道为什么婚姻能够有力地保障个人的身体健康和心理幸福。现代人就像启蒙运动时代的先辈一样，虽然并不明白背后的原因，但却知道婚姻的影响力。到 18 世纪末期，婚姻已经从“对个人往往会产生严重影响的公众事件”，逐渐转变为“对公众有一定影响的个人事件”。正如社会历史学家史蒂芬妮·孔茨所写：“普通民众越发把婚姻看作是通往幸福与安宁的捷径。”[8] 婚姻不再是新娘和新郎的父母一手操办的商业交易，它代表了夫妻公开宣誓自己对伴侣的爱与忠诚。

但是，婚姻和个人健康的紧密关联一直不为人知。直到 19 世纪中叶，英国户籍总署雇了一位名叫威廉·法尔（William Farr）的医生，追踪人口的出生和死亡。他发现，婚姻与个人的健康状况密不可分。当时法国的人口记录更加完备，所以法尔首先根据法国的统计数据着手构建发展模型。他研究了 2 500 万名法国成年人的统计资料，把人口分成三组：已婚、未婚和丧偶。法尔仔细研究了这三组人的患病概率和死亡风险——那可是在杀菌剂和抗生素发明之前，疾病和死亡远比现在更加普遍（19 世纪中叶，大多数欧洲人都会在 40 岁之前死去）。[9] 法尔注意到，未婚者跟已婚者相比，死亡“比例过大”；而丧偶者过早死亡的风险，位居三组之冠。他因此推论，“婚姻是一种健康资产”。生活在维多利亚时期的法尔，当然没有单独讨论同性恋、未婚同居和婚姻离异的情况。这就是当代流行病学家的任务了。不过他们发现，就算分组变多了，数据更丰富了，但大体规律仍然符合法尔当年的结论：“单身的人比缔结了婚姻关系的人更有可能过早死亡。”——只不过这里还有个重要的附加条件：他们的婚姻生活必须和平美满。我马上就会详细讨论这一点。[10]

法尔医生第一次证明了已婚者比单身人士更有可能颐养天年。但是他只提取了一次样本，所以他找到的只是相关性，而不是因果。或许婚姻生活并不能给健康带来什么特别的好处；婚姻之所以与健康有关，可能只是因为健康的人更有可能结婚罢了。果然，不久就有人对法尔医生的结论提出质疑。19 世纪末，在法尔发表论文短短几十年后，一个名叫杜威·卢巴赫（Douwe Lubach）的荷兰医生提出，“有生理缺陷、精神障碍，或者健康状况不佳”的人更有可能单身；威胁他们寿命的是疾病和残疾，而不是婚姻状态。他的看法被称为“选择假说”。

后来，荷兰数学家巴伦德·图克斯玛（Barend Turksma）也用更加装模作样的语言提出了类似的看法。这位 20 世纪初的阿姆斯特丹市顾问认为，健康状况不佳、“缺乏活力”的人，很难满足自己和他人的物质需求，因此，“他们大多数人都有责任坚持独身”。他的言中之意是，有缺陷的男人（比如酗酒者）会自发离开婚恋市场。但是任何一位进化心理学家都会告诉你，这更可能是头脑精明的女性在择偶时不愿意选择他们的结果。

长期来看，女性更愿意选择健壮、可靠的男性；但就算科学家考虑了女性的择偶偏好，他们在开始追踪之后也很快发现，已婚人士和单身、丧偶、离异人士之间的寿命差异越来越大。除去惨绝人寰的巨大悲剧不谈，比如害死大量单身和离婚男士的荷兰“饥荒之冬”，或者几乎屠杀了整个民族的犹太人大屠杀（统计学家巴伦德·图克斯玛和他的妻子也在 1942 年被关入达豪集中营），在正常情况下，已婚人士活得更长久。不管你是生活在 19 世纪中叶的法国劳动者，还是生活在 20 世纪 70 年代的荷兰佩花嬉皮士①，是生活

① Flower Child，又称“花孩子”或者“嬉皮士”。他们穿着多彩的服饰，向公众赠送鲜花，传达自己对爱与和平的渴望以及反战的诉求。

在撒切尔夫人时代的英国女律师，抑或是生活在21世纪、每天工作16个小时的美国硅谷软件工程师，在这方面都没有太大差别。如果你已经结了婚，或者和你挚爱的伴侣建立了长期、稳定的亲密关系，那么你就更有可能健康快乐，经济情况也会更稳定。相较之下，单身和离异人士就没这么走运了。至于你原本的精神和身体状态，就算与此有关，也肯定不是唯一的影响因素。[11]

“请把我的妻子带走”

当然，维持一段长期、稳定的婚姻并非易事。我在20世纪80年代才切身体会到了这一点。当时我刚度完蜜月回来，第一次跟我丈夫的同事一起参加社交活动——在市区酒店举办的正装宴会。现在回想起来，那一晚就像是一个无比漫长的亨尼·扬曼（Henny Youngman）①式的老套笑话。我身上紧裹着晚礼服，还没有倒过来时差，茫然坐在人群之中，周围是清一色的身穿不合身礼服的中年男士。有人得意扬扬地念叨着愤世嫉俗的陈腐笑话：“婚姻是个围城，外面的人想进来，里面的人想出去。”这番讥讽就像酒店里那一摞摞镀银的金边盘子一样，让我感到很不舒服。

不过再怎么说，在座的男士们大多都已经结婚。虽然有的人离婚了——毕竟这是离婚率达到顶峰的80年代，但就连第一次婚姻以失败告终的男人，也希望能再次结婚。[12]“如果你想从书上了解爱情和婚姻，你得看两本完全不同的书。”喜剧演员阿兰·金（Alan King）是这么说的。但其实他跟同一个女人过了一辈子。从20岁互许终身，直到他在2004年以77岁高龄离世，他们的婚姻维持了整整57年。但是，跟我那些言行不一的晚餐同伴一样，他本人究竟是怎么做的，其实无关紧要；关键是他道出了世人的普遍看法——婚姻的浪漫色彩已经逐渐消退。

他们的说法，反映出了社会观念的巨大改变。一项1957年的美国调查

① 亨尼·扬曼，美国著名喜剧演员，活跃于20世纪后半叶。他擅长讲一句话的“小笑话”，常常以妻子为靶子进行调侃，他最著名的桥段是“请把我的妻子带走”。

发现，4/5 的人相信，选择单身的都是“身体不健康、有精神疾病，或者不道德”的人。[13] 但是到了 80 年代初，社会观念却完全变了：越来越多的人认为婚姻如同牢笼。越来越多的女性拒绝婚姻生活，甘愿当一个单身母亲。“促成这一变化的原因有很多”,作家凯·希莫威茨（Kay Hymowitz）说:“比如性革命，抗婚女权主义的强大张力，还有在 20 世纪六七十年代袭击美国的‘美国个人主义’这个超级细菌。”[14] 21 世纪的人普遍觉得婚姻更像是一种传统。当代的流行文化也反映了人们面对婚姻时的矛盾心理——有时甚至是敌意。“婚姻是通往亲密和幸福的捷径？”脱口秀、电视连续剧和歌词都对此观点冷嘲热讽，大加鞭挞。不过，数据让我们得出了完全不同的结论。

The Village Effect 创造村落效应

过去 15 年来，心理学家和生理学家通力合作，证明伴侣之间的面对面接触——特别是你们的亲密程度以及处理冲突的方式，会对双方的健康产生巨大的影响。就算是差强人意的婚姻，也能为夫妻双方提供一把“生理保护伞”，提升婚姻伴侣的免疫力和疾病抵愈力。无论男性还是女性都能因此受益，虽然婚姻对他们的影响有大小之别。未婚女性早逝的概率，比已婚女性高 50%。而单身和丧偶男性过早死亡的概率，更比已婚男性高 250%——在任何年龄段都是如此。[15]

结婚可以显著降低你住院、开刀、术后死亡和在未来 15 年中做冠状动脉搭桥手术的概率；还有你患上肺炎、风湿性关节炎、牙龈疾病、病毒感染、痴呆、临床抑郁症、严重心脏病和各种可怕癌症的概率，以及你坐牢、被谋杀、死于车祸和自杀的概率。上述结论很多都来自近年的研究。不过，很早以前就有人知道，男性的自杀率是女性的四倍，而单身男性的自杀率是已婚男性的两倍（法国社会学家爱弥尔·涂尔干〔Emile Durkheim〕早在 19 世纪末就阐述了这一现象）。但我们又花了 100 多年时间，才开始探究长期恋爱关系缺失和某些疾病之间的生理联系。[16]

我们不得不承认，恋爱关系缺失带来的生理影响不容小觑。“在日本和荷兰这样的多元化国家，未婚人士比已婚人士死得更快、更早。”社会学家琳达·怀特（Linda Waite）和她的合作者玛吉·加拉格尔（Maggie Gallagher）在《婚姻的真相》（*The Case for Marriage*）里直截了当地写了这么一番话。这条规律不但适用于日本和荷兰，也同样适用于美国、英国、加拿大、法国、以色列、匈牙利和北欧国家。[17] 除发展中国家之外——说来令人震惊，不过在许多发展中国家，怀孕和生育仍然是育龄已婚女性死亡的主要原因，世界各地的已婚和单身人士的寿命差异仍在持续增长；现在，已婚男性的寿命平均比单身男性多 7 年，而已婚女性的寿命平均比从未结过婚的女性多 3 年。

婚姻伴侣给予彼此的特别关照，显然有其独特之处，让婚姻生活超越了无拘无束的单身生活。[18] 婚姻的保命作用可能体现于细微之处，比如有人能在半夜为你打电话叫救护车，或者注意到你的肩胛骨之间突然长出了一颗痣。婚姻的保命作用也可能难以捉摸，比如压力激素可能会搭上血液细胞的快车，在我们的体内周游流转，刺激我们的每个神经、关节和肌肉。

2008 年，心理学家朱利安娜·霍尔特 - 伦斯塔德和同事们把血压计绑在了 300 名成年人的手臂上。被试中有单身人士，也有已婚人士，不过他们的生理和精神健康状况都差不了多少；在实验刚开始的时候，已婚被试和未婚被试在压力和抑郁这两项指标上没有显著的差别。他们被要求 24 小时连续佩戴血压计。在他们吃饭、工作、行走、说话、休息和争吵的时候，血压计的袖带会自动充气和放气。

婚姻幸福者的夜间血压比单身者低，因此，他们也更不可能死于突发性致命心脏病。也就是说，婚姻能在他们睡觉时保护他们的心脏。虽然单身人士比婚姻不幸的人状况好，但是结婚这一因素就足以发挥特殊的保护作用。单身人士的幸福快乐，与他们身边是否有朋友和大家庭关系匪浅；但研究者发现，这一类的社会支持，仍然跟长期、稳定的婚姻有所不同，无法对他们的心脏健康产生同样的保护作用。[19]

幸福的婚姻也会在无形之中影响女性的睡眠质量。匹兹堡大学精神病学教授温迪·特罗克塞尔（Wendy Troxel）领导的研究团队，采访了将近 2 000 名已婚美国中年女性，调查了她们的睡眠规律。研究者发现，婚姻幸福的女性，睡眠问题比其他人少得多——就算研究者控制了其他可能导致失眠的诱因，比如金钱顾虑、工作问题、丈夫打鼾、性生活和咖啡因摄入量。婚姻幸福的女性入睡时间更短，半夜更少醒来，睡眠也更加平静。

更有意思的是，就算朋友和家人可以给予你强有力的社会支持，只有良好的婚姻才能预测你是否能享受一宵安眠。“让你有安全感的婚姻能够促进睡眠。”特罗克塞尔博士说，“但如果婚姻是压力之源，它就会让你更易惊醒，无缘进入深度睡眠。”跟朱利安娜·霍尔特 - 伦斯塔德的夜间血压研究一样，婚姻这种特殊的面对面关系可以让女性放下防卫，让身体得以休整。但是，如果她们的婚恋关系中曾经出现过动荡不安，比如分居、丧偶或者离婚，那么这些不安因素就会让婚姻的保护作用大打折扣。[20]

妻子比丈夫更难容忍婚姻中的冲突

如果说美满的婚姻有益于健康，那么敌对和空洞的婚姻会不会摧毁健康？很遗憾，事实正是如此。不幸的婚姻会侵蚀生理健康。它不仅仅会让你感到孤立无援，想去看医生时无人接送，更没有人为你送上一碗热汤。[21]“当爱意正浓时，我们可以在刀锋上相拥成眠；一旦爱情消逝，60 肘[①]的床也嫌它太小。”一位生活在公元 2 世纪的拉比曾在《塔木德》(*Talmud*)[②]中如此评说。情感上的疏远，不管是分床而居，还是分开监护权，往往能通过种种生理征兆显露出来。不过总体而言，男性和女性在面对婚姻隔阂和压力时的生理反应并不完全相同。

拒绝回应、冷嘲热讽和激烈对抗，更有可能给女性带来不利的影响，直接作用于她们的心血管和免疫系统。事实上，女性只要想到很久以前发生的某次婚姻冲突，她的血压就会上升（而男性则不然）。对于女性来说，情感记忆的伤害力特别大，它就像冲突第一次发生时那样，可以激活同样的神经网络，给人带来同样的伤害。[22]这是一种自发的反应，就算我们不愿意也无可奈何。

如前所见，对自己的婚姻评价不高的人，夜间血压比较高，也更有可能受到心脏病和中风的伤害。女性尤其如此。她们的心率和血压更容易受到社会因素的影响。[23]客观来说，女性的婚姻质量可以很好地预测她们的心血管健康水平。一项芬兰的长期研究表明，婚姻中“冲突频仍”的女性，在 6 年之后研究者进行跟踪调查时出现身体残疾的概率是其他女性的 2.5 倍。

一个来自瑞典的研究团队再次证实了这条规律。他们发现，在有心脏病史的中年妇女里，婚姻不幸者心脏病再次发作的概率是其他人的 3 倍之多。[24]而另一项研究发现，对于有同样心脏病史的女性来说，如果她们能在婚姻生活中体验到真正的爱与陪伴，那么她们的死亡风险就会降低。[25]所有证据都指向了同一个结论：无法解决的婚姻冲突就像疾病一样，会对女性的生理健

---

① 肘（cubit），也称“腕尺”，是埃及、苏美尔、希伯来等许多古代文明的长度单位，以手肘到中指顶端的距离为 1 肘。

②《塔木德》是古代犹太教文献，成书于公元前 2 世纪至公元 5 世纪，记录了犹太教的律法和传统。

康产生长期的负面影响。

但对于男性来说，婚姻冲突并不是什么大问题，闭口不谈才是危险之举。根据卡内基梅隆大学的薇琪·赫尔格森（Vicki Helgeson）的研究，如果有心脏病史的男性能向妻子倾诉，他们胸痛、住院和死亡的风险就会减小。[26] 也就是说，情感纽带比其他因素更能预测人的生存概率——我很快就会详细讨论这个问题。不过，我们现在还是继续研究婚姻对男性和女性的不同影响吧。婚姻压力研究的老前辈、心理学家贾尼丝·基柯特-格拉泽（Janice Kiecolt-Glaser）是这样评价的："出现在妻子身上、与婚姻冲突有关的生理变化，比出现在丈夫身上的生理变化更加强烈，也更为持久。"不管是新婚的妻子，还是度过了 50 年漫长婚姻岁月的老妇人，在这一点上都没有区别。[27]

我在 2010 年的一次心理学会议上结识了贾尼丝·基柯特-格拉泽。她身材娇小，金发碧眼，神态十分严肃。她是个精力旺盛而多产的科学研究者。她参加了一个由社会科学家组成的精英俱乐部，他们和自己的伴侣组成研究小分队，尝试解答一些与人类天性有关的基础问题，比如，我们为何如此渴望得到另一个人的爱？基柯特-格拉泽和自己的丈夫、免疫遗传学家罗纳德·格拉泽（Ronald Glaser）亲密合作，共同探索关于爱与亲密的科学。

还有一些已婚的社会心理学俱乐部成员，通过个人研究和自己的婚姻生活，积极探索长期纽带为什么如此重要。其中就有社会心理学家安德鲁·梅尔佐夫和他的妻子帕特里夏·库尔（我们已经在第 5 章中见过面了）。他们证明，婴儿需要通过面对面的接触，才能学到人类语言和共情的细节。社会心理学家罗伊·鲍迈斯特和戴安妮·泰斯（Dianne Tice）在佛罗里达州有一间共用实验室，他们一起研究人类为什么需要归属感——现在我们所了解的大部分知识，都来源于他们的工作。行为神经生物学家苏·卡特（Sue

Carter）——就是那个发现催产素促进一夫一妻制的人和她的丈夫、神经科学家斯蒂芬·伯吉斯（Stephen Porges）永远地改变了我们对爱情承诺实质内容的看法。还有我介绍过的已婚灵长类动物学家多萝西·切尼和罗伯特·赛法斯，他们明确地告诉我们，复杂的社交关系网络——包括我们对“谁跟谁睡了”的八卦热忱，并非人类独有，同样也见于豚尾狒狒。

The Village Effect 创造村落效应

基柯特-格拉泽和罗纳德·格拉泽这对夫妻发现，不断反复的婚姻冲突会导致女性的肾上腺素、去甲肾上腺素和促肾上腺皮质激素出现剧烈的波动——这些激素会让人产生恐惧和压力之感。如果这些激素长期维持在过高水平，就会破坏人的心血管和免疫系统。男性则不尽然。对于他们而言，缺乏伴侣的陪伴会带来更大的危害，其影响力远远超过婚姻冲突。毕竟许多男性都不会对他人产生亲近之感。[28]在很多男性眼里，他们唯一的亲密朋友就是他们的妻子。但在他们的妻子身边，更有可能环绕着一群关系紧密的朋友和家人。**“村落”不仅对于她们自身的健康和幸福必不可少，也能给她们的丈夫提供一把保护伞。**

有意思的是，女性并不会独占由女性亲密好友组成的圈子—— 一旦遭遇逆境，她们总会在背后支持她以及她的免疫系统。非人雌性灵长类动物的纽带令人叹为观止。加利福尼亚大学洛杉矶分校灵长类动物学家琼·西尔克及其同事的研究发现，如果一只雌性豚尾狒狒拥有牢固、持久的雌性关系，那么它分泌的应激激素就少于其他同类。这些社会化程度更高的狒狒会有更多孩子活到成年，它们的寿命也长于较为孤僻的姊妹。[29]

西尔克和她的研究团队进行了迄今为止耗时最长的对狒狒的研究。他们观察的108只雌性狒狒分别来自两个族群，一个生活在乞力马扎罗山脚下的肯尼亚安波塞利国家公园，另一个生活在博茨瓦纳莫雷米野生动物保护区里的奥卡万戈三角洲附近。研究者发现，社会化程度最高的狒狒母亲拥有一群紧密融合的亲朋好友，它们存活下来的后代也最多。利用社交融合度（social integration）可以很好地预测母狒狒的后代是否能活到自己的一岁生日——预测的准确性胜过社会等级，甚至胜过环境条件。雌狒狒的“姐妹团”大约有6名成员。“拥有3个最亲密的好朋友似乎非常重要。”琼·西尔克说，“牢固、稳定的关系能帮助雌性更好地应对压力。”[30]

狒狒是怎样表达友谊的呢？它们会靠近彼此，互相梳理毛发，在发生冲突时出手帮忙——跟人类的女性朋友差不多。它们还会像第4章提到的那样，一起分享食物。不过，狒狒的友谊也并非总能让人类产生共鸣。在2007年去莫雷米野生动物保护区参观时，我看到两只雌狒狒面对面蹲着，它俩之间有一坨新鲜的大象粪便。它们小心翼翼地用指甲挑出粪便里未完全消化的水果和坚果，喂给自己的朋友吃。

可能另一些物种表达友谊的方式对我们更有吸引力。雌性大象会发出一种低沉的轰隆声（被称为“隆叫”），跟好友保持联络。“我们把它比作大象的手机。”在美国佛罗里达州迪士尼动物王国从事大象研究的科学家约瑟夫·索尔蒂斯（Joseph Soltis）这样说。科学记者娜塔莉·安吉尔（Natalie Angier）也在一篇描述非人物种雌性关系的文章中写道：“它们会互相发短信：我到了，你在哪？”[31] 英国灵长类动物学家茱莉亚·莱曼（Julia Lehmann）发现，在白天觅食的时候，雌性的西非黑猩猩会跟它们的朋友保持眼神接触；到了晚上，它们会背靠背一起休息。[32] 女性那紧密、牢固的社交网络显然并非一蹴而就，在它背后，一定有一条漫长的进化之路。**紧密维系的女性纽带是村落效应的催化剂，而婚姻也让男性得以共享村落效应给健康带来的益处。**

幸福的婚姻能缓解身体上的疼痛

和伴侣一起去医院，让研究者观察你们如何吵架？如果你新婚未久，这或许就是你能想到的最不浪漫的事了。但是有 80 对健康的美国夫妻恰恰决定这样做，而且不是一次，而是重复做两次。[33] 他们同意在医院里住两次，每次待满 24 个小时；在离开医院之后的头一周，每天来医院做检查。护士会在他们的胳膊上植入肝素闸。它跟静脉注射导管差不多，但目的不是把液体注入人体，而是方便采集血液样本。有了它，被试就不用每次采血时都挨针头了。“人们完全感觉不到它的存在。”基柯特 - 格拉泽博士这样告诉我。

接下来，护士会拿出一根小导管，吸住被试夫妻前臂下侧柔软的皮肤，经过一个多小时的努力，在胳膊上吸出 8 个水泡。这些水泡的大小跟胖嘟嘟的蓝莓差不多，实在难以视而不见。何况研究者还要刮开水疱顶端的皮肤，盖上一层塑料隔膜，然后往水疱里注入盐溶液。最后，研究者会让被试夫妻面对面坐在椅子上，请他们讨论一些中性话题（第一阶段），或者极易引发冲突的争议话题（第二阶段）。科学家们则坐在帘子后面，观察发生的一切，同时用摄影机把对话过程记录下来。在实验结束之后，他们会分析被试夫妻的交互行为，还有他们的血液样本和水泡采样。

虽然这个实验听起来有点像《幸存者》节目的变态版，但它确实能在受控环境下模拟已婚夫妻争吵时的情况。夫妻争吵的焦点可能是金钱、性爱、淘气的孩子、多管闲事的亲戚、脏衣服，或者任何能让他们火冒三丈的东西——有时候，一场争吵可能持续数年之久。研究的目的在于观察面对面接触可能会对发炎和伤口愈合产生怎样的影响。“有人支持和帮助伴侣，有人却对伴侣满怀敌意。”基柯特 - 格拉泽博士这样描述夫妻的互动。如何衡量婚姻敌意？夫妻双方怒目而视，拖延慢待，或者用威胁的语气说话，表达厌恶、蔑视和攻击，这都意味着婚姻的保质期不能长久。

心理学家约翰·戈特曼（John Gottman）和他的研究团队与西比尔·卡瑞（Sybil Carrère）一道，发现了另一条规律：他们能根据新婚夫妇的谈话——3 分钟就够了，准确预测他们在接下来的 6 年里会不会离婚。在发生冲突时，他们是否会尝试解决问题？他们是否会流露讥讽和鄙夷，中伤伴侣，制造隔阂？[34] 如果敌意，或者支持通过某种方式渗入了我们的肌肤，我们的身体又会作何反应呢？部分答案就藏在那些装满液体的水泡里。

The Village Effect 创造村落效应

基柯特 - 格拉泽和她的研究团队预测，敌意更炽的夫妻，水泡里的前炎症细胞因子比较少，但是血液中的前炎症细胞因子比较多。细胞因子的本质是蛋白质，它们是免疫细胞之间的信使。如果血液中的前炎症细胞因子比较多，人就更有可能患上多种与衰老有关的疾病①。研究者们还预测，婚姻冲突的生理证据也存在性别差异，女性的生理反应可能比男性更多。

结果又如何？如果被试夫妻之间的敌意更盛，他们胳膊上的水泡确实更难痊愈，需要 7 天才能好，而其他人只需要 5 天。他们血液中的前炎症细胞因子比别人多，水泡里的前炎症细胞因子比别人少。更有意思的是，如果他们谈论的是争议性话题，结束之后血液中的前炎症细胞因子水平依然会长时间居高不下；如果他们只是聊天闲谈，前炎症细胞因子水平就会下降得较快。虽然英国前首相本杰明·迪斯雷利（Benjamin Disraeli）曾说：“如果每天都要温柔对待同一个人，人肯定会精神崩溃。”但是科学研究的结论证明，事实恰恰相反。

---

① 比如心血管疾病、骨质疏松症、关节炎、Ⅱ型糖尿病和某些肿瘤等。

夫妻的交流方式，也会对结果产生显著的影响。满怀敌意的夫妻，水泡愈合速度只有其他夫妻的 60%。[35] 换句话说，如果你结婚了，就别跟伴侣大打出手，把伴侣视若仇敌。30 分钟的婚姻冲突，就能对你的抗感染能力产生巨大的负面影响，严重影响你的伤口愈合速度。[36]

这么说来，医生在做检查时竟然只查看患者的重要体征，或进行前列腺触诊，却不询问患者的婚姻状况，真可谓怪事一桩。牙医也应该检查一下患者的婚姻状况，因为对婚姻不满的人比婚姻幸福者更容易患上牙龈疾病，出现龋齿。对于帕金森氏症、类风湿性关节炎和阿尔茨海默症患者来说，特别挑剔、过度干涉的伴侣和支持他们、有责任感的伴侣，会给他们带来截然不同的影响。如果他们的伴侣属于前者，他们的身体也更加虚弱。[37] 就连生理上的疼痛也能被婚姻的爱意削弱，这一点在女性身上尤其明显。

一项芬兰研究发现，在罹患背部疾病的女性里，婚姻不幸者会感到更加疼痛，行动也更加不便。这是控制其他变量之后得出的结果。但如果背痛的女性与伴侣彼此靠近，肌肤相亲，那么生理上的疼痛就能得到缓解。加利福尼亚州的神经科学家娜奥米·艾森伯格和雪莱·泰勒也发现，在进行侵入性治疗的过程中，握着伴侣的手的女性（跟握着陌生人的手相比）疼痛感相对较轻。[38]

我们当然知道，“你需要的不过是爱而已”。但是这样的结果仍然令人惊异。谁能想到，伴侣的冷嘲热讽会蛀蚀你的牙齿？但这样的结果却又合情合理。如果人类婴孩和其他灵长类动物天生就能察觉自己身边是否有钟爱自己的父母（或者他们是不是疏忽大意，情绪焦虑）并对此做出反应；如果其他面对面接触能强化我们的免疫系统，那么能够记录爱情生活质量的内分泌防护器官，也一定可以在成年人的身体上留下印记。已经有越来越多证据证明，婚姻伴侣会对我们产生直接的生物化学作用，影响我们体内白血球的生产和迁移，改变基因的表达方式。[39] 寡居男性的巨大痛苦，就是一个尤为突出的明证。

寡居效应

我的朋友罗是个相貌英俊的男子。他刚刚60岁出头，留着一把银白色的络腮胡须，发际线向后漂移，常年戴着一副飞行员墨镜。他笑起来的时候——他常常大笑，嘴巴会咧到耳根子，一双蓝眼睛几乎被皱纹挤没了，你只能看到瞳孔闪现的亮光。他身材魁梧结实，胸膛强壮有力，嗓音磁性低沉。他总能给人带来安心、可靠的感觉，这当然是件好事，因为他是个研究药物滥用者的心理学家。他对自己跟人打交道的能力也充满自信。他那随和的性格，可能从一开始就迷住了娜塔莉。

但在他们相遇的时候，罗并没有多少跟人打交道的心思。故事要从2008年初讲起。那时，虽然他仍旧坚持日常活动——工作、看望长大成人的孩子和他们的伴侣、游泳、去犹太会堂，但是他的大部分时间都和妻子安娜待在一起。安娜的乳腺癌已经5年没有复发了，但这时忽然卷土重来。当初她刚生病时，他们共同决定接受乳房切除术，消除未来复发的隐患；手术结束后，他们还曾共同庆祝。“我能说什么呢？那段时间我们很亲密，真的是特别亲密。后来我们还去中国旅行，做了很多有趣的事。我们沿长江漂流而下，真是美妙极了。”罗满怀深情地回忆起那段岁月。他还记得，从安娜第一次诊断出乳腺癌到乳腺癌复发期间，他们一起组织了好几次热闹的家庭晚宴。

在癌症复发后不到4个月，安娜就去世了。这一切发生得太突然了，简直让人无法相信。她的父母都是大屠杀的幸存者，他们离开了自己唯一的孩子。罗和安娜有3个孩子，最小的才18岁，还没上大学。他还没准备好接受母亲的离去，当然其他人也没有。罗失去了他的“巴舍特”，他命中注定的爱人。

“我知道她是谁。”当我问他跟娜塔莉是在哪里结识的时候，他这样告诉我，“但是我当时完全没心思谈恋爱，认识新的人，跟她们说话。我仍然会去参加‘巴谷勒’。但是我太难过了，我对周围发生的一切不知不觉。我在一次静修时想：我到底来这里做什么？我的感觉太糟糕了。所有那些精神上的东西，我一点儿心思都没有。我完全沉浸在悲痛之中。所以我把自己的想法告诉了她——就像现在我坦然告诉你一样。她听我说话，她人很好。然后我自己离开，一个人去了林子里。”

四年之后的一个星期三，在我们共进晚餐之后，罗和我坐在我家后院闲聊。就在两个月前的春天，他刚刚跟娜塔莉举行了婚礼。娜塔莉去法国拜访家人了，罗、我丈夫马丁和我“消灭”了一道西葫芦起司烘蛋、一盘沙拉和一瓶基安蒂干红葡萄酒，萤火虫在杜鹃花丛里闪现出点点萤光。太阳落山之后，马丁慷慨承担了洗盘子的任务，让我有机会跟罗好好聊一聊。

我想问的问题可不少，但我最想知道的是，他究竟是怎么走出了寡居的“暗道”——许多男人都在那个地方送了命。无论年龄高低，寡居都会提升男性的死亡风险——在丧偶一年之内，男性的死亡风险会增加 20%~40%。巨大的性别差异告诉我们，生理和社会因素都与此脱离不了干系。但是它们的具体作用是什么，我们还没有搞清楚。[40]

寡居生活，不仅意味着告别了家常美食，也不仅意味着失去了婚姻生活中无微不至的关心和照拂。[41] 在痛失爱侣之后，男性猝死和自杀的概率居高不下，因为他们总感到极度孤独。而女性一般拥有更为广泛的社会支持，所以她们的猝死和自杀概率相对比较低。[42] 虽然任何年龄段的男性都会受到影响，但是，60 岁以上的男性受到的冲击远较他人更加强烈。在妻子死后数月，老年男性的死亡概率会提升 30%~90%，教育程度更高的男性犹有过之。[43]

我在自己的公公查理身上亲眼目睹了这一灾难性的变化——它被称为“寡居效应”。在我的婆婆突然去世之后的短短几个月里，他轻了 20 公斤，丧失了生活的目标，经历了好几次危及生命的心脏病。[44] 查理看起来就像短小精悍的克拉克·盖博①，留着修剪整齐的小胡子，头戴毛毡软呢帽，拥有

① 克拉克·盖博（Clark Gable），美国著名电影演员，曾出演过影片《乱世佳人》中的男主角白瑞德。

令人啼笑皆非的幽默感。他在 40 多岁时发作过一次心脏病，但是并不严重。在其后的 30 多年里，他一直身体健康。失去爱妻的痛苦，让他的心脏遭受了切实的打击。他不仅失去了挚爱的妻子，还失去了自己的生活规律：开车送她去杂货店采购、去发廊美发，一起玩纸牌游戏，跟朋友看电影，共享家庭晚餐。就像很多男性一样，妻子是他最主要的社交枢纽。在她辞世之后，他们共同的社交网络也随她而去。[45]

当他们还拥有婚姻生活时，社交关系网似乎可有可无；一旦他们失去了伴侣，温暖的社交关系网就会分崩离析。丧偶的男性不仅失去了自己唯一信赖的伙伴，也失去了社交支持的主要来源；在葬礼的简餐结束之后，他再也不会收到别人的邀约。虽然罗在安娜去世之后消沉了很长时间，但是他的健康状况却没有受到太大的影响。是什么保护了他？可能有很多因素，比如他天生就拥有随和的心性，比如他比很多鳏夫年轻的事实，比如他坚持了日常锻炼的习惯。但是除此之外，还有一些更为特别的因素。罗在日常生活中离不开各式各样的社交接触。他参加了很多社区、宗教、治疗和体育团体活动。

The Village Effect 创造村落效应

社交关系对我们的健康究竟有何影响？如果科学界能就人际关系之于健康的影响达成共识，或许这共识就是单一的社交纽带不足以保护我们——不管亲密程度如何。当流行病学家根据几十年的数据预测死亡率时，他们最看重的是“社交融合”：结婚、从属于某个宗教团体、每周三跟牌友玩桥牌、去教堂义务劳动。你拥有的面对面纽带种类越多——可能是亲密关系，也可能是你跟平时经常遇到的人建立的较弱纽带，你避开镰刀死神的概率就越大。[46]

罗身边不仅有关系亲密的家人和朋友，还有很多跟他有联系的小圈子，虽然这些支持者跟他的关系并不像亲朋好友那样亲密。他像我们在第 1 章认识的西尔维一样，是一个积极的参与者。罗拥有一个庞大的社交网络。当噩梦来临时，他们都会来到他的身边。用罗自己的话说，“每当我感到自己被抑郁的情绪吞噬”，他们就会把他拉出来，就算他们不知道自己所做的一切对他来说意味着什么。“在安娜生病期间和去世之后，有一件事我一直坚持下来了，那就是游泳。”当我问及他如何消除悲伤带来的生理伤害时，他这样告诉我：“当年我的父亲身患重病，在医院里住了好几个月，然后辞别人世，那时候我也去游泳。它帮了我。我甚至还参加了游泳比赛。我在安娜生病期间去参加了比赛。”他对我说：“不过有一年安娜病得很重，我没去参加冠军赛。”

安娜去世两年后，罗终于准备开始第一次约会——但在约会之前，他举行了一个古怪的仪式。他回忆道：“我记得我给犹太会堂打了个电话。我买了安娜旁边的墓地，付了钱。只有在我做了这些之后，我才去约会。”我问他为什么，他叹了口气：“现在我们谈到核心问题了。这跟娜塔莉没有关系，当时我还没遇到她。我的想法是，不管将来走入我生命的是哪一位女性，她都必须知道，在遇到她以前，我曾经度过了一段快乐的时光——整整 37 年。虽然逝者已矣，而我依旧活在人世，但她们必须知道，我仍然属于……我仍然爱着安娜。我也希望我的孩子们明白这一点。”

安娜死后，4 年过去了。显然 4 年的光阴已经足以让他从容谈起他们的故事，但是 4 年还不足以让失去爱妻的痛苦消散飞逝。就算他新婚未久，他仍然感到“内心在进行一场拔河比赛，一头希望自己与娜塔莉一起享受新的生活，一头仍然沉浸在哀悼之中”。他说，万幸的是，娜塔莉能够容忍他的矛盾心理。他告诉我，他们不需要绕太大弯子，就能谈论难以启齿的心事。“一开始我就问她，我现在还深深依恋着安娜，她为何还愿意跟我约会？我们讨论了这个问题！就在第一次约会时！她告诉我，只要我现在能跟她在一起，她就不在乎我是否怀念过去。她可以接受这一点。她这番话对我来说有很大意义。”

罗不需要放弃任何东西：他对安娜的情感、他和成年孩子的关系、他和安娜父母的纽带以及对他们的责任——他们仍然悲痛万分、脆弱不堪。“虽然失去挚爱之痛仍然长存心底，不过我开始允许自己再次享受生活，和娜塔莉一起。”他说。在安娜去世之后，罗为她画了几幅画，写了一首情歌，纪念这位曾与他携手共度前半生的女性。“但现在，我必须开始为我和娜塔莉的爱情努力了。我告诉她，我每一年都会比过去更爱她，我很庆幸自己能够与她结为连理。我现在并非孤身一人，我对此充满感激。”

宗教：一种能催生爱情的面对面社交活动

娜塔莉和罗结婚了，因为——或至少部分因为他们碰巧在同一个星期六上午来到犹太会堂，参加父亲的“亚尔宰特”（yahrzeits，依据希伯来历为已经过世的挚爱之人举行的周年悼念仪式）。他们之前已经在“巴谷勒”上认识，而在安娜去世两年之后，他们再次相遇了。此刻的罗，已经不像过去那样痛苦不堪。他希望自己能抓住机会，在犹太会堂的仪式结束之后，跟这位魅力非凡的女性在新雪铺就的路面上散一会儿步。你可能不觉得周年忌辰撞日是一个多么吉利的征兆，但正如敏锐的英国作家阿兰·德波顿（Alain de Botton）在《写给无神论者》（*Religion for Atheists*）中提到的那样，宗教就像是某种为了增进陌生人之间的信任而特别打造出来的东西——就算这个陌生人不相信上帝。

> 教堂的高大木门和门廊周围的300尊石雕天使，给予了我们平时难得一见的自由。我们可以靠过去和陌生人打个招呼，而不至于被认为心怀恶意或者神经错乱。我们得到允许，在这里（套用弥撒进堂式上的致候辞），“上帝的慈爱，圣灵的共融”与到场所有人同在。教会将其日久天长、深厚学养和辉煌建筑积累的无上声望给予我

们，让我们放下羞怯之心，向陌生人敞开自己的心扉。[47]①

不管你怎么看待宗教，它确实有办法让思想相近的人走到一起，借助颂歌、祈祷、故事和善行，让他们欣赏自己，欣赏周围的人，把他们联系起来。聚集的人群常常会像整体一样共同行动，摇晃身体、鞠躬、下跪、高唱赞美诗。确实，“同步”是一条众所周知的进化策略。[48] 神经科学家大卫·伊格曼(David Eagleman)是这样谈论宗教的：“(它)定义了群体，协调了行为，抑制了自私，而这一切都有利于合作。”它是集体凝聚力的标志之一。它让我们得以顺利生存，让我们感到自己是“最聪明、勇敢、优秀的人”。[49] 这种感觉是“村落效应”的副产物，有可能变成一味摄人心魂的催情剂。

这么说不无道理。宗教仪式十分推崇诚实，而诚实又是相互信任的根基。我曾经在加利福尼亚州参加过一次大教堂礼拜，约有 2 500 名教区居民舒舒服服地坐在红色绒毛椅上。牧师迪克·博纳尔（Dick Bernal）在布道时常常恳求听众，多看看坐在自己身边的陌生人。他吟诵道：“看着你的邻居，说：‘现在我们认识了。’”然后他不再说话，等所有人都照他说的话去做。6 米高的吊杆上挂着一架巨大的摄影机，缓缓扫过辉煌宏伟的圣殿。

之后他讲了几段故事，还有一支节奏布鲁斯乐队在讲台上即兴伴奏。然后他再次要求我们：“看着你的另一位邻居，说：‘现在我们有事要做。’”在阅读了《圣经》的几个章节之后，他再次恳求：“转向你的邻居，说：‘我需要你，你也需要我。’”还有：“你的邻居就在你身边。请跟他们说：‘坚持住，亲爱的，坚持住。’”

牧师就好像在实践神经科学家安德鲁·纽伯格（Andrew Newberg）和妻子斯蒂芬妮的研究一样。他们设计了一个 10 分钟的练习，训练被试和“坐

① 部分内容参考梅俊杰译《写给无神论者》(上海译文出版社，2012 年)，有修正。

在旁边的陌生人”保持目光接触，“对他们心怀同情”。经过几次训练，被试更愿意亲近不熟悉的人，花时间和他们相处，意愿提升了20%。[50]这样一个简简单单的眼神接触和移情训练，就能帮助被试放松因为结识新朋友而产生的焦虑情绪。或许宗教集会也能起到同样的效果。它就像红娘一样，把潜在的伴侣带到一个特殊的环境中，消去他们对陌生人的戒心，让他们不再封闭自我。

我向致力于研究宗教信仰神经基础的加拿大心理学家迈克尔·英兹利奇（Michael Inzlicht）求证我的假说，他认为很有道理。英兹利奇的研究证明，拥有宗教信仰的人，前扣带皮层的活动更为舒缓，而这个神经区域与社会性焦虑有关。社交拒绝带来的窘迫感，因为可能出现的社交失误而产生的焦虑感，还有它们的反面——全身心的接纳（这也是爱情的感觉之一），都能通过前扣带皮层区域的活动率检测出来。[51]英兹利奇和同事们还发现了另一个有趣的事实：前扣带皮层的活动与宗教信仰不无关系。当人们感觉到社交排斥时，他们的前扣带皮层会被激活；但在举行宗教仪式时，前扣带皮层的活动会相对减弱，信教者的心态也会趋向平和。[52]

The Village Effect 创造村落效应

无论事关爱情还是宗教，前扣带皮层都能帮助你监测自己和他人的关系。融入群体、与人接触、拥有适应性优势，会让人感觉良好；而社交排斥则会敲响我们的生理警钟。[53]信仰和仪式可以关掉这些令人不安的警钟，这或许就是宗教活动长盛不衰的原因之一。部分流行病学家认为，参加宗教仪式的人会更加幸福，罹患心血管疾病的概率和死亡率也更低；他们提出，去教堂甚至比服用立普妥①还有效，平均能让人延长2~3年寿命。[54]

① 立普妥（Lipitor），通用名为阿托伐他汀钙片，是一种降血脂药物。

宗教活动不仅能影响个体，还能影响群体。它能帮助人们团结一心，解决内部矛盾。[55] 心理学家乔纳森·海德特（Jonathan Haidt）在《正义之心》（*The Righteous Mind*）中引用了一项研究：在美国 19 世纪成立的 200 个乌托邦公社中，只有 6% 的非宗教公社仍然存在，但却有 39% 的宗教公社存在至今。生存率最大的公社往往会要求成员在行为和外貌上做出较大的改变，比如改变发型、衣着、饮食习惯，或者戒掉酒、肉和烟，以此证明他们属于这里。[56] 这让我不禁想到第 2 章提到的那些基督复临派教徒；他们的社交关系十分紧密，只吃素食和坚果，绝对禁酒，也享有超乎寻常水平的寿命。还有极端正统犹太教“黑帽”社区，他们始终坚持中世纪欧洲祖先流传下来的严格的饮食法则、着装风格以及道德戒律。虽然他们曾遭受了长达几个世纪的残酷迫害，但仍然活跃至今。

作为一种能催生爱情的面对面社交活动，宗教独具优势。它减轻了人的社会性和存在性焦虑。它定期让相似的人汇聚一堂，让他们感到自己有所归属。无论在基督教堂、犹太会堂、佛教寺院还是穆斯林清真寺，每个人都在做同一件事，他们相信自己的努力服务于某些比自己更伟大的存在。宗教活动还鼓励人们交换诚实的信号。但是如果你不愿意跟人接触，也不属于哪个宗教团体，你能怎么办？互联网似乎是个不错的选择。它可以扩大爱情选择的范围，让你不再局限于眼前的圈子；它还能用许多不同的方法对人加以排序。这么看来，它似乎很适合用来寻找绝佳伴侣。但尽管互联网在配对方面拥有明显的优势，它也会让你付出一定的代价。

网络约会，警惕虚假信息！

我承认，我偶尔会私下当一两回“红娘”。我有很多单身朋友都在积极寻找合适的伴侣，所以我把一位作家老友介绍给了我以前的一位报纸编辑——这个富有魅力的男人忽然发现自己又恢复单身了。就好像老天要给我演示一下“三度分隔理论”[①]似的，有一天，我收到了作家朋友的朋友给我寄来的一封电子邮件：

> 我们以前在珍的派对上见过面。我听她提到你偶尔会帮朋友们牵线搭桥。从她最近告诉我的情况来看，她跟布鲁斯相处得很不错。所以我现在写信向你求助，希望你也能帮我找一个合适的人。你什么时候有空？我们可以好好聊聊，我可以告诉你我都试过什么办法。

在一个阴雨连绵的下午，我们在我家附近的咖啡馆碰面了。和全球各地数百万寻找伴侣的人一样，她也尝试了网络约会——PlentyOfFish、eHarmony、OkCupid 和 Yahoo Friends。当然，她也一头扎进了调查问卷的汪洋大海。她曾经对一个名叫维克的男人寄予厚望，他们是在 PlentyOfFish 上认识的，通过网络和电话聊了几次。他完全符合她的要求：身高约 1.83 米，有一份稳定的工作，没有健康问题，喜欢艺术，特别是摄影。这段感情似乎很有希望。

但她最后发现，他对电话性爱更感兴趣。“我一直说：‘告诉我你在哪儿，我想跟你见个面。’但是他一点儿也不想进行面对面的互动。他只想知道‘现在你在什么房间？能不能描述一下你的床单什么样？’这就是网络约会的弊端。或许你们在电子邮件里聊得很开心，但其实那个男人并不是他口中说的那个人。”

伪装是网络的常态。想想电子游戏《第二人生》（*Second Life*），你的电子化身（比你性感多了）可以和另一个电子化身来一场婚外情，或者和一个

① 此为作者的调侃，源于哈佛大学心理学教授斯坦利·米尔格拉姆（Stanley Milgram）在 1967 年提出的“六度分隔理论”（Six Degrees of Separation）：世界上所有互不相识的人只需要少数几位中间人就能建立起联系。这个理论虽然已经得到了广泛的应用，但仍然存在争议。

虚拟的应召女郎一夜风流。大卫·波拉德（David Pollard）的妻子艾米·泰勒（Amy Taylor）在发现丈夫这么做之后，于 2008 年提出离婚。这对英国夫妻就是在网上相遇的，然后步入婚姻的殿堂——还结了两次婚。第一次是他们的电子化身结婚：肌肉结实、外套笔挺、挂满奖章的“戴维·巴米（Dave Barmy）”，迎娶了约 1.8 米高、身着紫色紧身长礼服的 DJ “劳拉·斯凯（Laura Skye）”（见图 8–1）。他们在一个充满热带风情的梦幻小岛上交换了婚姻的誓言。

图 8–1 网络约会

艾米·泰勒和前夫大卫·波拉德，旁边是他们的电子化身劳拉·斯凯和戴维·巴米。

过了一段时间，这对有血有肉的夫妇在现实生活中也结婚了，不过结婚地点是黯然失色的康沃尔郡婚姻登记处。但当泰勒——在现实生活中，她是一个来自伦敦的失业女服务员，下午一觉醒来，发现波拉德的电子化身正在《第二人生》里和一个妓女进行虚拟性爱，他们在真实世界中的婚姻也开始崩溃。“对我来说，这就是背叛。但是他觉得这没什么问题，他也不知道我为什么这么难过。”泰勒这样告诉《伦敦时报》。[57]

虽然这个故事很离奇，但是它证明了人们很容易在网络空间里混淆现实和虚幻。交友网站尤其如此。大多数人都会在交友网站上撒谎，有的对事实略加隐瞒，有的给自己改头换面。在 18 个月的时间里，罗恩·詹姆斯（Ron James）在 JDate 上“认识”了 600 位女性，通过电子邮件跟她们鸿雁往来（最后还和其中的四五十个人见了面）。他发现，很多女性都会谎报年龄，上传旧照，或者隐瞒自己的真实职业。他说："我学到了一点：小心墨镜！"[58]

"4/5 的人都会在网上撒谎。"西北大学心理学教授伊莱·芬克尔（Eli Finkel）分析了他能找到的所有关于网络约会的科学研究，然后这样告诉我。其中有一项研究是由威斯康星 - 麦迪逊大学的卡塔莉娜·托马（Catalina Toma）领导的，调查了 80 位网络约会者。等他们建立好自己的网络档案之后，研究者拿出卷尺和体重秤，要求他们出示自己的驾照。那么，结果如何？81% 的网络约会者都撒了谎。他们改写了自己的基本数据，希望不会被人察觉（女性平均会把体重减轻 8 斤）。[59] 芬克尔和同事一道，在实验室里模拟网络约会的主要特征，进行了几次研究。他们偶然发现了一些令人不安的现象。"女性比她们在档案里写的重，男性比他们写的矮一点儿，实际掌握的资源也比自己写的少。"他说，"问题不在于人们谎报事实，而在于我们并不擅长描述吸引我们的东西。当你遇到自己喜欢的人时，你就是不知道为什么。"

性吸引就跟人们谈论艺术——或者红酒和色情片时的感觉差不多。你无法用语言来描述你喜欢它什么，但是当你看到它的时候，你自然就知道了。[60] 在一项实验里，芬克尔让 106 个被试说出他们的理想伴侣应当具备的三条重要特质，还有他们最不看重或者最不希望伴侣具备的三条特质。你对自己未来的爱人有何要求？雄心壮志？温柔亲切？心胸开阔？慷慨大方？这就跟娜塔莉在那个名为"找到你的梦中情人"的工作坊上碰到的难题差不多，也很像交友网站给我们提出的问题——精确描述我们渴望的伴侣。"我们会让你填写很多调查问卷，让你描述自己的理想伴侣。然后我们会介绍你认识一个人。但是我们做了点儿手脚——他（她）要么是你的理想型伴侣，要么不符合你的要求。"芬克尔这样解释他的实验。结果显示，他们的大学生被试都迫切希望遇到一个符合他们的"必备条件"的人，就跟研究者预测的一样——至少从书面来看确实如此。但是，如果研究者当真把这么一位“理想伴侣”带到被试面前，并非所有人都觉得这位“梦中情人”对自己有吸引力。

The Village Effect 创造村落效应

在面对面的真实环境中，人们提出的“必备条件”无法预测他们会喜欢谁，他们写出的“反感特征”也无法预测他们会讨厌谁。[61] **研究发现，我们大多数人并不清楚什么样的人更吸引我们；我们大多数人也同样不能预测什么东西会在未来给我们带来幸福。**[62]

预测婚姻能否长久的“亲密算法”

性吸引力真是个奇怪的东西。不过我们还是先讨论一下交友网站的要求吧。它不但要求人们列出自己心目中的另一半所应具备的条件，还要求他们如实地描述自己。但我们已经知道了，这两个都不是人类的天赋所在。这或许能部分解释为什么网络约会革命轰轰烈烈，但是结婚率仍然没有太大改观。我们要么故意歪曲事实，要么在无意间欺骗自己，无论我们谈的是身材、成就，还是自身的迷人之处。虽然古希腊格言提醒我们“认识自己”，但其实自我认知从来都不是我们的长项。

“人类是一件多么了不起的杰作！”哈姆雷特这样感慨，“多么高贵的理性！多么伟大的力量！多么优美的仪表！多么文雅的举动！在行为上多么像一个天使！在智慧上多么像一个天神！宇宙的精华！万物的灵长！可是在我看来，这个泥土塑成的生命算得了什么？”① 虽然莎士比亚希望你认识到人类天性那不可言说的本质，但是 eHarmony 却希望你写清楚自己是不是经常把

① 部分内容参考梁实秋译《哈姆雷特》(台北：远东图书公司，1977 年)，有少量修改。

袜子扔在地板上。

我回答了 eHarmony 的数百道问题，其中有一道问我，我是否希望自己未来的伴侣“做事有计划”。嗯，如果我们需要赶飞机，当然还是遵循计划比较好。但一旦我们飞抵威尼斯，我更希望自己的另一半把计划抛到一旁。另外，我虽然喜欢整洁的环境，但是跟我共同生活了 30 年的丈夫周围总是堆满了摇摇欲倒的黄页册，还有各种各样损坏程度不一、亟待修理的乐器。但是，我喜欢他那奇怪的幽默感；无论何时，我都愿意为了他而放弃干净的台面。

所以问题就在这儿。“人类极其复杂，不可能简化成一堆表格栏里的特征。”伊莱·芬克尔说，“你可能会说，你喜欢欣赏自己的人。但如果没有面对面的接触，你就很难分清那个人究竟是自大还是自信。”他对我说，通过网络档案了解一个人，就好比看着菜谱上的食材来推测一道菜的味道。“这并不是思维的运作方式。”然而，所有的交友网站都声称自己拥有某种近乎于神谕的能力——根据你自我报告的性格特征，为你找到未来的绝佳伴侣。比如 eHarmony 宣称，该网站的“专利产品‘相容性配对系统’（Compatibility Matching System©）可以从数百万候选人中精选出跟你最契合的伴侣”。

但如果你因为孤独，相信了他们的说辞，你就被“魔术师的幻术”骗了——美国罗彻斯特大学心理学教授哈里·芮斯（Harry Reis）这样说。他一生致力于研究成功的婚恋关系。“没有任何证据证明，某种现有的交友算法的效果好过随机概率。”遇到一个一见钟情的人跟寻找一位可以共度余生的长期伴侣，其实是完全不同的两码事。他告诉我，虽然大多数交友网站（和我们大多数人）都把二者混为一谈，但是没有证据表明，交友网站能在任何一方面做出成功的预测。[63] 在 eHarmony 上认识的人里，确实有 5% 步入了婚姻的殿堂（没错，这个数据来自于 eHarmony 自己的研究）。芮斯笑起来：“但如果有 3 000 万人给我发来他们的名字，让我随机配对，再回信告诉他们，‘这就是你的灵魂伴侣’，我估计效果也差不了多少。只不过没有人做过这样的实验罢了。”

虽然现有的证据难免会让人失去信心，但是我也从中了解了一些所有人都应该知道的真相。首先，用芮斯的话说，交友网站的根本信条之一“如果两个人拥有相似的人格，他们就能和谐共处”其实是种“伪科学”，是个“骗人的把戏”。在真实的世界中，根据纸版或者电子版人格测试为你选择佳偶，已被证明行之无效；那么在网络世界中，凭什么就能相信它有效？

其次，网站的问题太琐碎了，无法评估最重要的东西：这两个人是否能融洽相处。芮斯说：“两个人的相容性显然是由其他东西决定的，不能通过纸版或者电子问卷进行评估。数百项研究证明，非文字的交流才能预测亲密关系未来的幸福。”比如那个人在跟你说话时，是不是凝视着你的眼睛；他的情感和动作有没有跟你同步；当你们在一起时，他会不会向你倾诉。

再者，你们都是内向型人格，或者你们都爱看《宋飞正传》重播，或许确实能在一开始吸引你们走到一起，但却完全不能预测你们的结合会维持多久，是否能给你带来幸福。[64] 如果你们拥有相似的人格特质和兴趣爱好，或许意味着你们不大可能为了电视遥控器打起来，但却不能预测你生命中最重要的人是否能在最困难的时候给予你悉心的关怀。

什么能预测两个人的爱情是否长久呢？“你在品尝我做的饭菜时会有何反应？你喜欢我的家人吗？你们能不能一起解决问题？你们能否帮助彼此度过个人危机，分享彼此的快乐和幸运？”芮斯这样问我，后面还跟着一长串其他问题。“共享性福”是其中之一，但并非头等大事；最重要的是你们必须有能力解决问题。“如果你们的孩子生了重病，或者你们的父母生命垂危，你们两个人该如何面对？你们会不会互帮互助？”研究发现，两个人是否能共同面对逆境，是否能像亲密无间的朋友一样分享快乐，从长期来看远比 eHarmony 的“二十六维人格”配对更加重要。[65] 我问芮斯，交友网站是否能评估这些东西？芮斯反问我：“如果你不让他们一起面对面解决问题，你要怎么测量呢？”

虽然交友网站这个媒介存在许多弊端，例如它在潜移默化中让我们产生了永远满足不了的圣诞购物感；让我们把自己未来的恋爱对象视为商品，促使我们产生了不切实际的期望。但是，它也有一个不容忽视的好处。交友网站确实让你更有可能认识新的人。另外，它也是个方便快捷的筛除工具，可以筛掉大量不合适的人，避免许多错误的开始。“在你发电子邮件之前，你会看到好多‘警告’，提醒你这个人并不是你的理想伴侣，或者因为他们的政治倾向，或者因为他们的宗教信仰，或者因为他们喜欢狂野的性爱。”一个朋友在电子邮件中写道，“在匿名论坛上，人们的开放程度简直超乎想象。”正如 JDate 在网站上写的那样：“这里可比酒吧好多了。只需要支付几杯酒的价钱，你就能注册一个月会员。只要你愿意，每天都能认识新的人。”

但关键在于“认识”。简伤心地告诉我，长期的网络互动会让你产生错误的亲近感（读者诸君还记得我曾经撮合了我的编辑和一位朋友吗？她就是我的那位朋友）。两个在现实生活中建立不了亲密关系的人，有可能在网络上无话不谈。侮辱和攻击也同样如此。（我和其他很多作者一样，也遭受过网络批判者——或曰“喷子”骇人听闻的恶毒攻击，如果没有互联网匿名制度的保护，他们就不可能存在。）

The Village Effect 创造村落效应

生物人类学家海伦·费舍尔（Helen Fisher）是研究性吸引力的专家。她坦率地指出：交友网站只不过给人们提供了一个认识的机会。剩下的事情需要你自己完成。她告诉我：“你必须走出去。你必须亲自跟他们见面。你必须用你自己的‘算法’去认识他人。”

谈到爱与信任，费舍尔认为，人类的大脑进化出了自己的“亲密算法”，而科学研究也证明了她的想法。心理学家布拉德利·奥科迪（Bradley Okdie）领导的研究证明，面对面跟伴侣互动的人“比通过电脑跟伴侣互动的被试更觉得自己与伴侣亲密合一”。亲密感也是可以不断累积的：互动越真实、越实时，吸引力也就越大。“越熟悉，越轻视”的老话显然是错的。[66] 在比较屏幕互动和面对面互动时，研究者还发现，如果两个人一开始是在现实生活中认识的（而不是在网络上），那么他们就会更喜欢自己的潜在伴侣，也更享受约会的过程。至少你不会因为看了某个人的网络档案而萌生爱情的希望，却在见面之后打破之前的幻想——或者被另一方断然拒绝。[67]

不过，在自助洗衣房或者超市收银处认识新的人，也是一件很有挑战的事，特别是对于内向的人来说尤其如此。从人类的认知来看，处理眼神接触、面部表情和社会环境同时向大脑发来的巨量信息，远比阅读电子屏幕上的几行文字费力得多，何况跟一位富有魅力的陌生人搭讪，本身就颇具风险。你既不能保证她现在一定单身，也不知道她有没有兴趣谈恋爱。

但是，面对面的追求会给你带来更多回报。纽约作家蒂姆·克雷德（Tim Kreider）“在遇到第 100 万位魅力卓绝、智力超群、风趣幽默但已经结婚的女性之后”，决定试试网络约会。但是翻看女性的网络档案，竟然成了一件令人郁闷的事，就像你频繁切换电视频道一样。他写道，看档案的时候“你满心焦虑，生怕自己错过了更好的——就算只好一点点”。最后他告别了网站，重新采用了他口中的“模拟法”①。不久以后，他在朋友的早午餐聚会上认识了一位女士，与她坠入爱河。后来他在网上搜索她的作品，看到了她传到网络上的照片。那时候他才意识到，他们已经“见”过了——就在那个交友网站上。克雷德写道：

> 她是完整、温暖、复杂、有血有肉的完形，跟我从电子邮件和照片中得来的印象完全不同。当她谈起自己的父亲时，她的声

① “模拟”是物理等学科中的常见概念，与“数字”相对。

音里蕴含着难以捉摸的爱意，包含了 10 000 亿字节的压缩信息。发生在网络上的事，跟发生在梦境中的事有某些相似之处，它们都让人感觉不真实，跟真实的生活没有关系，杂糅在一起，在记忆中朦胧淡去。在你一觉醒来或者退出网站之后，瞬间消失无踪。直到你在现实世界里遇到一个来自互联网的人，你忽然意识到她一直真实存在着，这真是太奇怪了。[68]

现在咱们再回过头来，谈谈我的朋友罗和娜塔莉吧。我很想知道，为什么通过面对面社交网络认识的他们，比在网络上认识的两个陌生人更有可能结为连理，获得幸福？现在还没有人能回答这个问题，也没有科学家提出过这样的问题。但我知道，罗和娜塔莉通过了他们的第一项测试。在他们结婚之前，这两个荒野爱好者决定进行一次露营旅行。他们准备在目的地举办一场家庭婚礼，罗也会在那里第一次把娜塔莉介绍给他的大家族。

结婚前的那一晚，他们来到婚礼地点附近，在一个露营区搭起帐篷。那时已经是晚上 11 点了，天上下起了暴雨。“我们到了之后才发现自己忘记带帐篷杆了。”罗想到这儿，不禁皱起了眉头，“但我们摸黑想出了一个权宜之计：我们把绳子绑在了树上。我很高兴我们能快速合作，没有人问：‘谁忘记带上帐篷杆？’虽然这件事没什么大不了，但那时我就想，我能和这个女人过一辈子。”

罗和娜塔莉的相似性，还有他们共同的社交纽带，很可能是最初吸引他们走到一起的磁铁。但是他们后来之所以难舍难分，并非因为他们真的有多么相似，而是因为他们自认为想法相似，志趣相投。这是研究告诉我们的。相似性或许能在最开始的时候把潜在的伴侣吸引到一起，但是你与伴侣的相似性并不足以决定你们的关系是否能走向圆满，获得幸福。认定你们拥有共同的价值观和人格特质，才是亲密关系成功的原因。在中国西部的成都市，甚至有情侣会去做整容手术，从而让他们看起来更有夫妻相，因为他们认为自己跟伴侣的内在很相似，希望外表看上去也更像。[69] 不管你们是不是绝配，只要你认定如此，你就会感到伴侣是你的“巴舍特”——仿佛你们本就应当属于彼此。除此之外，还有解决问题和共享快乐的能力，它们共同组成了亲密关系的黏合剂。[70]

社会心理学家黄珣（Irene Huang）说：“如果你和伴侣走了同一条路——真正的道路，那么你们携手共度的人生就会更加愉快。”她在美国和中国做了几次测试，发现了一个有趣的规律：走同一条路去上班的夫妻，往往是最幸福的人——不管他们离开家的时间是否一致。[71] 同样的路线隐含了同样的目标，他们的同步性也证明了他们的羁绊。如果他们的想法、习惯或者行为方式凑巧一致，这每一次看似巧合的事件都会让他们再次想起，最初是什么吸引他们走到了一起。

物以类聚、人以群分、同质性、选型交配……随你怎么说。我们知道，相似的人容易互相吸引。他们生活在同一个地方，吃着同样的食物，有着类似的忧虑，以同样的方式祈祷，甚至常常在一起工作。但这种吸引力是否总是一股向善的力量？这就是我们将在下一章里讨论的问题了。

The Village Effect

09

商业

商业世界就是一个面对面网络，真实的互动可以大幅提升工作效率

How Face-to-Face Contact Can Make Us

Healthier, Happier,

and Smarter

玛丽·考夫兰（Mary Coughlan）的家位于镇上的高档社区，她的客厅看起来就像是私人图书馆和亚非艺术画廊的完美结合体。墙边竖起一排顶天立地的书架，天鹅绒的扶手椅两旁立着两个巨大的壁橱，上面镶嵌着如同根付[①]般的微型铁质动物雕塑。她的公寓位于一层，大门正对着一片栅栏围起来的绿地。

到了傍晚时分，玛丽只消推开绿色的滑动门，就可以把她的拉布拉多猎犬奥莉维亚放出来活动活动。我就在这时候碰到它。奥莉维亚稳步走到我面前，停下脚步，用鼻子蹭了蹭我的手，然后伸出它的爪子。我们握手了。"它不会耍把戏求欢的。"玛丽的声音从角落里飘过来，她安然坐在鼠尾草色的天鹅绒扶手椅上，脚枕着配套的褥榻，"因为它觉得那有损于它的尊严。"

77岁的玛丽·考夫兰自己就是一个雍容华贵、仪态端庄的老妇人。她邀请我过来，是为了跟我说一件不幸的事：她一辈子的积蓄——差不多100万美元的退休基金都被别人骗走了，而欺骗她的人却是一位她认识了30年的老朋友。早在1979年，她就结识了理财规划师厄尔·琼斯（Earl Jones）。那时候她还不到50岁，她的丈夫刚刚去世，她需要独自抚养4个孩子。她想学习如何管理自己的资产。

① 根付是日本和服带子上用来挂饰品的配件，本身也是一种雕刻精美的工艺品。

恰在此时，基督教青年会为妇女开设了一堂金融管理的晚课，刚好能满足她的需要。“我看到厄尔在讲课。”我问起他们相识的经过，她这样告诉我，“我的父亲给我留下了一笔钱。在我47岁时，我的丈夫去世了。以前都是家里人替我管钱，现在我想自己来管钱。”她觉得厄尔·琼斯“是个好人”。她还通过自己的母亲和其他教友认识了一个曾经跟琼斯一起工作过的朋友。“所以我信任他。”她告诉我。

在后来的30年里，大部分时间他们的合作关系都维持得相当不错。她总能定期收到投资带来的回报，足以应付日常的开支，有时甚至还有一些余钱。后来，她的母亲去世了，她把自己继承的遗产直接交给了琼斯。“三年前，我卖掉了西峰的一栋房子”——那是加拿大蒙特利尔市的一个高档社区，“这笔钱也交给他处理了”。她当时还不知道，他存在她账户里的支票面额远远低于卖房子时商量好的价格。虽然她的房贷早就已经还清，但是他又用她的房子做抵押，申请了两笔新的贷款，而她对此一无所知。这两笔贷款的钱自然也落入了厄尔·琼斯自己的口袋。她被朋友彻底欺骗了。

不久之后，可怕的事实终于浮出水面。2009年7月6日，洛杉矶设计师凯文·柯伦（Kevin Curran）突然接到了一位老友打来的电话。老友告诉他，他俩的母亲有可能被同一个诈骗大师给骗了。柯伦赶快飞回蒙特利尔。他本来打算花一个星期解决这个烂摊子，但是一年之后他还没有离开。他一直都在竭尽所能帮助自己的母亲和诈骗案的其他受害者——其中大多数都是老年妇女。“我看到厄尔把我母亲的抵押贷款翻了一倍多，从15万美元变成了35万美元，然后还拿走了她继承的50万美元遗产。那时候我就知道我们碰到了大麻烦。她还不起这笔钱。所以我发誓，我会一直待在这里，直到我们确定能免掉抵押贷款。”他告诉一位本地报社的记者，“这就是我当时决定留在这里的原因。”

于是，柯伦（还有另外两个琼斯诈骗案的受害者——金妮·内尔勒斯

〔Ginny Nelles〕和乔伊·戴维斯〔Joey Davis〕的成年子女）当起了受害者的金融侦探、资金管理人和解决问题的顾问。他发现，自己面对的是一个关系紧密、相互交织的社交网络，但它同时也是一个衰老、脆弱的社交网络。2010 年 7 月，距离厄尔·琼斯的庞氏骗局第一次浮出水面只过去了短短一年，琼斯的三个老年受害者中已经有一个人离开了人世。还有一个人诊断出了乳腺癌，5 个人失去了自己的家，另外 11 个人也过了他们和银行协定的一年宽限期，很快就要失去自己的房子。还有 35 个人只能接受慈善机构的救济，才能付得起房租、食物、保险和成人纸尿布的钱。但就在不久之前，他们还给这些慈善机构捐过款。[1]

他们陷入了可怕的财务危机，需要依靠他人的帮助才能活下去。没有人希望这样度过自己的黄金岁月。何况他们这一代人大多都在人生之初经历过经济大萧条的时代，成年之后一直奉守着自力更生的信条。他们一生都在努力存钱，最后却落得了身无分文的下场，这简直是对他们最大的侮辱。

诈骗“村落”

厄尔·琼斯是怎么成功的？就像伯纳德·“伯尼”·麦道夫①的金融诈骗案一样，首先，紧密团结的同质社交网络中固有的信任，帮助琼斯取得了合法的职业身份。在成为社区的一员后，他很容易就帮自己建立了诚实可信的形象。一旦他虏获了其他社区成员的信任，他就不再需要继续证明自己了。压力和诱惑自有办法推动他的生意。“我现在还能想象他坐在那张椅子上的样子。”玛丽·考夫兰指着我坐的椅子说，“他以前每年大概会来 4 次。他会来家里看我，关心地问我：‘孩子们怎么样了？’然后他会在这里待两个小时，

① 伯纳德·“伯尼”·麦道夫（Bernie Madoff）是美国著名的金融经纪人，前纳斯达克主席。他策划了迄今为止美国历史上最大的庞氏骗局金融诈骗案，受害者包括许多著名的投资金融机构，损失金额达 500 亿美元以上。

非常亲切礼貌。”考夫兰现在仍然把琼斯当作自己的朋友——或许是一个有反社会人格的朋友。“他会说，‘我需要你的签名’，我会说好。我付钱就是为了请他照顾我。”

他也确实做到了。20 世纪 80 年代初，考夫兰刚开始投资给他的时候，他总会定期寄来红利支票和每个月的对账单，详细地列出了她在股票和证券上的投资明细。但到了 80 年代末，对账单就没有那么频繁了，上面的细节信息也少了，而且只有当她提出要求时，她才能收到这么一张纸。到了 90 年代初，不仅他的汇报风格变了样，就连他的投资策略也变了。他建议客户投资其他客户的遗产和房产。这些人通常是跟他们一起在缅因州度假避暑的伙伴，是跟他们一起去教堂、一起打高尔夫的朋友，是他们真正认识的人。

他说这些人碰到了经济上的困难。比如某人正在等待遗嘱认证，等拿到钱后就能买一套新房子或者一辆新汽车。但是他们现在需要一笔现金，才能渡过眼前的难关。投资的利润可能高达 8%，有时还有几千美元的签约红利。“他的一个把戏是说某某现在急需用钱，等到遗嘱通过审查就好了。”考夫兰跟我解释说，琼斯编造的故事实在是太真实了，让人不得不相信。而且贷款会以借贷人的资产做抵押，看上去似乎挺安全。在 14 年里，玛丽·考夫兰点了 5 次头。[2]

事实上，琼斯从来没有拿她的养老金做过一分钱的投资。她的资产，还有其他所有人的资产，都被用来支付每个人的利息了，维持着基金持续增长的假象。琼斯每个月要给客户 20 万美元，这就是他向核心客户支付的“红利”。另外，还有他自己的开支，比如 4 套独栋公寓的贷款，一套位于美国佛罗里达州的博卡拉顿①，一套位于加拿大魁北克省滑雪胜地蒙特朗布朗的高尔夫球场。还有一套公寓位于缅因州，那是他给智力有缺陷的女儿买的。除

① 博卡拉顿（Boca Raton）位于美国佛罗里达州的棕榈滩县，是一个风景优美、生活质量很高的富裕城市，房地产市场十分火热。

此之外，还要算上私立学校的费用以及汽车和游轮的钱，所有这些都来自客户的养老金。他利用社区成员攒了一辈子的积蓄，策划了一场类似麦道夫诈骗案的庞氏骗局。

2009 年 7 月，考夫兰正在缅因州和家人一起欢度佳节，忽然接到了银行打来的电话。她的支票被银行退票了。不久以后，社交圈子里的其他人也陆续发现自己的钱不翼而飞。42 岁的金妮 · 内尔勒斯——她已故的父亲曾经是琼斯的密友，本来打算跟家人一起去纽约旅行的，需要取出一笔钱。这时候，她忽然发现"厄尔叔叔"负责的账户里的钱取不出来了。她的父亲和厄尔以前是同事。在 20 世纪 70 年代，他们都在蒙特利尔信托公司工作。正是她的父亲帮助他开创了自己的事业。现在，在她想找厄尔叔叔的时候，他竟然不辞而别，音讯全无了。

这时候，厄尔 · 琼斯还没有停下疯狂的脚步。一个长期客户想拿回自己的资产，购买一套新房子。但不幸的是，琼斯已经把他的钱花了个精光。其他客户给他的办公室打电话，询问基金的情况。但在电话拨通之后，他们没有像平日一样接通办公室的雇员——他们称之为"厄尔的姑娘"，却听到了一条录音留言，告诉他们未来 30 天内无法付款。琼斯已经逃跑了。他在躲避追捕三个星期后，最终还是被抓住了。他因为诈骗罪接受审判，被判处 11 年监禁。[3] 在那以前，他一直被当成家庭型的好男人、社区的顶梁柱、诚实可信的理财顾问、一位好朋友。

1982—2009 年，厄尔 · 琼斯从 160 个受害人的口袋里偷了超过 5 100 万美元。他的受害人中有 80% 都是女性，很多都是寡居的妇女。多丽丝 · 巴宾顿（Doris Babbington）说："他欺骗了很多年老的女士。他长着一张和蔼可亲的面孔，又有一副天生的好口才。"她是琼斯以前的高中好友，把自己的所有积蓄（10 万美元）都"投资"给了他。[4] 她跟琼斯夫妇已经是 60 多年的老交情了。

琼斯具备绝佳的社交技能，拥有一个巨大的同质性社交网络。他看到了其他资金管理人没有看到的生态位。其他人都只对一掷千金的有钱人感兴趣，他的目标却是像他自己一样收入中等的普通人。他们虽然出身平平，但却对未来怀有很高的期望：或许可以早点儿退休，加入一个私人高尔夫球俱乐部，时不时去加勒比海航行一番。

更重要的是，他和他们的妻子建立了联系。在她们的丈夫去世之后，她们在情感上会变得非常脆弱。而且一般来说，她们都不精于理财。她们大部分人都成长于20世纪40年代，错过了女性革命的浪潮。但她们不仅是丈夫和父母的遗产继承人，还拥有价值至少几十万美元的家庭住宅。除了政府的补助之外，这些资产就是她们的全部养老金了。所以，当琼斯站出来主动提出要帮助她们的时候，她们就欣然应允了。[5]

金妮·内尔勒斯的父亲在2004年去世，曾经是家族好友的厄尔·琼斯出现在了他的葬礼上。他们曾经是蒙特利尔信托公司的同事。两家人已经认识了50年，其中至少25年他们都在一起度假。琼斯还当了金妮弟弟的教父，但是他和金妮的父亲在90年代初闹僵了。后来他和金妮一家人差不多有10年没见过面，直到他在葬礼上再次来到他们的面前。他提醒金妮姐弟，自己是一个资产规划师。他告诉他们：“无论你们需要什么样的帮助，随时都可以来找我。”他还向金妮的母亲温蒂保证，“别担心。我会照顾你的。”

葬礼过去5天后，琼斯就说服温蒂·内尔勒斯把丈夫的遗产规划从银行转移到了他自己的户头。金妮伤心地说：“琼斯告诉我，加拿大丰业银行没有好好地利用这笔钱，而且法律也变了。他是个乘人之危的家伙，在别人最脆弱的时候趁虚而入。”

4年之后，琼斯又说服温蒂再次抵押了已经付清房贷的房子，拿到了

32.7 万美元的贷款——要在未来 40 年里还清。这笔钱表面上都投资给了厄尔负责的账户，立刻就能给她带来高额的回报。温蒂希望能用投资的收益资助自己的子女和孙辈。她在琼斯的建议下，违背了大多数理财规划师推荐的分散投资原则，关闭了其他银行的所有账户，把自己的全部财产都投资给了厄尔·琼斯。

我在 2009 年 11 月见到了金妮·内尔勒斯。此时距离厄尔·琼斯的庞氏骗局曝光刚刚过去了 5 个月。她的母亲即将失去自己的房子，也没有任何收入来源。金妮和她的弟弟可能永远也无法拿回父亲的遗产了，他们自己的积蓄也几乎被一卷而空。在他们遭受这次重创之前，她和弟弟都经历了严重的健康危机。

不过乍看之下，你在金妮身上找不到心力交瘁的痕迹。她穿着干净利落的白色衬衫，戴着珍珠首饰，一头闪亮的金发整齐地扎在脑后。显然她曾经享受过优渥的生活。她在英式女子私立学校——埃德加和克莱普女子学校上过学，那里只招收蒙特利尔上流社会的盎格鲁人[①]（厄尔的女儿也在那里上学）；她在劳伦琴有一间冬季滑雪屋；每年夏天他们一家都会去缅因州肯纳邦克的沙滩别墅度假，跟其他差不多的家庭一起消遣假日时光。在我看来，她拥有了一切——她属于一个文化和社会经济亚群体，群体里的所有加拿大人似乎都来自另一个光鲜亮丽、独立排外、高人一等的世界。

虽然琼斯也拥有同样的社会背景，但是他负担不起这样的生活方式。后来有人猜测，这或许就是隐藏在他背后的动机。最近也有证据指出，如果你一直在干违法的勾当，但是总能逃避法律的制裁，那么你不会因此而感到愧疚不安，反而会产生强烈的满足感。经济学家们通过实验发现了这个奇异的现象，他们称之为“骗子的快感”（the cheater’s high）。[6]

① 北欧裔美国人。

琼斯的大部分受害者都出身于中产阶级，他们跟其他庞氏骗局的受害者很不一样，除了唯一的一点：他们和骗子同属于一个紧密团结的社交群体，他们说着一样的语言，拥有同样的宗教信仰，还有相同的文化风俗和兴趣。（在琼斯的例子里，“村落”成员们都热爱体育运动。琼斯年轻时是一个颇有天赋的半专业冰球运动员，这一点也进一步提升了他的可信度。）

在受骗的几十年里，这群生活在魁北克省郊区的英语人士总觉得自己跟周围的法语人群格格不入，成了受到重重包围的少数派。没有离开魁北克省的人逐渐搬到了一起住。他们都去同一间教堂，把孩子送去同一所学校。从社交网络的角度来看，他们的同质性变得更强了。在这个一起经历风风雨雨的群体里，群体成员的相互信任也变得更深了。如果你是圈里人，了解这一切，你就不难赢得其他圈里人的信任。

The Village Effect 创造村落效应

这是一个“杀熟诈骗”（affinity fraud）的经典案例：共同的社交和宗教纽带为骗术大师敞开了赢得群体信任的方便之门。到目前为止，我已经在本书中讨论了面对面互动对健康、快乐、学习成绩和长寿的积极影响。但是，交换诚实信号——这是所有亲密的社交关系的通用语言，并不总能给我们带来好处。跟他人建立亲密的私交，有时是好事，有时也可能是坏事，特别是在金钱的问题上。**虽然面对面的接触可以提升个人的工作表现、顾客的忠诚度、满意度和收益，但也有可能招致彻头彻尾的背叛。**

杀熟诈骗

为什么会有那么多人轻易地相信了厄尔·琼斯不切实际的许诺，或者相信了伯纳德·麦道夫的说辞？行为心理学界的先驱、已故的卡内基梅隆大学心理学家罗宾·道斯（Robyn Dawes）说，我们是一种社会性动物，“我们天生就信赖别人，直到我们找到了不这么做的理由”。[7] 群体和宗教信仰就仿佛家庭关系的替身，帮助你建立了对他人的信任。我们自然而然就会信任跟自己看起来差不多，言谈听起来也差不多的人。放下自己的防御，接纳另一人，会让我们产生真切的满足感。就算这种利他行为会减少我们留给自己的食物、金钱、精力、性机会和其他好东西，但是，相信和帮助家人，或者家人的延伸——圈里人就是会让我们感到心情愉悦。

进化生物学家通过亲属选择解释了这个矛盾的现象。（之所以说这是一个矛盾的现象，是因为进化本来应该让每个个体都尽最大可能提高自己的遗传概率，而不是其他同类的遗传概率。）根据英国遗传学家约翰·伯顿·桑德森·霍尔丹（J. B. S. Haldane）的说法，虽然信任和牺牲会削弱个人的优势，但就算没有明显的回报，人类也依然愿意相信他人、牺牲自我，只要他们有遗传关系——或者可能有遗传关系。霍尔丹指出，你可能会跳进冰冷的河流去营救溺水的兄弟（他跟你有一半的基因相同），因为就算你不幸死了，你的一部分基因仍然会伴随他的每一个后代流传下去。[8]

很多动物都是这样。大象、黑猩猩和狒狒——甚至就连吸血蝙蝠和裸鼹鼠都能认出自己的亲戚，特别是雌性的亲属，然后做出有利于亲属的举动。[9] 我们已经看到了日本猕猴的例子。日本猕猴可以容忍同类顺手牵羊，偷走自己的一部分食物，只要它们俩有直接的亲属关系。[10] 多萝西·切尼和罗伯特·赛法斯写道，成年的雌性狒狒每天会花长达 5 个小时的时间帮同伴——特别是它们的雌性亲属梳理毛发，梳理毛发的时间帮助它们结成了紧密的姐妹纽带，在食物短缺或者气温骤降时，这条亲密的纽带就能派上用场了。[11] 这类促进催产素释放的亲密行为不但能让它们感到心情愉快，还能给它们带来实实在在的回报。

你可能很奇怪，我为什么要啰啰唆唆地说这么多猴子的事？这跟诈骗大师的骗局有什么关系？亲属纽带不仅存在于非人灵长类动物的世界，也存在于人类社会的任何一种文化。在亲属关系或者宗教信仰的基础上，人们会结成亲密的社交网络，像家人一样相互合作。[12] 内群体成员会自然而然地信任自己的同伴，不会像对待圈外人那样对他们进行严格的审查。共同的身份和标志——口音、文身、紧身裤或者肥腿裤、发型，甚至袜子的颜色，在面对面的交往中远比在网络上更有说服力。因此，我们也更容易受到日常生活中熟识的内群体骗子的蛊惑，却不会轻易地相信没有面孔的"尼日利亚王子"①,虽然后者也像厄尔·琼斯一样想得到我们的银行账户信息。

不管我们有怎样的文化背景，我们都更容易相信本部落的成员；如果我们的信任遭到了背叛，我们也更容易感到气愤和羞耻。瑞士行为经济学家、现任哈佛大学肯尼迪管理学院院长艾里斯·伯纳特（Iris Bohnet）发现，在社会风俗差异特别大的国家，比如美国、中国、土耳其和阿曼，人们尤其厌恶背叛，他们宁可相信大自然或者运气，也不愿意把自己的财产托付给另一个人。[13] 只有内群体成员可以不受背信厌恶的限制。

"上帝希望巴西社区繁荣富强。"2007 年，桑恩·罗德里格斯（Sann Rodrigues）和维克多·赛尔斯（Victor Sales）在波士顿附近的一间旅馆里告诉巴西社区的居民。到场的大多数人都是同乡中的佼佼者，而且都是福音派的基督徒。罗德里格斯和赛尔斯告诉他们，如果他们肯预付 2 000~5 000 美元，注册成为某个预付费电话卡公司"环球电话公司"的会员，他们一个月就能挣 1.7 万美元。

① "尼日利亚王子"是一种互联网诈骗形式。受害人会收到一封电子邮件，邮件里说，尼日利亚的几位高官要把巨额资金转移到国外，需要你的名字和银行账户，等转移成功之后会付给你数百万美元的报酬，但是你需要付一点儿手续费和行贿费用。等到你付过几次钱之后，对方就消失得无影无踪了。

罗德里格斯和赛尔斯用PowerPoint幻灯片给大家展示了高尔夫球手和巨大豪宅的照片。他们甚至还吹嘘说，“环球”的投资人可以购买自己的度假小岛。“上帝不希望巴西人一辈子都当保洁工、洗碗工和园丁。”根据后来的法庭文件记录，操纵了这次金字塔骗局的两个人用葡萄牙语说，“上帝不希望巴西人受穷。”为了强调这一点，他们给到场的会员发了总价值7 000美元的支票，他们还雇了托儿，证明自己在8天里挣到了1万美元。他们一共从社区居民身上卷走了320万美元，虽然后来联邦机构提起了民事诉讼，但是只有大约一半的钱被退还给了社区的居民。[14]

俄亥俄州舒格克里克的阿米什人也遭遇了同样的骗局。他们把自己的积蓄都托付给了一个老者。“平原社区”——这是他们给自己取的名字，其中的2 500个门诺派教徒和阿米什人都是这么做的。门罗·比奇（Monroe Beachy）已近80岁，是一个受人尊敬的理财顾问，一直过着简朴的生活。他学习了布洛克税务公司的课程，建立了良好的理财信誉。在后来的20多年里，他通过自己的公司“A&M投资公司”从本地社区赚取了大约3 300万美元。比奇跟伯纳德·麦道夫和厄尔·琼斯很像，他们向客户承诺的回报率都远远高于银行以及其他没有风险的政府债券。商业记者戴安娜·恩里克斯（Diana Henriques）写道：“人们纷纷传说他的投资回报既安全又稳定。父母也鼓励孩子开设A&M账户，给自己存钱。”

在庞氏骗局瓦解时，比奇自己的家人以及10多间教堂、非营利组织和慈善机构都赔了个精光。虽然比奇被美国证券交易委员会指控犯有诈骗罪，害得他的社区损失1 600万美元的积蓄，但是他的很多投资人都站上了法庭的证人席，表示自己愿意原谅他所做的一切，宁可不要赔偿。但是，超乎寻常的社会凝聚力不能保护他免受法律制裁。2012年6月，比奇被判处6年半监禁。

杀熟诈骗专门瞄准紧密团结的社交群体，这在世界各地都屡见不鲜。欺骗了驾驶马车往来于俄亥俄乡间小路上的基督教和平主义者是一回事，欺骗了真主党的领袖就是另一回事了。企业家萨拉赫·伊兹丁（Salah Ezzedine）骗了真主党领袖哈桑·纳斯鲁拉（Hassan Nasrallah）的政治顾问 20 万美元，他被人们称作“黎巴嫩的麦道夫”。

在骗局曝光之前，人们普遍认为伊兹丁跟什叶派的高层人物有私交，而且他还是一个虔诚信教的男人，乐意跟别人分享他通过石油生意赚的钱。他建了一座清真寺，还在自己的家乡马罗布建了抵抗和解放烈士体育场。他还通过自己名下的旅行社，组织信徒去麦加朝圣。他看上去就是一个关心社会福祉、深具公民意识的大好人，再加上他跟真主党领导人的交情，难怪当地有那么多人都把自己一生的积蓄托付给了他，制造出了 12 亿美元的庞氏骗局。[15]（他承诺他们的投资会带来 40% 的回报，简直是天上掉馅饼的好事啊！）

The Village Effect 创造村落效应

要完成这样一个骗局，伊兹丁也必须依靠诚实信号——诚实信号就像一条不可多得的捷径，可以让我们的大脑在真实的世界中快速判断出一个人值不值得信赖。如前所述，在大多数情况下，诚实信号都能帮助我们找到一生的朋友、爱人、邻居和伴侣。但是，杀熟诈骗也利用了同样的神经内分泌系统，利用了人类倾向于相信跟自己相像的人的天性，让我们在他们面前放松了警惕。

美貌确实很值钱

如果我们遇到了一个内群体的成员，我们就会不由自主地产生信任感和安全感。而且，确实有人天生就长了一张诚实的面孔。普林斯顿大学的亚历山大·托多罗夫（Alexander Todorov）、尼古拉斯·奥斯特霍夫（Nikolaas

Oosterhof）和同事设计了一系列令人惊叹的实验，证明了我们只需要 1/10 秒就可以瞬间决定出我们能不能信任一个人。剩下的时间——直到谜底揭露的那一刻，只会让我们更确信自己的第一印象。[16]

研究者想了个非常聪明的办法来检测这个假说：很多重要的决定都取决于我们对他人面孔的短暂一瞥。研究者先给被试看了一组他们完全不认识的候选人的黑白照片，在 1 秒钟之后让被试判断哪个人更有能力胜任。被试的选择可以相当精确地预测出真正的选举结果。事实上，在好几场美国参议员选举中，被试只需要看一眼候选人的照片，就能以超过 70% 的准确率预测谁会成为竞选的赢家，坐进国会的大厅。平均来说，他们的准确率能达到 68% 左右。[17] 你可能会猜测，或许美国人更容易受到外表的愚弄。但是后来，研究者又在英国、芬兰、澳大利亚、德国和墨西哥的竞选活动中重复了这个实验，都得到了同样的结果。[18]

现在，神经科学家认为，人类领悟情感信号的能力发源于大脑的杏仁核，一个形如杏仁的神经区域，它与爬行动物祖先的"战斗还是逃跑"行为有着紧密的关系。[19] 虽然直到 20 世纪 90 年代才出现了功能性磁共振成像技术，科学家才亲眼看到了杏仁核在人类处理他人面孔时的关键作用，但是心理学家早就已经知道了面对面的瞬时判断（snap judgement）可能会改变人的一生。

在 20 世纪 80 年代初的一项研究中，几个社会心理学家仔细地检查了美国西点军校 1950 年出版的年刊《榴弹炮》(*Howitzer*)，他们想看看这些军校学生的面部特征、身高、运动气质和其他外表特征能不能预测他们未来的军阶。我们可以想见，1950 届的西点军校毕业生里没有多少黑人和犹太人，这寥寥数人，不管他们的容貌和身材有多么出类拔萃，后来的军阶也不高。但是在剩下的学生里，生理特征，比如他们有没有鲜明的下巴和眉毛、深陷的眼睛、扁平的耳朵（另外，总体来看也显得帅气、结实），确实可以相当准确地预测他们未来在军队体制内所能到达的高度。[20]

这些面部特征研究也证实了我在研究院里学到的第一条切实有用的信息。在我的第一堂临床诊断课上，教授说，面试官在跟求职者第一次握手的 30 秒内就决定了要不要雇用这个人。我一直把这个奇闻当作一个荒诞不经的传说，直到后来的大脑扫描成像研究证明了两条基本的心理学理论。**第一，美貌确实很值钱。**[21] **第二，在做出瞬时判断后，我们一般不会再改变自己的看法。**这也就是所谓的“确认偏误”（confirmation bias）。我们会根据某些毫无道理的外貌特征——比如某人的眉毛形状，或者身高多一厘米或少一厘米做出自己的判断，然后我们会有选择性地搜集有力的细节，验证自己的决断。我们现在的瞬时判断机制可能不过是远古时代的遗存。或许在远古时代，短暂的一瞥可以给予我们生存上的优势，帮助我们决定谁是一个可信的人，谁会成为一个不错的伴侣。时至今日，我们的大脑显然已经发展出了一条认知捷径，可以告诉我们应该在何时保持戒备，何时放下武装。

确认偏误 Confirmation Bias

在做出瞬时判断之后，我们一般不会再改变自己的看法。

普林斯顿大学的研究者通过不断调节计算机生成的人脸图像，找到了最能骗过人类瞬时判断的面部特征。他们发现，略微偏向女性化的娃娃脸、弯曲的眉首、突出的颧骨，还有快乐的神态，都能让别人觉得你更可信（见图 9–1）。[22]

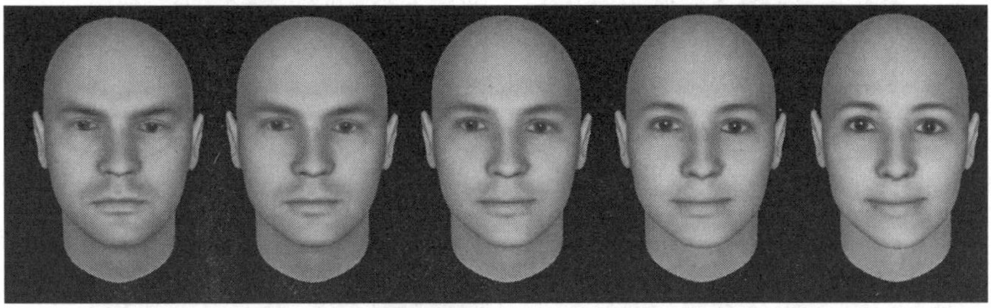

图 9–1　某些面部特征可以让人觉得你更可信

The Village Effect 创造村落效应

事实上，一张脸看起来越快乐，这个人就显得越可信。如果你的脸看起来咄咄逼人、充满了男子气概，眉首压低，颧骨下沉，就有可能让人产生恐惧感，希望跟你保持距离。这一切判断都是在无意识中发生的，并没有经过理性的思考——它就这么发生了。功能性磁共振成像研究发现，如果实验人员逐渐减少让人看起来诚实可信的面部特征，被试的杏仁核就会变得越来越活跃。另外，如果杏仁核出了问题，我们就有可能会失去通过他人面孔判断诚信与否的能力。[23]

似乎我们进化出了某种特殊的生物学机制，可以自发地对人类的面孔做出反应。而且，人类大脑里的防骗机制并非只有这一种。那么，为什么它没能保护那些金字塔骗局的受害者？或许因为诈骗犯的面部特征让他们看起来显得诚实可靠，而且他们还拥有出色的社交能力——比如他们有揣摩朋友所思所感的天赋英才，所以他们可以给自己披上真诚的伪装，或者用心理学家丹尼尔·卡尼曼（Daniel Kahneman）的话说，这就是“心理变态者的魔咒”（psychopathic charm，见图 9-2）。

图 9-2　诈骗犯厄尔·琼斯和萨拉赫·伊兹丁

他们最开始可能都是老实本分、循规蹈矩的人，但当他们遇到了财务危机，他们就更有可能通过欺骗他人的方式来保障自己的财路。每一次成功都能帮助他们成为更出色的骗术大师，或许他们还会在这个过程中欺骗自己。不过最重要的是，他们设下的骗局会给自己带来丰厚的回报。[24] 他们的外表赋予了他们超乎寻常的竞争优势。这优势不同于一般进化意义上的夺取食物、性爱和资源的能力——这样的能力只会让他人跑得更快，变得更强；他们的优势在于让他人相信自己。

在社会的背景下，我们受到了直觉的蒙蔽。心理学家罗伯特·罗森塔尔（Robert Rosenthal）和已故的娜莉妮·阿姆巴迪（Nalini Ambady）在 20 世纪 90 年代初发明了“薄片撷取”（thin-slicing）这个词。他们发现，就连无意识的一瞥也能战胜深思熟虑的判断。[25] 卡尼曼在他的著作《思考，快与慢》（*Thinking, Fast and Slow*）中称之为“系统 1”（System 1），而马尔科姆·格拉德威尔（Malcolm Gladwell）在他那本关于第一印象的畅销书①里称之为“闪念”（区别于“思考”）。无论你管它叫什么，第一印象都是一条快速方便的认知捷径，可以帮助我们省下宝贵的脑力完成其他任务。

但是，罗伯特·西奥迪尼（Robert Cialdini）在《影响力》（*Influence: The Psychology of Persuasion*）中指出，如果你根据薄片撷取的信息做决定，就有可能产生适得其反的后果。为了说明这一点，他引用了 20 世纪 60 年代的访谈节目主持人乔伊·派恩（Joe Pyne，他有一条假腿）和他的嘉宾、摇滚音乐人弗兰克·扎帕的一段火药味极浓的对话：

> 派恩：我猜，你的长头发把你变成了一个女人。
>
> 扎帕：我猜，你的木头腿把你变成了一张桌子。[26]

---

① 即《眨眼之间：不假思索的决断力》（*Blink: The Power of Thinking Without Thinking*）。

但是，“薄片撷取”不仅会招致反唇相讥和恶意欺骗。社会欺骗就像其他通过面对面的接触传递的行为习惯一样，也是可以传染的。在2008—2009年的金融危机期间，我还在为这本书做研究。新闻媒体不断爆出新的庞氏骗局，几乎让我目不暇接。首先，当然是麦道夫的金融诈骗案。其次，还有读者诸君刚刚读到过的魁北克省盎格鲁-撒克逊系白人新教徒被自己人骗了的故事，还有美国门诺派教徒和阿米什人的故事、波士顿巴西社区的故事、黎巴嫩真主党支持者的故事。除此之外，受到欺骗的还有摩门教徒、多伦多的华裔加拿大人和俄亥俄州伊利里亚市的“开门教会”（Church of the Open Door）成员。在金融风暴掀起的大漩涡里，挣扎求生的人们会不会失去自己的道德罗盘？欺骗，会不会传染？

社会欺骗也会传染

凯马特（Kmart）、世界通讯（WorldCom）、泰科（Tyco）、哈里伯顿（Halliburton）、百时美施贵宝（Bristol-Myers Squibb）、房地美（Freddie Mac）、房利美（Fannie Mae），还有伯纳德·麦道夫投资证券公司（Bernard Madoff Investment Securities）……在这一连串的企业诈骗案发生以后，杜克大学行为经济学家丹·艾瑞里想到了一个问题：既然我们有可能在飞机上被邻座的乘客传染感冒病毒，或许我们也会以同样的方式感染“不道德”的病毒？他在《不诚实的诚实真相》（*The Honest Truth about Dishonesty*）里详细地解释了自己的疑问：

> 如果社会不诚实的现象真的越来越多，那么它是不是有可能像感染、病毒或者传染性细菌一样，通过观察或者直接的接触传播开来？或许传染的概念和我们不断听说的诈骗新闻之间真的存在着某种联系？……或许这个比喻有点儿言过其实，但是我猜，如果我们跟骗子足够亲近，那么社会诚实的自然平衡或许就被打破了。看到

> 自己的亲友做出不诚实的行为，或许远比看到跟我们不那么亲近、对我们也没有那么大影响的人做出同样的行为“更具传染性”。[27]

艾瑞里想看看欺骗是否真的会传染，于是他和两位同事（其中之一是哈佛大学的研究者弗朗西斯卡·吉诺〔Francesca Gino〕，她发现了欺骗会让人兴奋的事实）一起设计了下面这个实验。志愿参加实验的学生会拿到一张印着矩阵数学题的试卷，他们的任务是在每个矩阵中找出两个相加等于10的数字，题目完成得越多越好。而且每个数字都带小数点，所以你需要付出一定的努力，不可能像计算2+3那么简单。学生们有5分钟的时间作答，每答对一题就能赚到50美分。他们还会在测试开始时拿到一个信封，里面装着10美元零钱。

接下来的设计就有意思了。被试被分成了三组，三组人的测试有一点儿微妙的不同。控制组的学生需要计算答对的题数，拿走自己应得的奖金，最后把试卷和信封里剩下的零钱交还给研究助理检查。第二组被称为“碎纸机组”，他们就全靠自觉了。研究者会让他们认为没有人在监视自己，他们也同样需要计算自己答对的题数，从信封里拿走自己应得的奖金，但是他们要用碎纸机粉碎自己的试卷，在离开之前把剩下的钱（如果有的话）装在信封里塞进门边的盒子。

第三组被艾瑞里称为“麦道夫条件组”。研究者在考场上安排了一个容貌出众的帮手。在测试开始60秒后，这位身材高挑、满头金发的演员会站起来说：“我做完了！接下来要做什么？”这时候，只有几个人刚刚解决了第一道题目，答到第七八题的人就更少了。所以这个家伙肯定在说谎。实验人员让这名演员粉碎他的试卷，从信封里拿走他应得的报酬。他问：“我把所有问题都解决了，所以信封里没有剩余的钱了，我要怎么办？”实验人员告诉他，把空信封放进盒子里，然后他就可以离开了。他照做了，在众目睽睽之下，把所有钱都装进了自己的口袋。

现在咱们来看看，哪个组“解决”的问题最多？艾瑞里和他的同事们发现，“麦道夫条件组”的成绩几乎达到了控制组的两倍。他们的答题率甚至还超过了“碎纸机组”。虽然“碎纸机组”的被试也有机会作弊，但是没有人明目张胆地站出来告诉他们怎么作弊以及怎么逃避惩罚。[28]

如果人们认为一个拥有温和的女性化面孔的男人是个值得信赖的好人，如果欺骗是可以传染的，那么面对面的社交网络显然也有黑暗的一面。虽然你很难瞒过大脑的洞察——在每个事件中，你都需要正确的面部特征和表情，还有恰当的眼神接触和身体语言，但是共同的身份和地位可以愚弄人的头脑。厄尔·琼斯、伯纳德·麦道夫和门罗·比奇无不懂得这些社会信号的妙处。他们在很久以前就取得了几个社区成员的信任，继而赢得了整个社区的尊重，从此远离了怀疑的目光。但令人感到讽刺的是，他们和朋友、家人、金融专家的亲密关系，变成了保护他们逃避审查的挡板，让他们隐藏了数十年之久。面对面关系里的信任随着社交网络逐渐传播开来，悄无声息地从一个人传到了另一个人。

庞氏骗局和其他面对面的社交网络有不少相同的特征。它们的大小、结构和信任传递的方式都一样，所以犯罪学家现在能像流行病学家追踪艾滋病和自杀疫情那样，通过社交网络的节点，剖析贩毒集团的结构。比如，犯罪心理学家丽贝卡·纳什（Rebecca Nash）、马丁·布夏尔（Martin Bouchard）和艾莉·马尔默（Aili Malm）调查了不列颠哥伦比亚省的伊伦抵押贷款公司，它在20世纪90年代骗取了2 200多名投资人的2.4亿美元。研究者找到了几百个关键的受害者，正是他们向朋友和家人推荐了这家企业。

像厄尔·琼斯诈骗案一样，这150个桥接人——或者用研究者的说法，这些“病毒传播者”不仅帮助公司启动了它的业务，还在无意中为它套上了合法的外衣。[29]不少证券经纪人受到了朋友、家人和同事的影响，认为这是一个不错的投资机会，于是又把它推荐给了别人——正如同厄尔·琼斯的朋友和家人把他当成一个正直的投资人和资产规划师，推荐给了自己的亲朋密友。

庞氏骗局 80% 的受害者都是女性

虽然女性效应跟毒品犯罪网络的关系可能没有那么大，但是女性效应却是很多庞氏骗局的关键，因为庞氏骗局仰赖于人际关系网络。比如，在厄尔·琼斯的受害者中，有 80% 都是女性。玛丽·考夫兰把他推荐给了自己的女儿，温蒂·内尔勒斯的母亲跟考夫兰是好朋友，所以她也把他推荐给了自己的女儿。

The Village Effect 创造村落效应

一般来说，小型社交群体里的女性比男性更渴望交流，也更有可能跟自己的密友和家人——大部分都是女性谈论某个专家的长短，分享自己的认识。她们的社交群体一般都比男性小，所以她们的关系也比男性更亲密，她们也更乐于分享私密的信息。[30]

德博拉·坦嫩（Deborah Tannen）在《你误会了我》（*You Just Don't Understand*）中写道："对于大多数女人来说，聚在一起谈论自己的感受和生活中的琐事，正是友谊的核心所在。如果有人能告诉你她的秘密，就意味着你在这个世界上并不孤独。"（这本书里写满了各种各样的奇闻趣事，还有她最喜欢的文学名句，营造出了她自己的亲密氛围。）[31]

女性更愿意交流，更愿意相信别人，这不仅仅是人们的经验之谈，还得到了大量科学数据的支持。2012 年，几位欧洲科学家分析了英国手机用户的 19 亿通电话和 4.89 亿条短信，结果发现，年过 50 的女性（也是厄尔·琼斯的目标人群）的交流频率高于男性。她们最主要的交流对象是女性组成的小圈子，而且她们最经常联系的人往往都是自己最好的朋友（年过 50 的女性最经常联系的人往往是自己的成年女儿）。但对于男性来说，终其一生，他只有一个频繁联系人，而且在很多情况下，这都是一位女性——他的妻子。[32]

庞氏骗局需要不断吸引新的投资者，才能应付老的投资者。这时，女性就在不经意间成了高效的推销员。一般来说，她们的私人关系网或许要比男性小，但是关系网的密度却远比男性大，她们和朋友的关系也远比男性之间更亲密。[33]琼斯的故事生动地说明了这一点。他始终和男性保持距离，特别是精通金融的男性。考夫兰说："他很小心。他从来没有接近过我的儿子杰瑞，他在一家投资银行工作。我的女儿更容易轻信别人。"这样的背叛，比身份盗窃和看不见面孔的网络犯罪更有伤害性，因为犯罪是通过社交关系传播的，而不是通过匿名的网络。科学家也发现，女性比男性更能真切地感受到它带来的心理痛苦。[34]

邓巴数：150

但是现在，咱们还是先来谈谈人数的问题吧。在厄尔·琼斯和伊伦公司（是 Eron，不是安然公司〔Enron〕）诈骗案里，都出现了一个引人注目的数字——150，这是个神奇的数字。在琼斯的金字塔骗局垮台之前，他的受害者刚好超过 150 个人，其中大多数人都属于同一个社交网络。在伊伦公司的骗局里，也有将近 150 个主要联系人，或者研究者所谓的"病毒传染者"。别担心，这不是什么奇怪的数字命理学，当然也不是一成不变的铁律（麦道夫诈骗案里的受害者数以千计）。但不管怎么说，根据牛津大学进化心理学家罗宾·邓巴（Robin Dunbar）的推断，"150"这个数字代表了人类的大脑最多可以掌控的有意义的人际关系。

邓巴数

平均由 150 个成员组成的人类社区：

- 20 个传统狩猎 - 采集社会的平均部落人口：153
- 大约公元前 6 000 年，中东新石器时代村落的人口：120~150
- 征服者威廉（William the Conqueror）消灭的村落的平均人口：150
- 18 世纪英国乡村的平均人口：160
- 罗马共和国时期，罗马作战方阵的人数：130
- 现在加拿大和美国军方公司的人数：130~150
- 一般来说，你会给多少人写圣诞贺卡：150（住在 68 个房子里）
- 在共用办公室里工作的自由职业者的平均数量：150~200
- 单一的分支学科中关键学者的平均数量：100~200
- 阿米什和哈特派社区的平均人口：110~150
- 作者所在的“大师游泳队”的成员数量：140~150
- 在没有旷工制度或者等级管理制度的限制下，一个商业机构所能管理的员工上限：150~200 [35]

邓巴说的不是 Facebook 或者 Twitter 好友，而是你真正认识的人——你可以邀请他们喝咖啡，而他们也很有可能会点头同意。我曾经在街头偶然撞见了自己的某位 Facebook 好友，但是她却完全没有认出我来，我相信很多人都有跟我一样的经历。邓巴说，不管有没有 Facebook，人类的大脑所能维持的真正的社交纽带的数量，在过去 10 000 年里几乎没有发生任何显著的变化。虽然我们现在的很多人际关系都因为网络的力量得到了增强，而且我们也经常通过电子通信的方式来协商在哪里碰面，但是面对面的聚首仍然是维持人际关系生机活力的关键所在。[36]

研究者调查了离家上大学的学生，结果发现，友谊必然需要真实、面对面的接触，否则就会逐渐褪色。直白点儿说，如果你在过去 18 个月里都没有跟某个朋友吃过一顿饭，或者看过一场电影，你在她的小圈子里的位置或许就已经被其他人取代了（不过，你和家人的关系远比你和朋友的友谊更持久）。[37] 邓巴写道："简单来说，人类大脑的设计不允许我们超过某个社交人数的上限。要想维持一段亲密的关系，你必须付出巨大的情感和心理投资，但是我们可以调动的情感资本却是有限的。"[38]

邓巴本来是一位灵长类动物学家。他现在 60 多岁了，是一位温和友善的牛津学者。他留着一把灰白的胡须，戴着一副硕大的无框眼镜，说话的时候每隔几分钟就会蹦出一个"不太准确地说"。我觉得他应该在上面那段话里也加上这么个词，因为我怀疑他并不认为大脑是"设计"出来的。他真正想说的是，我们的大脑之所以会进化成现在的样子，是为了理解一定规模的社交群体，理解群体的复杂本质。

这就是所谓的"社会智能假说"（Social Intelligence Hypothesis）①，它解释了为什么灵长类动物——特别是人类能进化出这么一个足以发展出语言和共情能力的庞大的大脑。[39] 为了在大群体中谋求生存，灵长类动物必然要具备足够强大的脑力，才能记住谁跟谁睡觉、谁是谁的妈妈、谁是现在炙手可热的大人物（以及他刚刚推翻了谁的统治）、谁是他的左膀右臂、谁是他的盟友，或者哪个狂妄的家伙正打算撼动他的地位。

社会智能假说 Social Intelligence Hypothesis

它认为，人类能进化出这么一个足以发展出语言和共情能力的庞大的大脑，是为了理解一定规模的社交群体，理解群体的复杂本质。

不过，群体生活的认知需求并不仅仅在于理解群体的等级秩序、记住谁和谁是朋友；你还需要解读他人的想法。灵长类动物要想扩大自己的族群，它们的大脑皮层—— 一层覆盖在大脑表面的薄膜，负责解决问题、想象其他人的想法和感受，也必须增长才行。[40]

① 通常称为"社会脑假说"（Social Brain Hypothesis）。

在灵长类动物的高强度社交世界里，肯定没有免费的午餐。在这一点上，人类和非人灵长类动物没有什么本质上的区别。非人灵长类动物，比如狒狒，每天会把45%的清醒时间花在一对一的社交互动上——也就是互相梳理毛发。这虽然不太像我们人类的互动，但至少也是一种需要亲自动手的活动。我们人类每天会花大约20%的时间进行社交活动，而且这些时间必须过得有意义，你才能得到积极的回报。证据告诉我们，向一长串联系人单方面发送个人状态，或许能满足你对关注的渴求，但却不能算是真正的社交联系。

荷兰心理学家托马斯·波莱特（Thomas Pollet）通过实验研究了互联网使用对社交关系的影响，研究对象是年龄在18~63岁之间的成年人。他发现，长时间浏览社交网站，固然可以让你拥有更多的网络“好友”，但却不能替代线下真正的联系，也不能让你产生亲近之感。[41] 确实如此。一方面，网络接触给人带来的乐趣远比不上现实中的交往。另一方面，如果没有面对面的接触，社交关系就会逐渐瓦解，你在别人心目中的位置很快就会被另一个人取而代之。

The Village Effect 创造村落效应

英国和荷兰的研究者发现，如果你跟朋友没有机会见面，那么短则18个月，长则7年，你们的友谊就会烟消云散，你们的朋友就会换成身边的本地人。[42] 虽然这样的发现只不过是印证了“离久情疏”的古训，但是在“全球互联”的说法甚嚣尘上的今天，这也太让人失望了。邓巴说：“如果没有面对面的接触，情感亲密性每年会下降大约15%。也就是说，只需要5年的时间，你最亲密的知己就会在150个朋友组成的同心圆里从核心位置移动到最疏远的外层。”

疏离的人际关系对于商业活动来说又意味着什么呢？如果我们只有这么多的神经资产可以投资给自己的“村落”，那么我们真正的社交网络可能远比我们一厢情愿认为的要小得多，也脆弱得多。或许我们都寄希望于技术的进步——你不需要亲自去拜访同事和客户，就能听到他们的声音，看到他们的样子。而且相较于直接的交流和管理，或者雇很多人来帮你完成这样的工作，发布电子公告显然是一种更便宜、更快捷，在心理上也更轻松的方式。如果我们能够像处理其他电子信息一样，以更低的成本和更高的效率完成培训、市场营销和客户服务，那简直再好不过了。但是，它的实际效果究竟怎么样？让我们来看几则故事吧。

快乐的员工生产力最高

保罗·英格利希（Paul English）是位兢兢业业的技术专家。他拿到了计算机科学的研究生学位，拥有几十年的编程经验，跟别人联合创办了好几家科技企业，其中就包括“客涯”（kayak.com）①——他现在是这家公司的技术总监。2006 年末，他在自己的博客上发表了一篇文章，告诉人们怎么破解某些公司的自动语音应答系统，掀起了一阵网络的热潮。《快公司》杂志（*Fast Company*）的威廉·泰勒（William Taylor）写道：“他列出了一些公司的名字，公布了可以快速连通人工客服的号码——在此之前，这些号码从来没有被公之于众。”不到 6 个月后，博客的每月访客量就超过了 100 万人，很多人都贡献了自己的解密方法。[43]

英格利希在不经意间发起了一场轰轰烈烈的运动。“我当程序员 20 多年了。我不是反资本主义者。我现在正在经营自己的第 5 家创业公司，但是我讨厌那些企业的傲慢。凭什么呼叫中心的管理人员觉得他们可以决定我什么

① “客涯”是一个旅游网站，提供订购机票、酒店的服务，在 2012 年被 Priceline 以接近 20 亿美元的价格收购。

时候应该跟人工客服说话，什么时候不应该？”

英格利希的这番话，道出了自动客户服务系统给人带来的挫败感。如果我的个人经验足以代表大多数人的感受，那么我可以说，不少公司——特别是电信、保险、医疗和旅行公司正在削减人际接触的数量和质量，因为可以节约成本。他们要么安排机器客服，要么雇用国外的电话呼叫中心。但是，国外的客服人员完全不了解公司的业务，而且他们每接通一个电话才能拿到一笔钱（所以他们会尽快挂断你的电话，好接通下一个人）。

比如有一次，我想纠正一个频繁出现在手机账单上的错误。我先输入了自己的10位手机号，然后手机公司的机器客户服务代表“艾米丽”跟我说了一连串几十条语音提示。接下来，它要求我“确认声纹”，我只好一遍又一遍地对着话筒重复自己的名字，每一个音节都必须吐字清楚。然后，我又被转接了4次，每次都是一个不同的客服。每个人都要求我提供自己的手机号码、地址和出生日期，再陈述一遍我打电话的原因。这时候，已经过去了20分钟。他们让我等一下，于是我又拿着电话等了40分钟，直到我的手机电池耗光了。我没有再给他们打电话，我直接换了个手机运营商。

保罗·英格利希通过互联网报了仇。在那篇富有煽动性的博文发表一年多后，他建了一个名叫GetHuman.com的网站，专门解密各个公司的语音应答系统，公布他们的在线等待时间，还会评选出每个月的最佳和最烂客服排名。到2012年秋季为止，GetHuman网站已经列出了45个国家的8 000家公司的语音应答代码，而且这些数字仍在持续不断地增长。这时我才知道，如果我打了另一个电话，而不是我的手机公司告诉我的那个电话，然后在每次出现语音提示的时候都拨“0”，我就能在不到两分钟的时间里接通一个人工客服。但在那时候，我感觉自己就像《绿野仙踪》里的多萝西第一次走近奥兹国的魔法师——在她靠近的时候，魔法师发出了愤怒的咆哮：“不要惹恼伟大的奥兹！我说了，明天再过来！”

你可能觉得这是个有趣的故事，但作为当事人的我就没那么愉快了——而且对一家公司的生意也没有好处。不过，这个故事还有更深层次的含义。如果你单纯利用现代技术节约人工成本，而不是用它来拓展客户和员工的体验，你就违背了认知神经科学在过去 10 年里最重要的发现——心情、社交互动和生产力是紧密联系在一起的，任何一个都会影响另外两个的效果。

咱们先来看看心情和生产力的关系吧。丹尼尔·卡尼曼和他的同事想研究一下人的心情变化，他们向大约 1 000 名职业女性发放了一台掌上电脑，让她们整天带着它，随时记录自己正在做什么，还有她们此时此刻的心情怎么样。结果发现，她们在社交和做爱的时候心情最愉快，在上下班路上和工作的时候心情最糟糕。[44] 卡尼曼在此基础上又前进了一步。他在《思考，快与慢》中回顾了两位德国心理学家萨沙·塔波林斯基（Sascha Topolinski）和弗里茨·斯特拉克（Fritz Strack）的工作。他们发现，心情会对一个人的表现产生强有力的影响。他们知道，创新能力可以帮助我们找到不同概念之间的关联，就算它们看起来毫无关系。于是他们设计了一个测试，让人找出任意三个词语的之间联系[①]：

村舍	瑞士	蛋糕
臭鼬	国王	煮沸
秃头	尖啸	标志
血液	音乐	奶酪

比如“村舍”、“瑞士”和“蛋糕”这三个词，你想到的，能把它们联系在一起的答案是“奶酪”。又比如“秃头”、“尖啸”和“标志”，你想到的答案是“老鹰”。

① 这个测试的正式名称叫作“远隔联想测试”（Remote Association Test，简称 RAT），它是由美国心理学家萨尔诺夫·梅德尼克（Sarnof Mednick）在 20 世纪 60 年代提出来的，直到今天仍然被用来研究与创造力相关的问题。

在测试开始之前，塔波林斯基和斯特拉克会先让被试回想一件快乐的事，或者一件伤心的事。他们的真正目的是研究心情能否影响我们解决问题的能力，并发现了一个惊人的事实：快乐或者不快的回忆可以影响人们在测试中的表现。这个结论实在太简单了，简直不像是真的。但如果你能让人们想起高兴的事情，确实可以把他们的正确率提升一倍以上。卡尼曼写道："更引人瞩目的结果是，心情不好的被试完全无法准确地完成这个简单的任务，他们的准确率甚至还不如随机选择。心情显然能影响"系统 1"的运行效果：如果我们感到不舒服或者不开心，我们就会丧失洞察力。"[45]

再换个情境想一想，如果有一位像厄尔·琼斯这样的骗术大师试图说服你关闭自己所有的养老金储蓄账户，并把所有钱都转给他，或许心情不好就变成了一件好事。糟糕的心情会让你更加小心谨慎。

The Village Effect 创造村落效应

如果你是一名企业家，你希望员工向客户推销你们的产品，或者为客户的问题找到创造性的解决办法，那么你当然希望他们保持良好的心情——如果能让他们心花怒放，那就更好了。而且如果运气好的话，快乐的心情还可以传染。社交接触会让前端的工作变得更简单，让每个层次的员工都能更轻松愉快地面对自己的工作。如果员工把好心情传达给了客户，他们的工作成绩就会得到进一步的提高。

网络鞋店"美捷步"（Zappos）的联合创始人谢家华（Tony Hsieh）自己也发现了这一点。1998 年，他以 2.65 亿美元的价格把自己的互联网广告公司 LinkExchange 卖给了微软公司。公司的人希望他能留下来协助完成交接，并且提出要付给他 4 000 万美元的报酬。如果他中途离开，就需要支付 20% 的罚金。他那时只有 24 岁。他在自传《三双鞋：美捷步总裁谢家华自述》(*Delivering Happiness*)里写道:"收购结束后还待在公司里,却没有正经的事情做,这样的例子在硅谷收购案里实在太常见了。事实上,我们还有个专门的词来形容这样的状态:'宁静收入'(Vest in Peace)。"但是,他厌倦了这一切。跟"宁静收入"相比,他更渴望尝试一些新的东西。他不喜欢重复做同样的事情,他想做点儿让自己感到快乐的事。但是,到底什么事情能让他感到快乐呢?

"我列出了迄今为止最开心的时刻,我意识到它们都跟金钱没有关系。我意识到,发明创造会让我很开心;见到一位老朋友,跟他彻夜长谈会让我很开心;初中时跟一帮好朋友在万圣节出来讨糖吃会让我很开心;游泳之后吃一只烤土豆会让我很开心。"他这样总结了一番。除了创造新东西之外,社交接触也是快乐的关键。[46]

于是他支付了 800 万美元的罚金,搬去了美捷步。离开硅谷一年后,他以投资人的身份协助创办了这家公司。他本人对鞋业完全没有兴趣,对时尚更是一窍不通。"我们的长期策略也不是电子商务。"他告诉《纽约时报》,"我猜,我们更看重的是这个实验品牌真的能给人带来快乐。"为了能给顾客带来快乐,帮助他们在正确的时间找到正确的鞋子,谢家华创造了一种独特的企业文化。他让自己的销售员工建立了欢快、自由、滑稽的社交氛围,希望他们的快乐能影响他们跟顾客的关系。

"我们关心的问题是,我们所有人——包括我自己都愿意去的公司究竟是什么样子的?"这里的客服电话没有时间限制,他的员工会尝试跟顾客们交朋友——同时让他们感到快乐。"用服务震撼用户"成了公司的第一条核心价值(一个客服电话可以持续 6 个小时)。用一位记者的话说,谢家华"在互联网这个冷漠的匿名大市场上,把温暖的人情当作公司的信条",最终取得了成功。2009 年,他以 10 亿美元的高价把美捷步卖给了亚马逊公司——那时正当美国的经济衰退期,[47] 大大小小的网络零售商都一个接一个垮台了。

“跟真人说话”

在后危机时代崇尚精简的商业环境中，谢家华可能是个罕见的特例。但他绝不是唯一一个意识到提升顾客忠诚度就是找到了“圣杯”的家伙。现在的顾客想去哪间银行就可以去哪间银行，想去哪个商店就去哪个商店，他们凭什么就应该选择你？或许一个原因就是你那里有人接听电话。2012 年，麻省理工学院管理学教授泽伊内普·托恩（Zeynep Ton）在《哈佛商业评论》（*Harvard Business Review*）上发表了一篇研究，研究指出，如果公司里的员工都受过良好的训练，拿着不错的薪水，热爱自己的工作，也乐意跟同事们一起工作，那么这个公司就能产生更大的利润。她发现，4 个折扣零售商——好事多（Costco）、乔氏超市（Trader Joe’s）、迅旅便利店（QuikTrip）和梅尔卡多耶（Mercadona，一家西班牙连锁超市）都违背了人们的常识：要想维持低廉的售价，就必须极力缩减人工成本。

很多同类企业都没有员工培训，只支付最低水平的工资，工作时间表变来变去，福利少得可怜，也不给员工提供升迁的机会（这是将近 20% 的美国劳动力现在的境况），但是他们就大不一样了。用托恩的话说，他们“尽量在各个环节减少开支，但却绝对不会亏待自己的员工，有时候还会让雇员自己做决定”[48]。显然人们更愿意去这些地方工作，而且他们每平方米的利润都高于压缩人工成本的竞争者。《群体的智慧》（*The Wisdom of Crowds*）的作者詹姆斯·索罗维基（James Surowiecki）曾经引用了一项研究：大型连锁零售商每多支付 1 美元工资，新商品的价格就会提升 4~28 美元。但是他也指出，如果反其道而行之，有可能事与愿违：缩减人力资源开支可能会给企业带来损失。

当然，如果你选择的产品很差劲，那么再怎么提高工资也无济于事。但我要强调一点，美国的企业太热衷于压缩成本了……在 2000 年鲍勃·纳德利（Bob Nardelli）接管了家得宝公司（Home

Depot）之后，他减少了一线的销售员，把很多全职工作都变成了兼职工作。于是，整个家得宝变成了一座巨大的空城，顾客只能在里面四处乱转，怎么也找不到一个穿着围裙的员工。就算他们找到了一位，也会发现那个人不能给他们提供任何有用的建议。家得宝的客户服务评价一路暴跌，销售增长率也停滞不前。[49]

如果你对自己的员工太吝啬，那么你的生意很可能会遭殃。经济衰退以来，备受损失的银行和信用卡公司也逐渐懂得了这个道理。研究告诉我们，如果信用卡持有人（平均每个人持有 5 张以上的信用卡）不能偿还所有的债务，那么他们更有可能先付钱给派雇员跟自己建立情感联系的公司。2010 年，密苏里州的一个名叫唐娜·提夫（Donna Tiff）的女子欠了 4 万美元的债务，被信用卡公司追着还钱。“电话铃声从来没停过。”她告诉作家查尔斯·都希格（Charles Duhigg），“我会拿起电话，哭着告诉他们我不会自杀，但其实我已经走到了自杀的边缘。”她威胁要申请破产保护，这样一来债主就拿不到一分钱。这时，一位名叫崔西的美国银行客服同情地跟她聊了一会儿，而且向她指出了账户中的一个错误：某笔自动支付的款项被扣了两次。

提夫不再恐慌了，她安静了下来。“我告诉她，很感谢你发现了这个问题。然后我们又聊了一个多小时，谈论我碰到的问题，还有养孩子的事。她真是太了不起了。她跟我很像。她给了我她的直拨号码，并告诉我，任何时候只要有问题，或者只是想谈谈最近发生的一切，都可以直接给她打电话。”都希格说，在接下来的 3 年多时间里，唐娜·提夫还清了她欠美国银行的 2.8 万美元。在这段时间里，她每隔一段时间就会找崔西聊一会儿。她欠其他信用卡公司的 1.2 万美元呢？还没有全数付清。[50]

不难想象，企业肯定是为了从我们身上得到点儿什么，才会想方设法激发我们的社会责任感。抛开这番讥诮不谈，有一次，我看到杂志上印着一页整幅广告，上面写着几个大字“跟真人说话”，我立马精神一振。“有时候，你就是想跟活生生的真人谈谈你的钱。”我心说，还真是。“在盟友银行你就可以做到这一点，一周 7 天 24 小时不停歇。你只需要拨‘0’就能直接跟人工客服通话。这里没有复杂的电话导航，也不需要向机器人再三重复你的要求。”或许某些管理人员出于不得而知的缘故意识到了这是正确的做法，或许他们认为这是一条不错的商业策略，又或许二者都有，但不管怎么说，在技术的壁垒里实现真正的人际接触，确实有可能给你带来竞争上的优势。我们马上就会详细讨论这一点。

假设你佩戴了一件雅致的饰物，比如一块手表。再假设它能精确地记录下你跟谁说过话、你高不高兴、你的话多不多、你俩聊了多长时间以及在那之后你又跟谁说过话。虽然这一切听起来有点儿像“老大哥”的风格，但其实我们的大脑就是这样运作的。在社交环境中，大脑可以读取另一个人的情感和细微的动作，侦测你自己的反应和对方的兴致，帮你们组织一场精湛微妙又高度协调的舞蹈。如果你向前倾，她也会向前倾；如果你交叉双臂，她也会同样照做。如果你目光闪避，她就知道你对这个话题失去了兴趣，不打算继续谈下去，她就会中止讨论，把注意力转向其他地方。不知道读者诸君还记不记得我之前提到过的“社会计量标牌”——那个由麻省理工学院的桑迪·彭特兰和本·韦伯的研究团队发明的时髦小佩饰？它能帮助我们完成大脑自动完成的工作：侦测错综复杂的社交互动，用可以分析的方式把它们全都记录下来。

2010 年，彭特兰在《美国科学家》期刊（*American Scientist*）上发表了一篇论文，总结了“社会计量标牌”记录的 4 种诚实信号：

- **模仿和同步**：人会不自觉地模仿对方的微笑、点头、手势和苦笑，条件反射式地告诉对方，他们现在是一条心。
- **活动水平**：从你的活动方式可以看出你的兴奋程度。
- **影响力**：一个人的表情和活动会给对方带来什么样的影响。

● **一致性**：流畅的谈吐和活动是自信和专业素养的标志。

把这些社会信号全都综合在一起，你就能看出一个人是不是信任另一个人、他们喜不喜欢跟对方待在一起（而且我们现在知道了，这极有可能影响他们的生产力）、这个群体到底团不团结或者有没有凝聚力。这些都是很有价值的信息，只不过我们通常都意识不到它们的存在。这样的非语言信号大约可以预测 40% 的工作面试和薪资谈判的结果。桑迪·彭特兰写道："这个比例几乎可以和某些基因组成对个体行为的影响并驾齐驱。概率太大，不容忽视。"[51] 尽管如此，大多数企业还是没有把它们放在眼里。

虽然你不能在电子邮件、短信和 Twitter 消息里找到诚实信号的影子，但大多数人仍然把面对面的社交网络和电子社交网络当成同一样东西（就好比把一记真诚的亲吻跟电子邮件末尾的"xx"① 混为一谈）。已经有大量证据告诉我们，这两种社交网络的运作方式截然不同，每个都有自己的一套行事准则。比方说，彭特兰领导的麻省理工学院实验室让一群 IT 专家在工作时随身佩戴"社会计量标牌"。科学家想看看面对面的接触能不能让这些技术专家的工作表现更出色。事实上，他们发现还真是这样的。面对面交流的小型群体更团结，团队成员也更信任自己的伙伴。所以在他们需要帮助的时候，也更容易开口向别人请教问题，寻求帮助。结果呢？团队的工作效率也就更高了，特别是在解决复杂问题的时候，他们总能比别人更胜一筹。事实证明，真正的对话可以推进工作的效率。

但是在电子邮件构成的社交网络里，情况却刚好相反。[52] 只有在规模更大、更多元化、关系更疏松的网络里，电子邮件才能派得上用场，用研究者的话说，电子邮件有助于分享"简明扼要"的信息。换句话说，如果每个人的知识储备都差不多，而且摆在他们面前的问题也没有那么复杂，那么把大

① 英文书信中常用"xoxo"来表示亲吻和拥抱，其中"x"表示亲吻。

家召集到一起讨论解决的办法，其实也不会带来太大的帮助。这时候，你就需要求助于马克·格兰诺维特口中的“弱纽带的力量”了：互联网有一个独一无二的能力，它可以把各类人群汇集到一起，互相填补彼此知识的空白。[53]

尽可能让员工在同一时间休息

The Village Effect 创造村落效应

面对面接触的好处不仅体现在技术人员的身上。麻省理工学院的研究团队还把他们设计的可穿戴式传感器推广给了其他行业的雇员，包括银行职员、农场工人、医院员工和电话呼叫中心的人工客服。他们发现，无论在什么地方，愉快的闲聊都可以预测雇员的工作效率。[54]

在他们调查的这么多工作场所里，我最感兴趣的还是呼叫中心，因为我觉得那是一份令人窒息的工作。雇员必须遵守严格的时间表和谈话规则，还得忍受社交隔离的痛苦，重视谈话的数量胜于谈话的质量；而且一般来说，他们在这个组织里也不可能得到太大的升迁。若论工作的乏味和不由自主的程度，这份工作堪称“21 世纪的煤矿工”。

当研究者把“社会计量标牌”分发给银行呼叫中心的 3 000 名客服人员之后，他们发现了一个出乎意料的规律。韦伯告诉我：“在第一阶段，我们只测量了最自然的情况。我们发现，他们跟同一个小组的队友——通常是跟他们坐在一起的人说话的次数越多，工作效率就越高。”于是，研究者决定在研究的第二阶段通过人工干预创造出同样的效果。如果改变工作流程，让小组成员有更多的聊天机会，是不是就可以提高他们的工作效率？他们根据这个假说，设计了一个实验。

韦伯是一位年轻的计算机科学家，他在桑迪·彭特兰的麻省理工学院人类动力学实验室工作过，于2011年拿到了博士学位。他是一个喜欢微笑的年轻人，身材不高，但是很结实。他现在是一家管理咨询公司的CEO，经常用“社会计量标牌”来评估领导潜力，提升工作效率。换句话说，他实现了大多数年轻研究者的梦想：让他们的博士论文派上了大用场。

韦伯、彭特兰和其他麻省理工学院的同事共同发明的这套可穿戴式设备，已经引起了《经济学人》、《纽约时报》、美国国家公共广播电台和加拿大广播公司等多家媒体的关注。韦伯也应邀为许多专家小组讲解了正式会议之外的员工交流和生产效率的关系——显然前一个能提升后一个。过去雇主眼中的“停滞期”，比如员工在工会规定的工歇时间聚集在咖啡机旁聊八卦，其实是提高工作效率的关键。韦伯告诉我：“一个团队越团结——也就是说，你跟团队成员的互动越频繁，它的工作效率就越高。”事实就是这么简单。

研究者通过人工干预改变了半数客服人员的工作方式。一般来说，客服人员的休息时间是相互错开的。韦伯解释说：“所有人的工歇时间都预先安排好了，没有人会在同一个时间休息。这其实是过去遗留下来的问题。他们以前一直是这样做的，所以现在也一样。”于是，韦伯、彭特兰和他们的研究团队调整了客服人员的工作流程，让一半人都在同一个时间休息。“我们并没有告诉他们要干什么。”他说这句话时用了现在时态，仿佛他此时此刻正亲眼看着那些客服人员坐在自己的小隔间里，“我们调整了一半员工的工作时间，让他们这样工作了3个月。我们发现他们的行为出现了惊人的变化，虽然我们只改变了一天当中的15分钟而已。”

休息时的客服人员们开始聊起冰球比赛的得分和最新的八卦，他们的工作效率明显提高了。不过，这还不是他们谈论的全部话题。就像我在上一章中提到的那对夫妻一样，社交接触的转变力量体现在各个不同的方面。他们现在终于有机会接触到跟自己有相同经历的人了——这些人就坐在他们的旁边，跟他们做着同样的工作。韦伯说："这是一个压力重重的环境，所以跟一群人保持密切的关系就成了一件非常重要的事。或许你只是跟他们说了几句话，但是结果却跟以前大为不同。"

不过，物理上的亲近——亲自到那里去是关键。他们还会交换工作的诀窍："压力变小后，他们就更容易应付客户。或许有个朋友跟他们说：'你看，我就是这么处理这个问题的。我想到了解决的办法。'或者：'你可以这样推销这个新产品。'"就连他自己也惊异于实验的结果：改变休息时间这么一件微不足道的小事，也可以带来如此巨大的影响。

在实验结束之后，银行呼叫中心的经理调整了所有人的咖啡时间——结果也取得了成功。其他人——比如他们服务的银行客户，发现客服人员在沟通时变得更真诚了，他们的工作成绩也远比从前更好了。桑迪·彭特兰说，后来这家银行的全部 10 个呼叫中心都调整了工歇的时间（影响了 25 000 个雇员），结果后进团队的工作效率提高了 20% 以上，所有团队的工作效率平均提高了 8%，客户满意度更提高了 10% 以上。根据这些数据，银行预估自己能增加 1 500 万美元的利润。[55]"我们的数据证明了细微的改变可以带来巨大的影响。"

The Village Effect 创造村落效应

关键就在于员工的社会交往。如果员工充分地融入了所属的团队，融入了自己的公司，出色的经理人当然知道这一切的价值。有意思的是，员工在闲聊时究竟说了什么，其实无关紧要。短信和电子邮件也不能代替面对面的谈话。你必须真的在那里才行。

催产素可以增进信任

要想搞清楚为什么跟队员闲聊可以促进相互信任，提高工作效率，我们就需要挖掘得更深入一点儿，从通过身体语言和语言腔调交换的诚实信号，到显微镜底下的血液中的神经肽循环。催产素就是其中的一个例子。近些年来，它已经成了神经科学界的明星。科学家发现，它可以润滑依恋和信任的车轮。

历史上，催产素一直被当作女性独有的产物，没有得到严肃的对待。但现在情况就大不一样了。过去10年来，几个欧洲的研究团队证明了催产素不仅在性爱和哺乳的生理密室里扮演了一个小角色，而且它的触角还伸向了所有的社会关系，从私密的卧室到敞亮的董事会议室，几乎无处不会受到它的摆布。

2005年，5位相貌英俊的行为经济学家——迈克尔·科斯费尔德（Michael Kosfeld）、欧内斯特·费尔（Ernst Fehr）、马库斯·海因里希斯（Markus Heinrichs）、乌尔斯·菲施巴赫（Urs Fischbacher）和保罗·扎克（Paul Zak）发表了一个惊人的发现。如果年轻男子在玩投资游戏之前往鼻子里喷催产素，他们就更有可能承担社会风险。具体点儿说，跟吸入了安慰剂的男性比起来，吸入催产素的男性会把更多钱交给自己的投资伙伴。这到底有什么重要意义呢？催产素可以增进信任。面对一个不熟悉的人，被试自然而然会想到自己有可能受到对方的欺骗，由此而生的厌恶情绪可以在催产素的作用下得到缓解。[56] 这会增强他们的团队合作意识，使其成为更好的合作伙伴。

这种“抱抱化学物质”① 居然可以影响人的投资行为？他们的发现带来了一连串的连锁反应。首先，这种本来默默无闻的激素变成了舆论的宠儿。其次，它能影响人类承担风险的意愿，这也在经济学领域掀起了一场革命。

① “抱抱化学物质”（cuddle chemical）是催产素的别称，它还有个绰号是“爱之药”（love drug）。

经济学过去一直在研究纯理性的思考方式，总是抓着“自我”不放。突然之间，社交关系也成了一个重要的影响因素。

The Village Effect 创造村落效应

在你跟另一个人接触时——特别是在你们碰触彼此的时候，你们的身体就会释放催产素，它可以帮助你们缓解压力，信任彼此。我们现在说的可不一定是马文·盖伊（Marvin Gaye）口中的“性爱疗伤”（sexual healing）。[①] 简单地握握手、拍拍他的肩膀、跟他碰个拳头、玩笑式地推他一把，或者跳起来击个掌，都可以产生这样的效果。[57] 而且这还不仅限于一对一的互动。

所有证据都告诉我们，社交接触可以降低工作伙伴的压力水平，让团队更有凝聚力。但是，这又把我们带回到了那个悬而未决的问题：为什么统一的咖啡时间可以提高工作效率？荷兰阿姆斯特丹大学组织心理学教授卡斯滕·德德勒（Carsten De Dreu）做了一个关于群体忠诚度的实验，他用催产素鼻腔喷雾剂来测试催产素对团队意识的影响。研究者招募了一群男性志愿者，让他们做一个经典的经济学游戏：如何花掉一笔意外之财[②]。他们先把被试随机分成两组，让第一组被试吸入催产素，让控制组被试吸入安慰剂。然后他们给玩家提供了三个选项：他可以把这笔钱全数留给自己；也可以拿出一部分钱交给自己的团队（每个队友——包括他自己都会得到一笔钱，但是每个人的分红少于他捐出的总额）；还可以把钱用于第三个选项——他不但可以给队友分红，还可以让竞争对手失去同样的数额。

① 马文·盖伊是美国著名歌手和作曲者，《性爱疗伤》是他的代表作。

② 即“群际囚徒困境差异最大化游戏”（intergroup prisoner’s dilemma-maximizing difference game，简称 IPD-MD）。

实验的结果出乎人们的意料：在催产素组，有将近 60% 的人都把更多钱交给了自己的团队，只有 17% 的人把更多钱留给了自己。而对照组的情况则刚好相反（只有 20% 的人把更多钱交给了团队，50% 的人都把更多钱留给了自己）。“我们的研究给商业活动带来了一个启示：人对内群体有一种强烈的，甚至可以说是天生的效忠倾向。”德德勒在电话里告诉我，“而且你还可以改变某些外部条件，让他们变得更忠诚。”比如，保证他们有时间和场所进行社交活动。“在一起分享时光和秘密，可以促进催产素的分泌。”而这会促使他们把个人利益暂且放在一旁。“但是，这就要求你有一个让人在心理上感到安全的环境。在那里，你不必畏惧他人。”[58]

到头来，商业世界也像其他面对面的社交网络一样，都要依循同样的生物轨道。无论是在意大利的山顶村落，还是在你自己的社区，甚至是在“意识形态上的”社区——教堂、犹太会堂、大学宿舍、高尔夫四人赛和游泳队，人们都被这些生物机制紧紧地绑在了一起。同样的纽带也牵扯着母亲和幼子，当然还有相爱的伴侣。所以我们不难想见，在某些最重要的时刻——当生命、忠诚和大笔金钱岌岌可危的时候，面对面的社交纽带远远地把电子纽带甩在了背后。

厄尔·琼斯很清楚这一点。但问题是，为什么其他人没有意识到呢？这对我们来说究竟又意味着什么？

创造村落效应的6条原则

2010年8月，我花了一天的时间来研究加利福尼亚州普莱森特希尔的一个合作居住（co-housing）社区。我是从伯克利开车过去的，途中经过了几片散发着硫磺气味的盐田，然后沿着盘山公路开上了贫瘠的奥林达山。我感到车厢外面的空气变得越来越热了。车窗外闪过了一座又一座农场风格的房屋，很多房子的车库门上都挂着一个标志牌——“史密斯威森在此守护”（Protected by Smith & Wesson）[①]。这让我感到有点儿紧张，因为我即将打扰一群从未谋面的陌生人。但是，我很快就打消了疑虑。我把车停到了社区停车场，刚下车，就受到了一位中年女士的欢迎。她正在把货物从自己的卡车上搬到一辆滚轮小车上。她冲我笑了笑，问我想找谁。我说了鲍勃·费恩（Bob Fynn）的名字，她伸手指了指50米外的一个木棚。我在那里找到了鲍勃，一个我通过朋友认识的联系人。当时，他正在社区工坊里整理工具台。

普莱森特希尔社区大约有32栋橘红色的灰泥房屋。它们让我不由得想

① 史密斯威森公司（Smith & Wesson）是美国著名的手枪制造商，由美国人贺拉斯·史密斯（Horace Smith）与丹尼尔·威森（Daniel B. Wesson）共同创立，以制造左轮手枪闻名于世。

起了电视剧《梅伯里》，还有我 18 岁时住了一整年的基布兹集体社区。[1] 不过，这个社区的目标并不是分享物质资源，而是分享社会资本。[2] 在我们当下这个时代，独自生活、独自抚养子女、独自老去的人，比过去的任何时代都要多。然而在这里，一群素不相识的人——差不多有 50 个成年人和他们的孩子不愿独自走完自己的人生，他们渴望过上另一种完全不同的生活。所以，他们在 1999 年买下了几亩地，在这个荒无人烟的地方建立了自己的村落。他们想设计出一种能促进社交接触的居住形式，或者借用美国合作居住协会网站的话说，建造一个“原创性的旧式居住群”。

美国合作居住协会在 2011 年发表了一项调查。合作居住的居民表示，他们一直都渴望村落生活的归属感。为了得到这种归属感，他们宁愿放弃自家后院的私人空间。[3] 鲍勃·费恩告诉我：“我自己是在公寓楼里长大的。你可能每层只认识一个人。”他的童年生活跟他的父母完全不同。在父母小的时候，所有人都坐在门前的台阶上。他又补充道：“现在的人太重视隐私了，所以你很难认识你的邻居。”于是，他和妻子决定打造一个完全不同的社区。

但是，要快速建造一个真正意义上的村落，并不是件容易的事，而且现实往往远不如创立者最初设想的那样美好。如果是我的话，我可不希望把自己宝贵的周末贡献给繁杂的社区琐事。（我突然很好奇，为什么费恩愿意在星期日下午整理公用的工具台。）不过，合作居住社区就像现在流行的共用办公室一样——过去的工厂车间改造成了远程工作者和自由职业者的共用办公室，大家在一起共享办公空间和浓缩咖啡机，这些都是 21 世纪的人们对这个愈发孤独的世界做出的回应。

用英国科普作家马特·里德利（Matt Ridley）的话说，“如果我们的未来取决于集体的智慧，而不是个人的智慧”，那么我们怎样才能成为一个群体？[4] 虽然互联网拥有毋庸置疑的优势，但是如果我们渴望快乐、健康、长寿……没错，还有智慧，我们就需要想方设法腾出更多时间进行面对面的接触。

本书证明了亲密的接触是人类最基本的需求。虽然我们大多数人都没有出生在撒丁岛的山地村落里，但是我们仍然对村落生活的归属感怀有强烈的渴望——当然，我们也希望自己能多活上 20 年。虽然很少有人愿意放弃现有的教育和工作机会，回到过去不平等的岁月，忍受旧式农村生活的贫瘠和匮乏，但是我们仍然渴望得到一丝村落的关怀。

我在 2013 年编写了一期广播节目，讲述了撒丁岛人的超级长寿现象。我收到的最常见的反馈是“我真希望住在那里”——就连二三十岁的年轻人也这么说。早在 20 世纪 90 年代初，美国历史学家克里斯托弗·拉什（Christopher Lasch）就捕捉到了数字时代的人们对真实联系的诉求。在“网络空间”（cyberspace）这个词发明之后不久，他就为社交关系写下了一篇别致的颂歌：

> 我们希望自己的孩子在一个大家庭里长大，至少他们周围应该有很多“重要的人”。一栋住满了人的房子；几代人围着同一张桌子；有人坐在钢琴边上表演四手联弹；总有人在聊天，厨房里也总能看见炊烟；下午不妨组织一场篮球赛，再游一会儿泳；晚餐之后一起散步去很远的地方；晚上一起打扑克牌，或者玩外交游戏和猜字游戏。这都是成年人和孩子可以共同参与的活动。这就是我对美好家庭的设想。或者具体点儿说，这就是我对美好教育的设想……家庭，不应当被看作“核心家庭”的代名词。[5]

拉什并没有陷入愚蠢的乌托邦幻想，他只不过表达出了自己在未来面前的认知失调。虽然我们越来越依赖于虚拟联系的电子设备，但是我们的幸福感并没有得到相应的提高。事实上，结果恰恰相反。现在的我们远比几十年前互联网还没有出现的时候更加孤独，更不快乐。[6] 虽然心理学家还不清楚这到底是为什么，但是我们已经知道了亲密关系是快乐的最大驱动力，而独自生活、无所归属会让我们感到最不快乐。已经有确凿的证据指出，我们天生就需要频繁、真实的社交互动。生而为人，我们需要知道自己所属何处。[7]

当然，我们不可能回到过去。没有人——尤其是我需要丢掉自己的笔记本电脑、智能手机和平板电脑。但是我们也知道，亲密接触的缺失会给公共健康带来严重的影响。或许现在我们应该稍微修正一下自己的航向了。

第 1 条原则

认识你的邻居，经常跟他们说话。

现在的数字革命就像过去的汽车革命一样，以难以计数的方式推动了社会的发展。但是，它也带来了一些未曾意料的结果。人们过去经常聚会的地方（社会学家雷·欧登伯格〔Ray Oldenburg〕称之为“第三场所”〔Third Places〕，技术专家称之为“物质空间”〔meatspace〕），不少都在时代的浪潮里逐渐消失了。[8] 现在，终于有人认识到了这个严重的问题。缺乏社交接触会影响员工的健康和士气，当然还有经营的效率。难怪雅虎和美国银行等多家企业都呼吁，让远程办公的员工重新回到办公室。问题并不是在家工作的效率一定比不上办公室，而是在家工作的员工没有机会跟同事进行真正的接触和谈话，他们的创新能力和社会凝聚力都会因此大打折扣。

The Village Effect 创造村落效应

2010 年，哈佛大学的艾萨克·科哈尼（Isaac Kohane）领导的研究发现，科学研究的合作者在地理上的间隔越远，他们的研究对本学科和社会的影响力就越低。事实上，最经常被科学家引用的医学研究往往出自物理距离接近的研究团队，他们很有可能都在同一栋建筑里工作，相互之间的距离不超过 200 米。[9]

正是这些科学的明证启发谷歌设计了自己的“山景城”—— 一系列奇形怪状的建筑分布在一片公共的绿地上，你可以坐下来休息，享受片刻的荫凉。这片绿地就像我在第 2 章提到的村落广场，或者普莱森特希尔的合作居住社区。负责管理谷歌房地产的土木工程师大卫·拉德克利夫（David Radcliffe）说，“谷歌村”（Googleplex）的建筑目标是增加“员工碰面的机会”。这里有 65 栋相连的建筑，一共容纳了大约 8 000 名员工（平均每栋建筑里有 123 个人，跟邓巴数相差无几）。任何人只要走上几步，不消两分钟肯定就能碰到另一个员工。

大楼里还设置了 960 个微型厨房、19 间咖啡厅、无数条走廊，还有几十个“地标”——在这些地方，你自然而然就会遇到他人。正如城市学家格雷格·林赛（Greg Lindsay）所说：“我们绝大多数人都更青睐于面对面的交流”。所以我们更有可能跟距离 2 米的人交流自己的想法，而不是距离 20 米的人——前者的可能性是后者的 4 倍。

第 2 条原则

在日常工作中实现真正的人际接触。用电子邮件进行协调规划，用电话或者视频电话进行更细致入微的交流。

这样一家巨大的搜索引擎公司，确实应该重视员工的人际交往，因为高科技从业者——他们可能是最早感觉到长时间面对电脑会影响心情的人——一般也是最早意识到面对面的关系有多么重要的人。但并不是每个人都能在谷歌这样的地方工作，而且本书谈的也不仅仅是工作。

我在本书中提出的第一个问题是，我们能否通过改善自己的社交生活，促进我们的健康？社会神经科学和流行病学领域的最新证据给了我肯定的答案。经常跟亲密的朋友和家人进行面对面的接触，确实可以帮助你活得更久。社交接触可以增强免疫系统，调节体内的激素，甚至还可以改变某些控制行为和恢复力的基因的表达方式。

但并不是所有的社交接触都能产生同样的效果。社交接触的质量、种类和频率，都可能对结果产生决定性的影响。比方说，大杂烩式的面对面关系可以保护你远离感冒之类的病毒的侵害。但是。单纯的婚姻关系或者少数几位亲密的伙伴就不太可能为你提供这样的保护了。[10] 同样的因素也会影响心脏病、中风、艾滋病和癌症病人的生存率。社交生活最丰富的人——也就是说，他们和众多朋友、家人、运动伙伴、玩伴和教友建立了相互交叠的社交关系，也拥有最好的预后结果。

我并不是说，只要你调制了正确的社会鸡尾酒，你就不可能被诊断出致命的疾病。不管约翰·麦科根的社交圈子有多大，他都避不开多囊性肾病。但是，如果你周围环绕着一圈关系紧密、相互认识的朋友、邻居、同事，还有一位体贴的伴侣，你死于致命疾病的概率就会大大减小。[11]

社交关系的力量不仅能影响个人，自然灾害的幸存者在很大程度上也仰赖于社交纽带的支持。突如其来的飓风、台风、海啸、地震和强烈的冬季风暴肆虐人间，夺走了很多人的生命。在这些自然灾难面前，政府当前的举措是修建更好的基础设施和通信系统：输电线、建筑、水坝、桥梁和蜂窝网络。这些当然都是我们急需的东西，但是，我们是不是也应该关注自己的社交纽带？科学研究的证据告诉我们，从芝加哥热浪到桑迪和卡特里娜飓风，再到日本和印度的地震，如果受灾的民众身边有足够关心他们的朋友，随时留意他们的情况，在必要时伸出援手，他们就更有可能挺过眼前的灾难。而社交孤立的人——不管是在危机之中，还是危机之后，都更有可能死亡。[12]

要想实现我所说的“村落效应”，你需要在真实的世界中拥有一群真正的朋友。这个真实的社交网络或许跟你的网上社交圈有所重叠，但我几乎可以肯定地说，真实的社交圈子要比你的互联网圈子小得多，也紧密得多（就算是最热爱交际的人，他的社交网络一般也不会超过 150~200 人）。面对面的网络不仅更加亲密，也更加多变。如果你跟一个朋友的关系变淡了，或者你的需求改变了，为了你自己的幸福、健康和长寿，你必然需要修补或者替换你缺失的面对面关系。就好像你在经营一片绿化带，如果某种植物过了一段时间还没有复苏的迹象，你就不得不用其他植物来填补它留下的空白。经营村落就跟经营园林差不了多少，有的人天生就知道怎么做，但是有的人需要付出更多的努力。

写作本书也让我改变了自己的习惯。以前，我晚上更喜欢待在家里，要么读书，要么工作。但是现在，我养成了社交接触的习惯，就像我养成了日常锻炼的习惯一样。我加入了一个游泳队——你在本书里已经认识了其中几位成员，因为我发现，跟一群人一起锻炼的效果要比我独自游泳的效果好。就像撒丁岛百岁老人特蕾莎阿姨的多年挚友玛丽埃塔·蒙尼一样，我也认为我在参加社交活动、跟碰巧遇到的人打招呼时，交换的不仅仅是一句简单的问候。经过仔细的观察，我注意到，在我把自己的核心社交圈扩大到家人和三四位知交好友之外以后，我的心情明显变得更好了。

The Village Effect 创造村落效应

一条社交纽带当然远远不够。或许你已经跟自己的真命天子或者真命天女结成了连理，但是如果他（或她）是你唯一可以亲近、可以信赖的人，那么你距离无人可依只有一人之遥。用免疫学的话说，你几乎可以算是毫无抵抗力。

第 3 条原则

建立一个由不同的关系组成的村落。就像养成吃饭和运动的习惯一样，跟“村落”成员保持稳定的社交接触。

频繁的面对面社交接触，是不是对所有人都有好处？如果你是一个内向型的人，无法忍受太多的人际接触，那么面对面的社交接触是不是也对你有好处？苏珊·凯恩在《安静：内向性格的竞争力》中特别强调，应该让内向型的人一个人独处。

凯恩认为他们“善于思辨、理智、好学、谦和、敏感、有思想、庄重、慎思、机敏、内省、有主见、温柔、冷静、谦逊、喜静、腼腆、不愿承担风险、脸皮薄”。因此，“在这个喋喋不休的世界里”，我们应该允许内向型的人安静地思考和创造。

她的这番话当然很有道理。何况她还列出了这么多美好的品质，我想，我们中的很多人——包括我自己大概都愿意把自己定义成一个“内向型”的人吧。（敏感、谦和、有思想、理智？我当然是这样的人啊。）这让我不由得想起了加里森·凯勒（Garrison Keillor）的忧愁湖——在那里，所有女人都很健康，所有男人都很英俊，所有儿童都出类拔萃。[①] 在凯恩列出的那一系列美好的品质里，或许有一些是真的，但是有一些更可能是一厢情愿的期望。

① 忧愁湖是美国作家加里森·凯勒创造出来的一个虚构的小镇，“在那里，所有女人都很健康，所有男人都很英俊，所有儿童都出类拔萃”。后来，心理学家戴维·迈尔斯（David Myers）为了纪念它提出了“忧愁湖效应”：人在拿自己跟别人做比较时总倾向于高估自己的成绩和能力，认为自己高于平均水平。

The Village Effect 创造村落效应

> 真正的内向型的人大约只占总人口的 25%，而且科学研究的证据显示，他们也需要面对面的接触才能过上健康、快乐的生活。虽然凯恩认为，内向型的人可以不选择群居的生活，但是证据却告诉我们，如果内向型的人独自蜷缩在自己的角落里，他们就更有可能死于癌症，也更容易患上感冒。比如，表达性的社交活动——跟别人谈论自己的内心世界（这恰恰就是内向型的人经常回避的活动）跟癌症患者的生存时间有着莫大的联系。而全部由内向型的人组成的同质性社交群体，往往更容易感染病毒。[13]

生而为人，内向型的人也同样需要他人。或许他们觉得建立和维护人际关系是一件很难的事情，但是他们也可以考虑在参加社交活动的过程中悄悄溜走。就是因为这个缘故，我认识的一个内向型的人更喜欢大型的聚会，而不是小型的聚会。鲍勃·费恩之所以选择在普莱森特希尔买下一栋别墅，也是因为他觉得自己是一个内向型的人。“之前有人（给合作居住社区的居民）做过一些人格测试，”他告诉我，“结果发现我们绝大多数都是内向型的人。外向型的人在哪里都可以交朋友，但是内向型的人就需要社区的帮助了。”

不过，就算我们都需要面对面的接触，每个人的社交需求也不可能完全一样。性格内向的人需要找到自己的办法来控制社交接触的时间、地点和长度。大学的管理者应该知道这一点。他们应该给内向型的学生留出足够多的单人宿舍，而不是一厢情愿地认为每个学生都希望有一个陌生人随时待在自己的旁边。（这样一来，不仅照顾了内向型的人，也照顾了他们的室友。）

或许有人会说，他们觉得自己更善于驾驭线上的虚拟世界，而不是线下的真实世界。[14] 患有自闭症谱系障碍的人更是如此。通过眼神接触和社交环境来推断他人的内心状态，并不是他们的强项。对于他们来说，社交互动就变成了一个危机四伏的雷区。电子的交流方式更好预测，也更好控制，所以很多患有自闭症谱系障碍的人更喜欢表情符号、社交媒体和网络游戏，远胜于他们往往无法把握的面对面互动。事实也证明，电子技术给予了他们莫大的便利，给他们提供了难得的消遣、才智的出口和全新的治疗方式。

但是，他们仍然需要面对一个问题：屏幕活动是否能削弱社交缺陷带来的孤独感？又或者它减少了面对面接触的机会，反而进一步增强了社交孤立的感觉？虽然这方面还没有充足的证据，但是美国心理学家迈卡·玛祖卡（Micah Mazurek）领导的研究告诉我们，在患有自闭症谱系障碍的成年人中，经常浏览社交网站的人更有可能在网络上建立新的友谊。

玛祖卡的一个研究被试在被问及为何使用社交网站时这样答道："我可以在跟其他人保持联系的同时也保持一定的距离。"另一个人写道："我可以用一种我觉得舒服的方式跟其他人交流，投入的情感有限，也没有愚蠢的寒暄。"患有自闭症谱系障碍的成年人，不需要理解他人的肢体语言和面部表情，就可以在网络上认识新的朋友。但问题是，使用社交媒体并不能帮助他们建立线下的友谊，网络社交活动也不能减轻他们的孤独感。只有面对面的关系才能实现这些目标。[15]

第 4 条原则

每个人都需要亲密的人际接触。不过，面对面接触和屏幕交流的比例会因人而异，就如同你会根据自己的胃口来调节饮食。

我的家乡，加拿大魁北克省的高中辍学率位居全国之冠——事实上，在所有的工业化社会里，魁北克的辍学率也首屈一指。在这里，有将近 40% 的青少年男孩没有完成高中学业（加拿大全国高中男孩的平均辍学率接近 10%，而经合组织的高中男孩平均辍学率是 20%）。[16] 我们有一个专门的法语词来描述这种现象："décrochage"，它的字面意思就是"学业脱节"。辍学问题的政治影响实在太大了。在 2012 学年结束时，魁北克省教育厅厅长甚至公然表示，政府不应该对外公开本省 250 多所高中的毕业率。"如果我们公开了数据，人们就会发现很多学校的辍学率达到了 100%。"琳·博尚（Line Beauchamp）告诉新闻媒体，"这会给学生的自尊心和学校员工的士气带来巨大的打击。"[17]

没有高中毕业文凭，很多辍学的青少年和他们未来的孩子都只能一辈子过着贫困的生活。而且我们在第 5 章中也谈到过，教育的欠缺会对他们的健康和认知能力产生深远的影响。但是，政府官员不但没有干预事态的发展，反而试图掩盖学业脱节的丑闻。当然，辍学是一个复杂的问题。不过，如果政策制定者和教育工作者认识到了面对面接触的价值，并且能够把我们现有的知识应用于日常的实践，或许会对这些处于弱势的孩子产生远比现在更大的影响。一个相当简单的举措——尝试跟有困难的学生建立情感联系，就有可能帮助受挫的 16 岁青少年解决看似无法解决的问题。

2012 年 8 月，多伦多市的 4 位退休教师和指导顾问做到了这一点，只动用了 1.2 万美元的省政府拨款。他们舍弃了一般的行政做法——发电子邮件，拨打自动语音电话，而是花了整整两周时间，给每个在学年末离开学校之后没有重新注册的学生打电话。有时候一遍还不够，还会打第二遍。他们不接受语音留言，他们想和学生本人直接对话，找到是哪里出了问题，然后想办法帮他们解决。这种没什么科技含量的办法，让 1 800 个本来打算辍学的学生中的 864 人重新回到了学校——成功率几乎达到了 50%。

达维亚·杰克逊（Davia Jackson）就是其中的一员。在她读十一年级的时候，她的父母搬家了。她不想在高中的最后一年换学校，但是当她尝试去原来的学校注册时，她发现自己陷入了官僚主义的怪圈，怎么也搞不明白应该怎么做。正当她打算放弃的时候，她接到了他们的电话。“一个电话就改变了一切，”她说，“就在我陷入绝望的时候，它给了我希望。”

另一个学生阿什丽有学习障碍，还有听力问题。她因为少了一个学分，结果在高中的最后一年毕不了业。在她已经放弃时，她接到了一位退休教师打来的电话，劝她回到学校。她惊奇地发现竟然有人注意到了她。“我已经离开学校快两个月了，所以我感到很吃惊。”她说，“我第一次知道有人真的关心我。”他们帮助她注册了夜校，取得了最后一个学分。她在几个月后顺利地毕业了。又过了几个月，她进入了一所社区大学，开始修读公共关系专业。[18]

你可能很难相信，一个如此简单的干预措施就能取得如此巨大的成果。社交接触就好比疫苗，只要一小点儿就能带来莫大的帮助——不管是抵御疾病的侵袭，还是防止你错失机遇。同时，它们还能帮政府节省健康和社会服务方面的开支。项目主管克里斯托弗·尤西（Christopher Usih）说：“我们接近他们，告诉他们，我们想你了，快回来吧。”

在西方世界，男孩更有可能辍学；而在其他地方，辍学的更有可能是女孩。虽然联合国希望能在2015年以前普及初等教育，但在我写到这里的时候，2013年已经开始好几个月了，世界上仍有超过9 300万名儿童无学可上，其中大多数都是发展中世界的女孩。[19]

就算她们所在的地区有学校，但有时学校离家太远了，父母觉得上学路上不安全。还有的父母希望女孩留在家里帮忙干家务活。在撒哈拉以南的非洲地区和南亚，女童失学的原因还有很多，比如很多人都质疑教育的意义和结果。巴基斯坦的15岁少女马拉拉·尤萨夫扎伊（Malala Yousafzai）是一个为女童争取教育权利的社会活动家，她在 2012 年被塔利班分子射穿了头部。这一切似乎都让教育普及成了一个难以解决的问题。马拉拉的康复和不屈不挠的抗争虽然得到了国际各界人士的积极响应，但却无法改变残酷的事实：巴基斯坦的失学儿童数量位居世界第二，达到了 5 000 万之众。它是世界上文盲率最高的国家之一。

我们在第 6 章谈到的笔记本电脑计划，也不能解决教育普及的问题。但是，教师和学生的距离或许是最管用的因素。距离不但能影响总体的入学率，还能影响女孩的学业。在阿富汗西北部的古尔省，只有 28% 的儿童住在学校周边 5 公里的范围内。或许正因如此，该地区 2/3 的儿童都没有去上学。在 2012 年的一项研究中，两位美国经济学家戴娜·伯蒂（Dana Burde）和利·林登（Leigh Linden）调查了建在村子里的小型学校的效果。2008 年，古尔省随机选择了 31 个乡村，在其中的 13 个村子里修建了学校，让另外 18 个村子里的学生按照过去的做法去地区学校上学。（去地区学校上学的儿童占了全部学生的 95%。过去人们一直认为，地区学校因为规模较大、资源丰富，所以可以提供更好的教育。）在一学年过去之后，研究者比较了将近 1 500 名儿童的入学率和学习成绩。

结果发现，家门口的乡村学校跟距离遥远的地区学校相比，能让女童的入学率提高 52%，让她们的学习成绩增加 1.3 个标准差。乡村学校可以惠及所有的学生（男童的入学率提升了 34%），不过它们最有助于提升女孩的入学率和学习能力。伯蒂和林登写道，在物理上接近学校和老师“几乎消除了男童和女童的就学差异，而且在短短一年中就把他们的考试成绩差距缩小了 1/3”。[20] 学生和教师的地理距离每减少 1.5 公里，学生的入学率就能提升 16% 以上。

这是村落效应的一个明证——物理上的接近有改变人生的力量。还有一个例子是我在第 6 章提到的互动式阅读计划，它能帮助低收入的父母（他们的孩子学业失败的风险极高）养成跟幼儿一边看书、一边对话的习惯。跟父母进行频繁的亲密接触，确实可以提升孩子日后的语言能力和阅读能力。[21] 事实上，对于贫困家庭的儿童来说，面对面交流和互动式阅读计划对语言和学习能力的影响，达到了笔记本电脑计划的两倍以上。另外，其他研究也发现，跟训练有素的教师进行面对面的接触，只需要一年的时间，就会对孩子的学习能力产生巨大的影响，迄今为止的任何笔记本电脑计划都难以望其项背。[22] 如果政策制定者希望用更明智的方法利用有限的资源，那么投资于家长和教师的培训计划，显然远远好过投资于昂贵的——而且很容易过时的课堂技术。[23]

当然，市场上有很多出色的教育软件，训练有素的教师知道怎么利用它们来帮助学生取得学业上的进步，不过大多数教育软件都只能单独训练某一项能力。[24] 但是，力量最弱、最需要帮助的儿童——主要是来自低收入家庭的儿童、有注意力缺陷障碍的儿童，还有性格冲动的男孩要想取得进步，他们更需要培养的是自我约束力，也就是心理学家所谓的“执行功能”（executive function）：制订计划、记忆关键信息和灵活思考的能力。同时，他们也需要抑制自己的冲动。既然如此，我们又该如何帮助这些学龄前儿童掌握这样的能力呢？

两位加拿大心理学家阿黛尔·戴蒙德（Adele Diamond）和凯瑟琳·李（Kathleen Lee）最近在《科学》杂志上发表了一篇综述分析，提出了同样的问题。她们发现，就算是最好的电脑项目——它会随着儿童能力的提升逐渐增加难度，也只能一次训练一种技能，而且这项技能还不能很好地应用于其他领域。换句话说，训练儿童短期记忆的电脑项目，不能帮助他们完成其他的任务，就连需要记忆能力的任务也不行。训练某种非语言能力的电脑项目，只能提升儿童完成那一类任务的能力，对于其他任务就无能为力了。

正如两位作者指出的：“训练推理能力的项目不能提升速度，训练速度的项目不能增强推理能力。”但是他们也发现，同时包含了良好的师生互动和有氧运动的训练项目，比如音乐课、武术训练和冥想练习，可以帮助学龄前儿童提升各项执行功能。[25] 就算没有价值不菲的电子设备，儿童也能学会制订计划、排队等候、控制情绪、解决问题、抑制自己的冲动——只要他们的教师接受了有科学根据的培训，得到了应有的支持。

只有少数几位政府领导人意识到了这一点，巴拉克·奥巴马就是其中一位。“对优秀教师的需求，理应得到特别的重视。”他在《无畏的希望》（*The Audacity of Hope*）中谈到了美国的教育系统，“最近的研究发现，决定学生成绩的最重要因素既不是他的肤色，也不是他的出身，而是他们的老师是谁。”[26] 在他写下这段话之后至少又过去了 5 年，科学家才发现了某些更有说服力的证据来证明面对面互动的影响。不过，奥巴马确实说到了点子上。科学家在 2011 年发表了一项涵盖了 250 万名美国儿童的研究，研究指出，如果学生遇到了一位伟大的（而不是平均水平的）教师，仅仅一年之后，他们就：

- 更有可能考上大学
- 更有可能考上优秀的大学
- 更不可能成为少女妈妈
- 成年之后挣的钱更多（一生的收入平均比其他人多 25 万美元）
- 成年之后的居住条件更好
- 更有可能为退休生活攒下一笔钱[27]

我们从这些结果中看到了什么？是特权阶级的父母会为孩子选择师资更优秀的学校吗？（研究者掌握了纳税申报数据，所以可以排除掉家庭收入的影响。）不，我们真正应该看到的是，我们过去一直低估了社交互动的力量。**一位伟大的教师可以改变孩子的未来。**“对于生活贫困的孩子来说尤其如此，但是他们往往只能接触到最差劲的教师。这应该算得上是我们这个时代的民权丑闻。”尼古拉斯·克里斯托夫在自己的专栏里讲述了这样一个故事：一位富有洞见的教师改变了一个孩子的未来。奥利·尼尔（Olly Neal）本来是“一个贫穷的黑人孩子，脾气也不太好”，但是他后来却当上了美国上诉法院的法官。他的老师米尔德丽德·格雷迪（Mildred Grady）有一次发现，言谈粗鲁的16岁少年尼尔从学校的图书馆里偷了一本封面恶俗的书。从那以后，她自己掏钱买了很多那个作者的小说，让尼尔随时都能在书架上找到一本自己没看过的书，秘密地帮助尼尔养成了日后维持一生的阅读习惯。[28]

或许我们没有给予他们应得的报酬，或许我们没有像尊重互联网巨头马克·扎克伯格（Mark Zuckerberg）和谢尔盖·布林（Sergey Brin）那样尊重他们，但是一位有教育天赋的教师可以把冥顽不化的学生变成爱读书的人，一位出类拔萃的教师可以让任何一个班级的学习能力和学习成绩得到显著的提升。既然如此，我们对教师“湿件”①的投资，至少应该相当于我们对软件和硬件的投资。

第5条原则

学龄前儿童和幼儿的教育重点是家长－儿童互动、师生互动和同伴互动。面对面教学结合网络工具的教育方法，更适合年龄较大的孩子和青少年学生。

我之所以特别提到奥利·尼尔的故事，是因为遇到一位关心你的、优秀的教师，接受她的教导，可能很快就会成为过去式，特别是对于贫困家庭的孩子来说更是如此。在北美洲和欧洲，中产阶级和工薪阶级儿童之间的机会

① “湿件”（wetware）一词来源于20世纪50年代，与计算机的软件和硬件对应，代指人类的大脑和思维。

鸿沟正变得越来越大。家境富裕的孩子跟不那么富裕的孩子相比，拥有多得多的社会经济学家罗伯特·普特南所谓的“《晚安，月亮》时间”。具体来说就是，受过大学教育的父母在孩子身上投入的时间、精力和金钱，4 倍于 20 世纪 70 年代他们自己的父母。但是，只有高中教育水平、一般来说经济也更为拮据的父母给予孩子的资源和关注，相较于自己的父母几乎没有任何提升。在三四十年前，亲子活动和父母关注带来的差异还没有那么明显。但是到了现在，贫富阶级在阅读和数学测试分数上的差距大约增加了 40%。[29]

再加上虚拟教育的成本低于培养优秀的教师，恐怕数字化教室的浪潮会进一步加剧阶级分化的现象。不管是在阿拉巴马州的伯明翰，还是在乌干达的波特尔堡，学校的笔记本电脑计划、虚拟课堂和大规模网络公开课常常被视为弱势群体和底层学生的“神奇子弹”。大规模网络公开课受到的关注更是持续飙升。制作精良的虚拟课程吸引了无数人前来注册，部分课程的注册学生甚至达到了数十万之众。

> 作为一种缺乏人际接触的教育形式，大规模网络公开课的现实给支持者泼了一头冷水。平均来说，90% 的学生都在中途退出了，只有 3% 的学生表示自己对修读的大规模网络公开课感到满意。没有课表，没有教室，没有机会向老师提问题，也没有机会得到教师的鼓励或者针对个人的评价。这时候，生活贫困、缺乏经验、被剥夺了教育权利的学生——他们恰恰是很多大规模网络公开课的倡议者们争取的目标，最有可能碰到困难，最后一个接一个走掉。[30]

与此同时，本来就拥有丰富教育资源的家长和学生却反其道而行之。他们更愿意支付一笔价格不菲的学费，在小教室里跟训练有素的教师进行真正的人际接触。他们的教师会积极地指导学生进行课堂讨论，对每个学生进行个人化的指导，让学生有机会亲自动手，在实践中学习新的知识。

当然，过去也有很多人为了防止自己的孩子掉下社会流动的阶梯而投资于新出现的工具，这已经不是什么新闻了。真正的新闻是，过去很多免费的东西——比如课堂上的人际接触如今都要收钱了。根据《赫芬顿邮报》的报道，有些国家的父母如果希望幼儿园老师拥抱自己的孩子，他们每个月都需要向幼儿园多付一笔钱。在北美洲，很多有权利选择的父母都选择出高价增加课堂教学的比例，减少课堂技术的比例。易趣网首席技术官艾伦·伊格尔（Alan Eagle）说："iPad 上的应用程序更善于指导我的孩子学习阅读和做算术题？这实在是太荒谬了。"

伊格尔的感慨不无道理，他的意见也得到了很多受过良好教育、拥有一份好工作的父母的回应——特别是在硅谷。如果你能负担得起良好的教育条件，你凭什么要把孩子的教育大业托付给一个计算机操作系统？伊格尔还说，现在的电子技能都太基础了，"就像学习使用牙刷一样简单"。他把自己的所有孩子都送去了一所没有什么技术含量的华德福学校（每个孩子一年的学费高达 2 万美元）。"我们把技术变得越来越简单了，甚至都不需要动一动脑子就能上手操作。孩子们长大以后没有理由学不会。"[31]

这可不是我们对数字革命的期许。技术不仅应该是对所有人都免费开放的东西，还应该是一个伟大的均衡器。但是，仅仅给予边缘化的儿童一台联网的计算机，只能进一步加大富裕儿童和贫困儿童之间的学业差距。在长达 5 年的时间里，经济学家雅各布·维格多和海伦·拉德追踪了 100 万名来自弱势家庭的美国学生，观察他们在得到联网计算机前后的变化，结果发现："在五至八年级时接触到家用电脑的学生，阅读和数学测试的成绩更有可能出现持续下滑。"[32] 我们现在还不知道这到底是因为什么。或许因为他们在家里不会受到父母的监督——贫困或者单亲家庭的父母往往需要长时间工作，所以孩子在家时也会像他们在学校参加笔记本电脑计划时一样，用电子设备打游戏、聊天，或者下载电影和黄片。

现在我们尽可以想象一下，如果父母没有什么钱，也没有多余的精力，只能把孩子托付给虚拟的课堂，那么会出现什么情况？除了极高的流失率以外，我们还看到了虚拟教学的另一个黑暗面。正如教育学研究者马克·沃沙尔在《云上学习》（*Learning in the Cloud*）中指出的那样，学校之所以会引进虚拟课堂，往往是因为预算的缘故，而不是因为他们有科学依据：

> 在佛罗里达州，有针对性的虚拟教育确实带来了一定的好处……但是同样在这里，虚拟教学的黑暗面也暴露无遗。迈阿密-戴德县的学生被迫违背自己的意愿，修读没有教师指导的在线课程。当学生去上课时，他们会被一名“督导者”指派到一台电脑前。学校引进这个新系统的目的，并不是提高教学质量，而是省钱，因为佛罗里达州的虚拟课堂跟有教师指导的课堂不一样，没有班级人数的上限。
>
> 事实上，一位学校管理者向《纽约时报》承认，就算学生难以接受这种教学方式，强制的虚拟教学仍然必不可少，因为“没了它，我们就没办法满足班级大小的需求”。一位家长说，当她发现自己的女儿被安排去上虚拟的而不是真正的西班牙语课时，她的“下巴都掉下来了”……一个女孩代表35~40名被迫修读无教师课程的学生说：“他们没有一个想去上课。”[33]

佛罗里达州的公共教育开支是全国最低的。但是，现在已经有越来越多的科学证据证明了面对面互动在教育，特别是早期学习中的必要性。限制孩子和教师的互动，是一个令人胆寒的“进步”。[34]

第6条原则

现在已经有越来越多的人际互动搬到了数字平台上，教育、医疗和儿童看护中的面对面接触也变成了一种奢侈的商品。但是，面对面的接触是人类最基本的需求，理应开放给所有的人。

不过，现在改变还不算太晚。很多更难以改变的社会风潮都被成功地逆转了——通常是在女性的帮助下。比如说，在20世纪之初，99%出生在北京以南某地的女孩还需要裹脚。但是到了1919年，这里就再也没有女孩裹脚了。哲学家奎迈·安东尼·阿皮亚(Kwame Anthony Appiah)在《荣誉法则》(*The Honor Code*)中写道："反对裹脚的思潮并没有立刻起效。但是当它扎下了根，这个有1 000年历史的陋习在一代人的时间里就完全消失了。"[35]之前也有人曾经尝试废除这个传统，但都以失败告终。为什么这个约束身心的陋习能在这么短的时间里消失无踪呢？

简单来说，女性的社交纽带扮演了至关重要的角色。1875年，一位英国牧师召集了一群厦门的妇女，请她们签署一份抗议裹脚的请愿书。一开始，只有9个人点头同意。后来这9个人又联系了数百人，最终成立了"戒缠足会"，发展了数万会员。用阿皮亚的话说，要改变这个历来都被视为正常的积习，需要好几个催化剂：煽动民众反对缠足的新教牧师，大声疾呼于民间、认为缠足的习俗荒唐至极的著名知识分子，第一批留学海外之后回到国内的中国女性——她们在国外意识到了跛行女性的痛苦；但或许最重要的是，中国出现了越来越多的类似于戒缠足会的组织，女性成员纷纷宣誓，不但不给她们的女儿缠足，而且也不允许她们的儿子娶缠足的妇女。

那时候的女性还没有什么政治上的势力，但是在她们的帮助下，社会出现了巨大的变化。她们的努力大多都隐藏在幕后，通过社会传染和同伴压力散播开来。类似的女性影响也出现在了妇女领导禁酒运动的时候，直至今日，我们仍然能不断看到女性推动社会变化的壮举。

> 在印度，有的人通过面对面培训新妈妈，显著地降低了婴儿的死亡率；在乌干达，有的人改变了艾滋病的传播率；在喀麦隆，有的人鼓励自己的女性朋友使用避孕套；还有的人在悉心照顾自己年老体衰的丈夫。世界各地的女性都在利用紧密的社交网络和自己的社会影响力，改善村落居民的福祉——不管是真正的村落，还是比喻上的村落。[36]

我想告诉读者诸君的并不是“女人很棒”（women are wonderful）——也就是众所周知的“WAW”；我想最后一次提醒你，面对面的接触拥有强大的影响力。我们已经知道了，女性的社交圈子一般比男性的更小、更紧密，也更亲密。为什么会这样呢？这就是本书一开始想讨论的问题。当我得知女性复杂的社交生活会对她们的健康和长寿产生关键性影响时，我想知道为什么。

我在书里提到过，跟亲密的女性朋友交换重要的信息，或许是其中的关键。但是，女性对人际接触的偏好本身，也有助于女性保持自己的健康和活力。无论是亲自跟一两位朋友见面，还是通过电话联系，女性都能传递至关重要的信息。她们还能通过这样的人际接触，得到神经化学上的奖励。但最重要的是，女性比男性更有可能维持丰富多彩的人际关系。在她们身边，总是环绕着一群重要的人。随着时间的流逝，她们也会失去朋友、邻居和伴侣，但是她们比男性更有可能建立新的纽带，取代失去的关系。在当下这个数字时代，每个人都比以前更长寿了，人群的流动性也比以前更强了，但是在很多时候，我们也比以前更孤立了。我们需要花时间建立、经营、重建我们的村落，这才是本书要传达的最重要的信息。

如果我们能满足自己对有意义的人际关系的需求，那么我们——包括所有男性和女性就能活得更快乐、更健康，更不容易受到疾病的侵害，也更不可能屈服于眼前的绝望。我们身上的担子会变得轻一点儿，面前的高山也不再显得那么陡峭。[37] 真正的社交互动是一种自然之力，我们都需要，而且每天都需要。我们现在已经看到了强有力的证据，不难理解亲密的互动可以推动学习的进步，改变寿命的预期，也不难把亲密的互动融入自己的日常生活。现在，我们都需要想象一下自己的村落，一个真正的村落，由真实的个体组成的村落。想象一下它是什么模样，然后开始动手建造它。

致谢

我最早萌生出写作本书的念头，还是在2008年，当时的我正坐在多伦多的一个黑暗的大会堂里。我在那里第一次听说了两件事：在世界上某个遥远的地方，男性的寿命比女性还要长；有人设计出了一种数字界面，并且一本正经地表示，它会成为你的理想伴侣。我首先要感谢Moses Znaimer和ideaCity①，感谢他们把这些相互对立的观点放在了一起，启发我开始思考社交纽带的转变能力。

已故的Mavis Gallant曾说，写作“就如同一场风流韵事，最开始的部分总是最好的”。从一开始，我的朋友和家人——甚至还有几位陌生人和他们的家人就友好地允许我打扰他们的生活。为此，我对Claudia Aristy、Judith Berman、Danielle Brown、Kate Browne、Diana Bruno、Teresa Cabiddu、Giovanni Corrias、Mary Coughlan、Joseph Douek、Arden Ford、Bob Fynn、Jessie Goldberg、Fred Janosy、Sylvie La Fontaine、Kathe Lieber、Ben and Kaz Mattes、John McColgan、Giuseppe Murinu、Ginny Nelles、Claudie Pfeiffer、

① ideaCity是加拿大的年度思想盛会，届时艺术家、作家、设计师、电影制片人、发明家、音乐家、科学家和技术专家汇聚一堂，发表演讲，各抒己见。

Francesca Pittau 和 Matt West 深表谢意。在我为本书做研究的时候，他们都热心慷慨，直言不讳。我在本书中提到了其中几位的故事。我给一部分喜欢化名的人起了化名；对于不介意使用真实姓名的人，我就写出了他们的全名。我还要感谢所有帮助过我的社区成员，包括我的游泳队队友，还有威斯蒙特公共图书馆的参考馆员。我要对你们道一声多谢。多谢你们。

我的文稿代理人 John Brockman 和 Katinka Matson 从始至终都对本书抱有浓厚的兴趣，我要感谢他们的支持和专业精神。另外，这是我第二次有幸跟富有洞见的 Anne Collins 合作了，她是我在加拿大兰登书屋的编辑，她欣然阅读了无数篇草稿，回答了无数个问题，以一贯的良好决策力和幽默感支持我的写作。还有 Cindy Spiegel 是我在 Spiegel & Grau 出版公司的编辑，她对本书怀有始终不渝的热情，不遗余力地推动了本书的进步。当然还有英国大西洋书局的 Toby Mundy，他虽然身在远方，但是给予了我灵感。我不仅要向他们的团队集体致谢，还要特别感谢 Michelle Roper 和 Annie Chagnot。

所有的错误都是我本人的失误，但是我要特别感谢下列专家和朋友，他们阅读了本书的早期草稿，他们的建议帮助我追求文本的准确和精妙：Barbara Baker、John Cacioppo、Steve Cole、Alison Gopnik、Michael Kramer、Giovanni Pes、Laura-Ann Petitto、Steve Pinker、Michel Poulain、Andres Meltzoff、Harry Reis、Sherry Turkle、Linda Waite、Mark Warschauer 和 Joel Yanofsky。仔细的阅读是一件无价的礼物，我非常感谢他们的帮助。说到仔细的阅读，史蒂芬和我可能是世界上唯一一对觉得讨论被动语态跟讨论大脑杏仁核一样有趣的兄妹了。我们共同的兴趣给予了我极大的快乐和支持。

很多科学家给我发来了他们的研究，耐心地解答了我对社会思维的疑问。他们是 Roy Baumeister、Matthew Brashears、John Cacioppo、Sue Carter、Bernard Chapais、Dimitri Christakis、Steve Cole、Eli Finkel、Helen Fisher、James Fowler、Howard Friedman、Paolo Francalacci、David Geary、Keith

Hampton、Julianne Holt-Lunstad、Celeste Johnson、Janice Kiecolt-Glaser、Perris Klass、Andres Meltzoff、Alan Mendelsohn、Carlo Morselli、Natalie Munro、Linda Pagani、Giovanni Pes、Michel Poulain、John P. Robinson、Niels Rosenquist、Robert Sapolsky、Alex Todorov、Tom Valente、Jacob Vigdor、Ben Waber、Barry Wellmen 和 Elizabeth Walcot。

我还要感谢很多研究和档案助理，他们以各种各样的方式帮助了我。他们是 Yanick Charette、Carl Boodman、Beth Cruchley、Terri Foxman、Damon Hancoff、Gaëlle Hortop、Sara-Lynn Moore 和 Roslyn Pinker。Gabrielle Jacobs 和 Beatrice Toner 帮我整理了采访记录，Axel van den Berg、Joseph Helfer、Michelle Roper 和 Julia Waks 帮我完成了图片的翻译和调整。我还要对几位研究者深表谢意，他们是我多年的知交，包括不知疲倦的 Terri Foxman, Yanick Charette 和 Gaëlle Hortop，还有我的免疫学和灵长类动物学导师 Carl Boodman 以及 Roslyn Pinker，杰出的删减专家和读者——她还有个名字是"妈妈"。我要感谢我的丈夫 Martin Boodman，从本书写作伊始到最终结稿，他听我讲述了每一个细节，慷慨地提供了自己的意见，给予了我无私的鼓励。

现在我知道了，"如果没有你，我就不可能做到"这句话，谈论的不仅仅是本书的主题，还有本书的写作过程。我的朋友和家人，包括我的兄嫂，史蒂芬和罗伯特·平克以及 Rebecca Newberger Goldstein、Kristine Whitehead 和他们的孩子，组成了我的村落的四角。我的父母，罗斯林和哈里·平克——我把本书献给他们，是他们一直在背后默默地支持我，也是他们最早告诉我，为什么面对面的关系很重要。最后，当然还有我呼吸和工作的原因——我要深深感谢我的丈夫马丁，他是我一生的挚爱以及我的三个孩子，伊娃、卡尔和艾瑞克，他们照亮了我的生命。

The Village Effect 译者后记

湛庐文化的心理学选题我一直都很喜欢。去年的某一天，总编季阳老师告诉我："有一本新书、好书要不要翻译？"两天后，我收到了这本探讨面对面关系的《村落效应》。这已经是我跟湛庐的第4次合作了。在我刚开始翻译这本书的时候，我的朋友总问我一个问题：任何人都知道面对面的关系很重要，为什么我们还需要一位心理学家写一本几百页的书来告诉我们呢？

这就要说说"常识"和"心理学"的区别了。加拿大心理学家基思·斯坦诺维奇（Keith E. Stanovich）在《这才是心理学》（*How to Think Straight About Psychology*）中写道，我们每个人都有一套自己的行为模式，但是我们很少能将之清晰地表达出来，我们甚至可能都意识不到它的存在。当我们需要对行为做出解释的时候，我们往往会套用现成的俗话、文化的习惯，甚至所谓的"普遍真理"。但是，不少常识都是相互矛盾的。比如在人际关系的问题上，你既可以说"异性相吸"，也可以说"人以群分"；你既可以说"远亲不如近邻"，也可以说"血浓于水"。用斯坦诺维奇的话说："我们之所以爱用它们，就是因为它们难以驳倒，无论发生什么都可以拿一条出来解释一番。"这种不可证伪的特性，让世俗智慧跟真正的心理学理论大相径庭。心理学是科学大家庭的一员，心理学的理论都是可以验证的——当然也是可以证伪的。

另外，心理学研究发现，很多常识都是错误的。本书作者苏珊·平克就提到了一个发人深思的例子。最近10多年来，教育官员和家长普遍认为应该让孩子趁早接触计算机和网络，在这种时代风潮的影响下，很多新型的教育工具进入了课堂，进入了家庭。但是，当心理学家们对儿童和青少年的学习和发展进行了长期而广泛的研究之后，他们发现，大部分数字化教育项目不但不能帮助学生提高成绩，反而可能影响他们的阅读和数学能力。就连现在风靡世界的"慕课"也很少像支持者宣称的那样，惠及偏远地区的学生，推动教育平等化和民主化。

上述这些结论都来自于实证得到的数据。心理学的理论不但可以解释已有的数据，而且还可以预测未来的数据。当数据和理论出现冲突的时候，科学家会尝试修正理论，或者提出新的理论，从而做出更好的解释。也就是说，心理学理论和所有的科学理论一样，都是在不断进化的。新的理论会替代旧的理论，帮助我们更透彻地理解人类的思想和行为，更准确地预测未来的结果。

如果说常识是未经验证的假设，那么心理学就是世俗智慧的检验者。而苏珊·平克等身兼科普作家与心理学家双重职责的人，就是连接当代心理学和普通读者的桥梁。她在本书中介绍了当代心理学和神经科学界在人际关系问题上的最新研究发现——多重且相互交织的面对面关系可以促进健康和长寿，情绪、怀孕、肥胖和行为不端都是可以传染的，肌肤相亲可以刺激婴儿和父母的大脑，人际接触可以影响员工的效率，女性在社交关系网络中的作用不容小觑……归根结底，面对面的关系确实可以影响人类方方面面的行为。从出生的第一刻开始，到生命的黄金岁月，我们都离不开面对面的互动，也都需要通过个人的努力去筑建、经营、维护、重建自己的人际关系。

她为此提出了“村落效应”这个词。你可以说，这是现代人对一个愈发孤独、愈发疏离的世界做出的回应。但是，此“村落”非彼“村落”。试问读者诸君，我们真的愿意舍弃现有的便利、教育机会和笔记本电脑，回归艰辛、匮乏的乡村生活吗？恐怕未必。但是我们大多数人都渴望获得村落生活般的归属感。我们都需要跟他人进行面对面的接触，而面对面的互动也会对我们产生巨大的影响。这才是“村落效应”想要传达的本意。

在本书行将翻译完稿的时候，我忽然想起了一件趣事。去年秋天，我去耶鲁大学拜访《善恶之源》（*The Origins of Good and Evil*）的作者保罗·布卢姆（Paul Bloom）教授，闲谈之间，我偶然提到了我当时正在翻译的这本《村落效应》。布卢姆说，如果你早点儿告诉我，或许还能约你跟苏珊·平克见个面呢，我也认识她。原来，这也是一个相互交织的网络啊。

最后，在本书的末尾，我想致谢我的朋友们。他们不但是我的核心村落成员，也在本书的翻译过程中给予了我无私的帮助。感谢方海朝、魏旻萱、李桐、何洁、谢婷、邓斯琪和郭天奕，他们让我蛰居南隅的生活充满了欢笑和鼓舞。特别感谢我的挚友海朝，他阅读了本书的全部译稿，敏锐地指出了行文的不足，并且一直在背后——我们确实是背对背工作的，默默地支持我。没有他和其他朋友的鼓励、耐心和陪伴，我不可能顺利地完成本书的翻译。或许我可以大言不惭地说，现在摆在读者面前的这本书，就是“村落效应”的例证。

2016 年 8 月 10 日

于甘蓝馆

湛庐文化
Cheers Publishing
a mindstyle business 与思想有关

湛庐，与思想有关……

如何阅读商业图书

商业图书与其他类型的图书，由于阅读目的和方式的不同，因此有其特定的阅读原则和阅读方法，先从一本书开始尝试，再熟练应用。

阅读原则1 二八原则

对商业图书来说，80% 的精华价值可能仅占 20% 的页码。要根据自己的阅读能力，进行阅读时间的分配。

阅读原则2 集中优势精力原则

在一个特定的时间段内，集中突破 20% 的精华内容。也可以在一个时间段内，集中攻克一个主题的阅读。

阅读原则3 递进原则

高效率的阅读并不一定要按照页码顺序展开，可以挑选自己感兴趣的部分阅读，再从兴趣点扩展到其他部分。阅读商业图书切忌贪多，从一个小主题开始，先培养自己的阅读能力，了解文字风格、观点阐述以及案例描述的方法，目的在于对方法的掌握，这才是最重要的。

阅读原则4 好为人师原则

在朋友圈中主导、控制话题，引导话题向自己设计的方向去发展，可以让读书收获更加扎实、实用、有效。

阅读方法与阅读习惯的养成

（1）回想。阅读商业图书常常不会一口气读完，第二次拿起书时，至少用 15 分钟回想上次阅读的内容，不要翻看，实在想不起来再翻看。严格训练自己，一定要回想，坚持 50 次，会逐渐养成习惯。

（2）做笔记。不要试图让笔记具有很强的逻辑性和系统性，不需要有深刻的见解和思想，只要是文字，就是对大脑的锻炼。在空白处多写多画，随笔、符号、涂色、书签、便签、折页，甚至拆书都可以。

（3）读后感和 PPT。坚持写读后感可以大幅度提高阅读能力，做 PPT 可以提高逻辑分析能力。从写读后感开始，写上 5 篇以后，再尝试做 PPT。连续做上 5 个 PPT，再重复写三次读后感。如此坚持，阅读能力将会大幅度提高。

（4）思想的超越。要养成上述阅读习惯，通常需要 6 个月的严格训练，至少完成 4 本书的阅读。你会慢慢发现，自己的思想开始跳脱出来，开始有了超越作者的感觉。比拟作者、超越作者、试图凌驾于作者之上思考问题，是阅读能力提高的必然结果。

扫码关注湛庐文化，
回复“阅读”
这5种方法，让读过的书变成你的影子

[特别感谢：营销及销售行为专家 孙路弘 智慧支持！]

我们出版的所有图书，封底和前勒口都有“湛庐文化”的标志

湛庐文化 Cheers Publishing

a mindstyle business 与思想有关

并归于两个品牌

财富汇　　心视界

找“小红帽”

为了便于读者在浩如烟海的书架陈列中清楚地找到湛庐，我们在每本图书的封面左上角，以及书脊上部 47mm 处，以红色作为标记——称之为**“小红帽”**。同时，封面左上角标记**“湛庐文化 Slogan”**，书脊上标记**“湛庐文化 Logo”**，且下方标注图书所属品牌。

湛庐文化主力打造两个品牌：**财富汇**，致力于为商界人士提供国内外优秀的经济管理类图书；**心视界**，旨在通过心理学大师、心灵导师的专业指导为读者提供改善生活和心境的通路。

阅读的最大成本

读者在选购图书的时候，往往把成本支出的焦点放在书价上，其实不然。

时间才是读者付出的最大阅读成本。

阅读的时间成本=选择花费的时间+阅读花费的时间+误读浪费的时间

湛庐希望成为一个“与思想有关”的组织，成为中国与世界思想交汇的聚集地。通过我们的工作和努力，潜移默化地改变中国人、商业组织的思维方式，与世界先进的理念接轨，帮助国内的企业和经理人，融入世界，这是我们的使命和价值。

我们知道，这项工作就像跑马拉松，是极其漫长和艰苦的。但是我们有决心和毅力去不断推动，在朝着我们目标前进的道路上，所有人都是同行者和推动者。希望更多的专家、学者、读者一起来加入我们的队伍，在当下改变未来。

湛庐文化 Cheers Publishing
a mindstyle business 与思想有关

湛庐文化获奖书目

《大数据时代》

国家图书馆"第九届文津奖"十本获奖图书之一
CCTV"2013中国好书"25本获奖图书之一
《光明日报》2013年度《光明书榜》入选图书
《第一财经日报》2013年第一财经金融价值榜"推荐财经图书奖"
2013年度和讯华文财经图书大奖
2013亚马逊年度图书排行榜经济管理类图书榜首
《中国企业家》年度好书经管类TOP10
《创业家》"5年来最值得创业者读的10本书"
《商学院》"2013经理人阅读趣味年报•科技和社会发展趋势类最受关注图书"
《中国新闻出版报》2013年度好书20本之一
2013百道网•中国好书榜•财经类TOP100榜首
2013蓝狮子•腾讯文学十大最佳商业图书和最受欢迎的数字阅读出版物
2013京东经管图书年度畅销榜上榜图书，综合排名第一，经济类榜榜首

《牛奶可乐经济学》

国家图书馆"第四届文津奖"十本获奖图书之一
搜狐、《第一财经日报》2008年十本最佳商业图书

《影响力》(经典版)

《商学院》"2013经理人阅读趣味年报•心理学和行为科学类最受关注图书"
2013亚马逊年度图书分类榜心理励志图书第八名
《财富》鼎力推荐的75本商业必读书之一

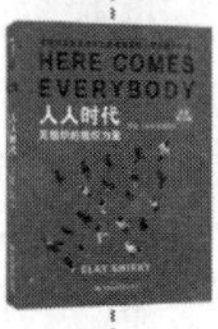

《人人时代》(原名《未来是湿的》)

CCTV《子午书简》•《中国图书商报》2009年度最值得一读的30本好书之"年度最佳财经图书"
《第一财经周刊》• 蓝狮子读书会•新浪网2009年度十佳商业图书TOP5

《认知盈余》

《商学院》"2013经理人阅读趣味年报•科技和社会发展趋势类最受关注图书"
2011年度和讯华文财经图书大奖

《大而不倒》

《金融时报》• 高盛2010年度最佳商业图书入选作品
美国《外交政策》杂志评选的全球思想家正在阅读的20本书之一
蓝狮子•新浪2010年度十大最佳商业图书，《智囊悦读》2010年度十大最具价值经管图书

《第一大亨》

普利策传记奖，美国国家图书奖
2013中国好书榜•财经类TOP100

《真实的幸福》

《第一财经周刊》2014年度商业图书TOP10
《职场》2010年度最具阅读价值的10本职场书籍

《星际穿越》

国家图书馆"第十一届文津奖"十本奖获奖图书之一
2015年全国优秀科普作品三等奖
《环球科学》2015最美科学阅读TOP10

《翻转课堂的可汗学院》

《中国教师报》2014年度"影响教师的100本书"TOP10
《第一财经周刊》2014年度商业图书TOP10

湛庐文化获奖书目

《爱哭鬼小隼》

国家图书馆"第九届文津奖"十本获奖图书之一

《新京报》2013年度童书

《中国教育报》2013年度教师推荐的10大童书

新阅读研究所"2013年度最佳童书"

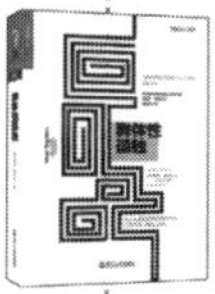

《群体性孤独》

国家图书馆"第十届文津奖"十本获奖图书之一

2014"腾讯网·啖书局"TMT十大最佳图书

《用心教养》

国家新闻出版广电总局2014年度"大众喜爱的50种图书"生活与科普类TOP6

《正能量》

《新智囊》2012年经管类十大图书，京东2012好书榜年度新书

《正义之心》

《第一财经周刊》2014年度商业图书TOP10

《神话的力量》

《心理月刊》2011年度最佳图书奖

《当音乐停止之后》

《中欧商业评论》2014年度经管好书榜·经济金融类

《富足》

《哈佛商业评论》2015年最值得读的八本好书

2014"腾讯网·啖书局"TMT十大最佳图书

《稀缺》

《第一财经周刊》2014年度商业图书TOP10

《中欧商业评论》2014年度经管好书榜·企业管理类

《大爆炸式创新》

《中欧商业评论》2014年度经管好书榜·企业管理类

《技术的本质》

2014"腾讯网·啖书局"TMT十大最佳图书

《社交网络改变世界》

新华网、中国出版传媒2013年度中国影响力图书

《孵化Twitter》

2013年11月亚马逊(美国)月度最佳图书

《第一财经周刊》2014年度商业图书TOP10

《谁是谷歌想要的人才？》

《出版商务周报》2013年度风云图书·励志类上榜书籍

《卡普新生儿安抚法》《最快乐的宝宝1·0~1岁》

2013新浪"养育有道"年度论坛养育类图书推荐奖

延伸阅读

《社交天性》

扫码直达本书购买链接

◎ 让“影响力教父”西奥迪尼都赞叹不已的新兴学科开拓者马修·利伯曼倾力之作！首次揭露大脑天生爱社交的神经奥秘。

◎ 从如何激发他人的捐赠行为、如何防止偷窃，到广告怎么打才有效，一本让生活更美好的实用指南，从此改变你看待世界与他人的方式！

《群体性孤独》

扫码直达本书购买链接

◎ 互联网时代，技术影响人际关系的反思之作：为什么我们对科技期待更多，对彼此却不能更亲密？

◎ 凯文·凯利称作者雪莉·特克尔为技术领域的“弗洛伊德”。《商业周刊》盛赞她为网络文化领域的“玛格丽特·米德”！

《大连接》

扫码直达本书购买链接

◎ 本书提出“三度影响力，社会网络的强连接原则”，这一观点开启了社会化网络研究的新篇章，成为继六度分隔理论后，社会网络研究领域具有影响力的发现。

◎《大连接》两位作者都是研究社会网络的权威专家，其中作者尼古拉斯·克里斯塔基斯还在 2009 年被《时代周刊》评选为“全球具有影响力 100 人”。

《智慧社会》

扫码直达本书购买链接

◎ 作者阿莱克斯·彭特兰是全球大数据权威、可穿戴设备之父、MIT 人类动力学实验室主任。2011 年，《福布斯》评选他为全球大数据权威，《新闻周刊》称他是“改变 20 世纪的 100 位美国人”之一。

◎ 本书通过大量翔实的案例阐释了大数据如何助力社群经济、如何掘金互联网金融、如何掀起个人健康医疗的革命、如何变革可穿戴设备、如何驱动更具创意的组织。

图书在版编目（CIP）数据

村落效应：为什么在线时代，我们必须面对面重新连接？/（加）苏珊·平克著；青涂译．—杭州：浙江人民出版社，2017.3

ISBN 978-7-213-07890-3

Ⅰ．①村…　Ⅱ．①苏…　②青…　Ⅲ．①互联网络－应用－农村社区－社区建设－研究　Ⅳ．① C912.82-39

中国版本图书馆 CIP 数据核字（2017）第 010778 号

浙 江 省 版 权 局
著作权合同登记章
图字:11-2016-473 号

上架指导：心理学 / 人际关系

村落效应：*为什么在线时代，我们必须面对面重新连接？*

［加］苏珊·平克　著
青涂　译

出版发行：浙江人民出版社（杭州体育场路 347 号　邮编　310006）
市场部电话：（0571）85061682　85176516
集团网址：浙江出版联合集团　http://www.zjcb.com
责任编辑：蔡玲平
责任校对：戴文英　张谷年
印　　刷：北京鹏润伟业印刷有限公司
开　　本：720mm × 965 mm　1/16　　印　　张：21.75
字　　数：289 千字　　插　　页：1
版　　次：2017 年 3 月第 1 版　　印　　次：2017 年 3 月第 1 次印刷
书　　号：ISBN 978-7-213-07890-3
定　　价：69.90 元

如发现印装质量问题，影响阅读，请与市场部联系调换。